일상속에서
만나는
칼빈신학

일상 속에서 만나는 칼빈 신학

발행 2017년 3월 2일

지은이 장호광
발행인 윤상문
편집부장 권지현, 김현아
코디네이터 박현수
디자인실장 여수정
디자인 표소영, 박진경
발행처 킹덤북스
등록 제2009-29호(2009년 10월 19일)
주소 경기도 용인시 기흥구 동백동 622-2
문의 전화 031-275-0196 팩스 031-275-0296

ISBN 979-11-5886-096-7 (03230)

Copyright ⓒ 2017 장호광
이 책은 저작권법에 따라 보호받는 저작물이므로 무단전재와 복제를 금지하며,
이 책의 내용의 전부 또는 일부를 이용하려면 반드시 저작권자와 킹덤북스의
서면 동의를 받아야 합니다.

※ 잘못된 책은 구입하신 곳에서 교환하여 드립니다.
※ 책 가격은 표지 뒷면에 있습니다.

킹덤북스(Kingdom Books)는 문서사역을 통해 하나님의 나라를 확장하고,
한국 교회와 세계 교회를 섬기고자 설립된 출판사입니다.

교리를 알면 삶이 보인다

일상속에서 만나는 칼빈신학

장호광 지음

킹덤북스
Kingdom Books

서 문

칼빈은 하나님의 초월적 존재성이나 절대 주권을 입증하려는데 관심이 없다. 그것은 입증의 필요성이 없는 성경적 사실이기 때문이다. 하나님을 하나님이게 하는데 참된 신학이 필요하다는 칼빈의 말은 이런 의미에서 되새길 만하다. 초월적이고 절대적이며 한없이 사랑과 은혜를 베푸시는 하나님이 우리 인간과 어떤 관계를 맺고 있느냐는 것이 칼빈의 주된 관심사였다. 성경은 하나님을 이야기하고 있지만 그 하나님은 늘 인간을 향하고 있다. 왜냐하면 하나님은 우리의 아버지이시기 때문이다. 따라서 하나님의 '하나님 되심'은 '아버지 되심'에 있기에 이제 우리 인간이 이 아버지-자녀-관계에서 그리스도인의 삶의 의미를 발견하는 것이 매우 중요하다.

칼빈은 루터와 함께 종교개혁 최고의 천재일 뿐 아니라, 프랑스의 역사학자인 에밀 레오나르 마티유의 표현처럼 "새로운 문명의 창시자"이다. 어떤 이들은 서슴없이 칼빈을 사도 바울 이후 가장 위대한 신학자이며 예술과 건축에서 종교와 경제에 이르기까지 인류가 이룬 모든 업적의 거의 절대적인 지침이라고 말한다. 물론 칼빈의 인간됨과 그의 신학에 관해서는 부정적인 것까지 포함해서 다양한 평가가 있다. 그럼에도 불구하고 종교개혁 이후 지금까지 인류에 가장 크게 영향을 미친 인물 중 한 명이 칼빈이라는 사실에 이의를 제기할 사람은 거의 없을 것이다. 이 사실을 반영하듯 몇 년 전 미국의 「타임」지는 오늘날 세상을 바꾸고 있는 10가지 영향력 중 인터넷의 영향력 증대와 세계 경제 위기 다음으로 칼빈주의 르네상스의 도래를 세 번째로 꼽았다. 이는 인류 역사에 대한 칼빈의 크기에 대한 방증이 아닐 수 없다. 특히 500주년 종교개혁 기념해가 되는 올해 2017년에는 그의 인간됨과 신학사상에 대한 관심이 최고조에 달하고 있다. 이런 상황에서 본서를 통해서 한국 교계와 신학계가 칼빈 개인뿐만 아니라 그의 사상 전체를 그리스도인의 일상적 삶과 접속시켜 재조명하는 계기를 갖고, 칼빈의 언변대로 하나님의 하나님 되심이 우리 그리스도인들에게 무슨 의미가 있는지에 더 많은 관심을 가질 수 있기를 기대한다.

큰 출판 프로젝트들이 산적해 있는 상황에서도 이 책의 출판 제의를 쾌히 받아들여 주신 킹덤북스(Kingdom Books) 대표 윤상문 목사님께 감사한다. 그리고 원고를 꼼꼼히 검토하고 편집해 주신 권지현 선생님과 표지 디자인을 현대적 감각으로 묘사해 주신 박진경 선생님께 특별한 감사의 마음을 표한다.

2017년 3월
수리산 기슭의 연구실에서
장호광

contents

서문		5
서론	'칼빈 새로 보기'를 통해 한국교회 갱신을 바라며	9

1부 교리를 알면 삶이 보인다

1장 바른 믿음이 바른 삶을 이끈다 … 17
　1. 믿음이 뭘까? | 2. 믿음의 터로서 마음 | 3. 하나님의 말씀이 견고한 믿음을 낳는다 | 4. 참된 믿음은 행위로 알 수 있다 | 5. 믿음은 계속해서 자라야 한다 | 6. 그리스도와 연합케 하는 믿음

2장 내가 누군데? … 42
　1. 하나님을 알면 내가 보인다 | 2. 하나님의 DNA | 3. 나의 '의지' 이해하기

3장 예수를 알면 그리스도인의 삶이 보인다 … 55
　1. 예수가 왜 그리스도인가? | 2. 그리스도 중심의 삶 | 3. 말씀과 영, 그리고 그리스도

4장 율법을 알면 '하나님의 뜻'이 보인다 … 68
　1. 율법에서 하나님의 뜻을 찾다 | 2. 율법과 복음 | 3. 율법의 목적과 주요 기능

5장 '이중예정론'이 그리스도인의 삶과 무슨 상관이 있단 말인가? … 83

6장 종말에서 현재를 읽다 … 90

2부 그리스도인의 삶의 원리

1장 오직 하나님의 영광을 위하여(Soli Deo Gloria) … 105

2장 최고의 제사인 '순종' … 111

3장 몸으로 드리는 '기도' … 118

4장 회(悔)·개(改) … 123
　1. 옛 사람에서 새 사람으로 갈아타기 | 2. 십자가와 함께하는 삶

    5장 '겸손' 바로 이해하기   135
    6장 잊혀져가는 '경외' 살리기   145
    7장 공동체 의식   154
        1. 나와 이웃 | 2. 교회 공동체 의식

3부 그리스도인의 삶의 규범

    1장 사랑   179
    2장 자유   186
        1. 율법으로부터 자유 | 2. 은혜로 주어진 자유 | 3. 예정과 자유 | 4. 자유의 사용
    3장 양심   203

4부 그리스도인의 삶의 다양한 주제들

    1장 가화만사성(家和萬事成)   213
        1. 부부 | 2. 자녀
    2장 '경제적 영역'에서 펼치는 그리스도인의 삶   224
        1. 직업 | 2. 노동 | 3. 부와 가난 | 4. 이자
    3장 '정치적 영역'에서 펼치는 그리스도인의 삶   245
        1. 국가통치 권력의 기원 | 2. 정부 관료의 자세와 임무 | 3. 재판관의 직과 공의 | 4. 저항권 | 5. 교회와 국가의 관계성 | 6. 전쟁
    4장 그리스도인의 삶의 터인 '문화' 이해하기   273

미주   282
참고문헌   310

서론

'칼빈 새로 보기'를 통해 한국교회 갱신을 바라며

한때 한국 사회에서 '앞섬이'로서 역할을 감당했던 한국교회가 이제 '뒷섬이'가 되어 가고 있다는 사실은 덧붙여 장황하게 설명하지 않더라도 누구나 인정할 수밖에 없는 서글픈 현실이 되어버렸다. 이것은 세상에서 '빛과 소금'의 역할을 잘 감당하지 못함에서 근본적인 원인을 찾아볼 수 있다. 그리스도인의 믿음이 삶으로 드러나지 못한 것에서 그 원인을 찾아볼 수 있다는 말이다.[1]

우리의 믿음은 반드시 삶의 현장에서 열매로 증거 되어져야 한다. 이를 위해 믿음과 행위, 복음과 율법, 교리와 윤리를 분리시켜 생각해서는 안 된다. 믿음은 머리에서만 맴도는, 혹은 입으로만 시인하는 사변적이거나 관념적인 것이 아니라, 삶의 현장에서 반드시 열매로 증명되어져야 하기 때문이다. 그렇다면 우리의 입으로 시인하는 믿음이 어떻게 열매를 맺으며 삶의 현장에서 어떤 모양과 색깔로 나타나야 하는가? 이 질문에 대한 답을 종교개혁자인 존 칼빈(John Calvin)

의 신학사상을 통해 찾으려는 것이 이 책을 쓰게 된 목적이다. 무엇보다 이 책을 통해 한국교회 그리스도인의 믿음과 삶이 혹시 잘못 맞춰져 편협되거나 심지어 왜곡된 점은 없는지 칼빈 신학의 안경을 쓰고 재점검해 보고자 한다.

본래 칼빈의 신학은 교리 지향적 신학이 아니라 실천 지향적 신학이다. 존 리스가 칼빈 신학의 이러한 실천 지향적 성격에 대해 다음과 같이 잘 묘사해 준다. "칼빈에게 있어서 신학은 이론적인 학문이 아니라 실천적인 학문이다. 아퀴나스(Thomas Aquinas)가 신학은 실천적인 학문인가 아니면 이론적인 학문인가라는 질문을 받았을 때, 그는 양자 모두라고 답했다. 그러나 그는 이론적인 학문이라는 쪽에 더 큰 비중을 두었다. 칼빈에게 있어서 신학은 압도적이라 할 만큼 실천적인 학문이었으며, 그는 이론적인 질문들에 대해서는 별로 흥미도 관심도 보이지 않는다. 신학의 목적은 하나님을 영화롭게 하고 사람의 영혼을 구원하며 사람의 생활과 사회를 변화시키는 것이다." 심지어 『기독교 강요』의 집필목적 역시 "경건생활에 도움이 될 수 있는 지침서를 주려는 것이었다. 신학의 참된 과업은 사변적 질문에 대한 답을 제공하는 것이 아니고, 기독교인들의 교화(edificaton)에 이바지하는 것이라는 뜻이다. 교리와 예배의식에 말로 동의하는 것이 아니라, 기독인의 행동이 신앙의 확신을 갖고 있는지를 확인하는 결정적인 시험이 되는 것이다."[2]

이념(理念) 혹은 이상(理想)은 다만, 인간의 작품일 뿐이며, 인간의 연약성에 그 뿌리를 찾을 수 있다. 그러나 칼빈의 신학은 그 어떤 이념이나 이상이 아니라 하나님의 말씀으로부터 요청된 행위에 초점이 맞춰진 삶의 신학이다. 그것은 칼빈의 다음과 같은 진술에서 보다 자세히 드러나 있다. "그리스도인의 전 삶은 명확하게 경건의 옷을 입어야 한다. 왜냐하면 그들은 거룩한 삶을 위해 부름 받았기 때문이다."[3] 그리스도를 삶의 변화 없이 고백하는 자는 그분으로부터 아무 것도 배우지 못했음을 보여줄 뿐이다.

칼빈은 높은 합리성과 논리성을 주창한 철학가나 사상가가 아니었다. 그는 스피노자나 헤겔처럼 사변적인 사상가는 더더욱 아니었다. 그는 책상에 앉아 머리나 입으로만 신학사상을 논하거나 펼치지 않았다. 그의 사상은 삶의 현장에서 사람들과 동고동락하며 시대의 격랑 속에서 나온 삶의 사상이었다. 그의 신학사상에는 당시 시대적 상황이 그려져 있으며, 인간의 고통과 애환을 드러내 주는 살아 움직이는, 즉, 역동적인 삶이 표현되어 있다. 이와 같은 그의 사상은 그의 책과 설교에서, 그리고 편지에서 발견된다. 야고보가 야고보서 2:14-26에서 행위 없는 믿음을 죽은 믿음이라 주장하고 있듯이 칼빈 역시 행위 없는 믿음을 죽은 믿음으로 간주한다.

그렇다면 칼빈은 그리스도인의 삶을 어떻게 생각하는가? 그리스도인의 삶을 규정하는 잣대가 무엇일까? 인간의 삶의 무대인 세상을 바라보는 그의 관점, 즉, 세계관이 무엇일까? 칼빈은 자신이 살았던 당시 제네바 시민들의 마음을 움직였을 뿐만 아니라, 수세기를 지나 오늘날까지 매일의 삶 속에서 오직 하나님의 존엄성과 거룩성을 드러내려는 전 세계에 퍼져있는 그리스도인의 올바른 삶을 인도하는 동기가 무엇일까? 칼빈과의 대화는 그가 살았던 시대에만 한정된 것이 아니라, 현재의 교회와의 만남으로 인도한다.

이 책은 4부로 구성되어 있다. 1부는 "교리를 알면 삶이 보인다"라는 제목 하에 칼빈의 주요 신학사상, 그 중에서도 신앙론, 인간론, 기독론, 하나님의 율법, 예정과 섭리 사상, 그리고 종말론을 다루면서 교리와 윤리는 분리된 것이 아니라, 맞닿아 있다는 사실을 밝히고자 했다. 달리 말해, 윤리적 삶을 지향하지 않는 교리는 무의미하며, 교리를 바탕삼지 않는 윤리적 삶은 맹목적일 수 있다는 말이다. 따라서 1부를 추적하다보면 칼빈 신학의 진면목이 드러날 것이다. 그리고 2부 "그리스도인의 삶의 원리"에서는 하나님의 영광, 순종, 기도, 회개, 겸손, 경외, 그리고 공동체 의식을 제시하며, 3부는 "그리스도인의 삶의 규범"을 통해 사랑과 자유, 그리고 양심을 제시한다. 2부와 3부에 제시된 제목들은 설교를 통해서나 기도를 드릴 때 자주 등장하는, 우리 그리스도인에게는 너무나 익숙한 용어들이다. 하지만 그 속에 담겨 있는 참된 의미에 대해서는 잘 알지 못한 채, 피상적이거나 심지어 왜곡된 이해에 머물러 있는 경우가 많다. 그런 잘못된 이해를 칼빈의 목소리를 통해 확인하다 보면 그 진실이 확연히 드러나 우리를 바른 길로 안내할 것이다. 그리고 마지막 4부 "그리스도인의 삶의 다양한 주제들"에서는 이 주제들을 가정영역, 경제영역, 정치영역, 그리고 문화영역으로 분류해서 이 다양한 영역들에서 들려주는 칼빈의 목소리를 듣게 될 것이다. 이를 통해서 우리 그리스도인들이 가야 할 삶의 방향과 길이 보다 명확해질 것으로 확신한다.

    칼빈의 신학사상을 그리스도인의 믿음과 삶에 초점을 맞춰 전개하는 가운데 인용된 내용들, 즉, 그의 주저서인 『기독교 강요』와 『주석서』, 『설교집』에 수록된 내용들은 대부분 1차 자료가 아니라 2차 자료에서 재인용한 것임을 미리 밝혀 둔다.[4]

    몇 년 전 필자는 한국연구재단의 경제적 지원으로 독일에 머물면서 칼빈 신학에 관한 수많은 보석 같은 자료들을 발견할 수 있게 되었고, 그 자료들을 읽던 중에 칼빈 신학에 크게 매료된 바 있었다. 그 후 칼빈의 신학사상 연구에 몰입하게 되었고 그 결과로 본서를 세상에 내놓게 되었다.

연구하는 가운데 전술한 바와 같이, 칼빈의 신학사상은 실천 지향적이며 그리스도인의 삶에 초점이 맞춰진 사상이라 할 수 있는데, 한국교회와 신학계에 너무 사상적이며 교리적으로 소개된 경향이 농후함을 발견하게 되었다. 이에 따라 저자는 '칼빈 새로 보기' 작업이 필요하다는 절박감에서 이 책을 발간하게 되었다. 모쪼록 부족하지만 이 책을 통해 실천 지향적 사상이 내포된 칼빈의 신학사상을 미력하나마 소개함으로써 한국교회의 성도님들과 신학생들, 그리고 목회자 분들에게 유익한 지식이 제공될 수 있는 계기가 마련될 수 있기를 기대해 본다.

제 1 부

교리를 알면 삶이 보인다

1장
바른 믿음이 바른 삶을 이끈다

1. 믿음이 뭘까?

교회를 오래 다닌 분들이라도 '믿음'이 뭐냐고 물어보면 선뜻 답하지 못하는 것을 종종 보게 된다. 심지어 교회 직분자조차도 같은 질문을 받으면 당황해 하면서 일목요연하게 답하지 못한다. 물론, 대답을 무난하게 하는 분들도 계시지만 드물다는 데 문제가 있다. 그런데 이 질문은 그리스도인에게 가장 중요하고 핵심적인 질문이다. 믿음은 하나님을 기쁘시게 하며, 하나님의 하나님이심과 우리의 우리 됨을 바로 알게 하여, 종국적으로 구원에 이르게 하는 핵심적인 수단이기 때문이다.

대학교에서 학생들을 가르치면서 깨닫는 것은 용어에 대한 개념정리가 잘 되어 있지 않다는 사실이다. 예를 들면 많지만, 그 중 대표적인 용어는 '마음'이다. 이 용어는 우리의 일상 속에서 자주 사용되는 용어중 하나이다. 가령, "행복은 마음먹기에 달렸다"든지, "마음이 아프다" 등과 같이 우리의 생활에서 흔히 쓰이고 있는 용어이다. 이러한 마음은 또한 성령과 사탄의 주된 활동영역이 된다. 성령 하나님은 우리의 마음을 통해 역사하며, 사탄 역시 우리의 마음속에 들어와 유혹과 미혹을 일삼는다. 성령과 사탄의 주된 활동영역인 우리의 마음상태에 따라 구원에 이를 수도 있고, 반대로 영원한 사망으로 치달을 수 있다는 말이다. "무릇 지킬 만한 것보다 더욱 네 마음을 지키라 생명의 근원이 이에서 남이니라"(잠 4:23), "마음을 다하여 주 너의 하나님을 사랑하라"(마 22:37)고 할 정도로 성경말씀에도 마음의 중요성을 강조하고 있다. 그러나 정작 마음이 뭐냐고 물어보면 머뭇거리면서 잘 답하지 못한다. 마음이 무엇인지를 알아야 우리의 생명을 지킬 수 있고 하나님을 바르게 사랑할 수 있는데도 말이다.

이렇듯 용어에 대한 개념정리가 잘 되어 있지 않다면 우리의 신앙은 추상적이거나 심지어 왜곡되기 십상이다. 믿음도 마찬가지이다. 믿음에 대한 개념이 명확하지 않으면 믿는다고 하면서도 잘못 믿고 있는 셈이 된다. 따라서 바른 그리스도인이 되려면 믿음의 개념정리부터 명확히 해야 한다.

우리말 사전에서 믿음은 "어떤 사상(事象)이나 명제(命題), 언설(言說) 등을 적절한 것으로서, 또는 진실한 것으로서 승인하고 수용하는 심적 태도"로 정의한다. 그렇다. 믿음은 과학적으로 입증된 사실만을 진리로 받아들이는 것이 아니라, 이성을 초월하며 초역사적이며 합리적으로 설명할 수 없는 사실이라 할지라도 절대적 권위에 의존하여 진리로 인정하는 심적 태도를 말한다. 이것을 우리는 '확신' 내지 '신뢰'라 부른다.

그러므로 믿음은 우리의 이성으로 이해되지 않는다 할지라도 하나님의 말씀이기 때문에 조금도 의심치 않는 절대적 확신이다. 하나님께서 말씀으로 세상을 창조했다든지, 예수님이 삼일 만에 죽음의 권세를 깨뜨리고 부활했다는 사실을 어떻게 우리의 이성에서 합리적으로 이해될 수 있는가? 우리가 하나님을 믿는다고 할 경우, 우리가 이해하기 때문에 믿는 것이 아니라 믿기 때문에 이해하는 것이다. 믿음은 우리의 이성의 자율적 판단이나 결정에 의해 생성된 것이 아니라 우리 바깥에서(extra nos), 우리 안으로(intra nobis) 일방적으로 흘러 들어오기 때문이다. 즉, 믿음의 주체는 우리가 아니라 성령 하나님이다. 이런 믿음의 생성과정은 논리적으로 설명할 수 없는 신비로운 사건에 해당된다.

자, 이제 믿음에 대한 기본이해는 이 정도로 하고 종교개혁자인 존 칼빈(John Calvin)이 말한 믿음의 세계로 들어가 좀 더 구체적으로 알아보자. 칼빈은 우리 그리스도인의 믿음을 성령 하나님의 가장 탁월한 역사 중 하나로 인정하면서, 믿음은 하나님에 관한 지식일 뿐 아니라 확고한 신뢰라고 정의한다. "믿음이란 하나님의 은혜에 관한 확고하며 흔들림 없는 인식이다. 그런 인식은 그리스도 안에서 우리에게 제공된 은혜의 약속에 근거해 있으며 성령을 통해 우리의 이해력에 계시되었고 우리의 마음에 각인되었다."[1] 이런 믿음은 우리의 의지와 노력과 상관없이 하나님께서 일방적으로 주신 선물이다.

여기서 우리가 주의해야 할 것은, 믿음은 하나님을 막연하게 믿는 것이 아니라 명확한 지식에 바탕을 둔 인식을 필요로 한다는 점이다.[2] 이 말은 하나님이 어떤 분인지, 어떻게 우리와 관계하며, 인간을 비롯한 피조물을 어떻게 주관해 가는지에 대한 지식을 요한다는 것이다. 이런 풍성한 지식에 바탕을 둘 때 우리는 건강한 믿음, 즉, 반석 위에 세워진 믿음을 소유할 수 있다. 반석 위에 세워진 건강한 믿음은 단순히 주일성수 잘하고, 기도 열심히 하고, 헌금생활 철두철미하게 해서 생겨난 것이 아니다. 물론, 그런 신앙생활이 중요하지 않다는 말은 아니다. 그런 신앙생활은 믿음의 전체 내용을 담고 있는 성경말씀에 대한 철저한 지식과 바른 인식에 근거해 이루어져야 한다는 것이다. 칼빈은 믿음과 그리스도 안에서의 인식을 동일시할 정도로 지식에 바탕을 둔 믿음을 강조한다. 그는 맹목적이거나 맹신적인 신앙을 멀리했다.

그러나 칼빈에게 있어서 믿음과 관련한 지식이나 인식은 논리성과 합리성에 바탕을 둔 것을 뜻하지 않는다. 따라서 그에게 믿음은 어떤 논리적인 추론에 의한 결과에 의존해 있거나 심리적인 발전의 차원에서 획득된 것이 아니다. 믿음의 내용과 이성의 내용이 일치할 수 없으며 다만, 계시된 것으로 믿어질 뿐이다.

그런데 칼빈에게 있어서 믿음과 관련한 인식은 단순히 머리로 깨닫는 인식이 아니라 '실천적 인식(practica cognitia)'을 말한다.[3] 이런 실천적 인식에 근간을 둔 믿음은 우리를 가만히 내버려 두는 것이 아니라, 하나님의 사랑이 우리 속에 들어와 살아 움직이게 해서 항상 활동하게 한다. 결국 믿음의 인식은 일반적 의미에서의 인식과 다르게 인간의 머릿속에 축적된 상태가 아니라 끊임없이 활동하는 운동으로 몰고 간다는 말이다.

이에 따라 믿음이란 말 속에 행위가 자연스럽게 포함된다. 믿음과 행위는 신학적 의미에서 구별할 뿐이지 분리시켜 이해될 수 없다. "믿음은 영향력을 행사한다. 믿음으로부터 능력이 나오며 능력으로부터 행위가 자라나기 때문이다."[4] 우리 안에 믿음이 생겨나면 우리를 가만히 내버려 두는 것이 아니라 계속해서 변화시킨다.

그런데 믿음으로 인한 최고의 변화 중 하나는 '인격'의 변화이다.

특히 한국교회의 현실을 들여다보면 믿음으로 인한 인격의 변화를 별로 중요하게 생각지 않는 경향이 있다. 변화를 추구하지만 기도나 헌금, 주일성수, 새벽기도에 정규적으로 참석함으로써 생긴 외적인 변화에 치중해 있다. 그러나 칼빈이 내적인 변화, 그 중에서도 인격의 변화를 그리스도인의 가장 큰 변화로 여기는 사실에 주목해야 할 것이다.

칼빈은 행위 없는 믿음을 속이 비어 있는 망상을 추구하는 종교적 연극에 불과하다고 비판한다. 그리스도인의 바른 믿음은 하나님의 크신 은혜를 마음으로만 받아들인 것이 아니라, 살아 움직이게 하여 열매를 맺게 하는 역동성을 뜻한다.

또한 믿음은 만사가 형통할 때뿐 아니라 고통 받는 어려운 순간에도 살아 움직이도록 영향을 미친다. 물론, 세상을 살다보면 쓰라린 고통을 어김없이 겪게 되는데, 이때 그리스도인이라 할지라도 하나님과 세상을 원망하며 마음속에 증오로 가득 차, 심지어 하나님을 의심의 눈초리로 바라보는 순간을 경험하기도 한다. 하지만 하나님은 택한 자녀들을 그 속에 오래 머물지 않게 하시며 강한 믿음과 용기와 지혜를 주셔서 다시 일어나게 하는 역사를 펼치신다.

칼빈은 또한 그리스도인의 덕(德)을 중요시한다. 그리스도인으로서 이 땅에 살면서 덕을 세움으로 빛과 소금의 역할을 감당해야 한다. 그러나 그 덕은 철학이나 일반 윤리학에서 말하는 덕이 아니라 믿음에 바탕을 둔 덕을 뜻한다. 바른 믿음은 덕의 사역을 통해 영향을 끼치는, 달리 말해, 믿음이 모든 덕의 고유한 규정성을 지닌다는 말이다. "삶을 바르게 하기 위해서는 믿음이 바탕이 되어야 한다. 이런 바탕이 부족하다면 모든 나머지 덕은 연기처럼 사라지는 허무한 것이다."[5] 이처럼 칼빈이 말한 믿음은 단순히 입으로 시인하기만 하는 추상적인 개념이나 마음의 상태를 의미하는 것이 아니라, 입으로 시인한 것을 삶 속에 구체적으로 드러나게 하는 실천 지향적 의미를 지닌다.

그런데 그리스도인의 온전한 믿음은 이 땅의 삶에서 완성되는 것이 아니라, 사탄과의 끊임없는 싸움에서 자라난다. "우리의 신앙은 옛 단계를 벗어나 앞으로 전진해야 하며 온전한 사람이 될 때까지 자라나야 한다."[6] 그러나 믿음의 완전성은 살아생전에 불가능하다. 우리의 믿음은 오직 말씀의 들음과 기도를 통하지 않고는 강해질 수 없으며 언제나 수렁으로 떨어질 수밖에 없는 연약성을 지닐 뿐이다.

또한 확실성의 뜻을 지닌 믿음은 어떤 경험이나 논리적인 추론에 근거한 것이 아니라 말씀과 성령을 통해 우리에게 증거 된 하나님의 사랑에 뿌리를 내려야만 한다.[7] "우리의 믿음은 하나님과 당신의 진리에 관한 단순한 인정이나, 한 분 하나님이 계시고 당신의 말씀이 진리라는 사실에 관한 단순한 확신이 아니라, 하나님과 더불어 우리의 마음이 평안을 누리게 하며, 당신의 자비를 복음으로 받아들이게 한 지식에 바탕을 둔 견고한 확신이다."[8] 누군가 믿음의 본질에 대해 묻는다면 칼빈은 다음과 같이 답한다. "믿음이란 모든 의심을 물리치는 하나님의 선하심에 근거한 확신이다."[9] "믿음은 그 어떤 염려나 불안에도 굴하지 않는 자신감이 아니라 그 어떤 유혹으로부터도 경건한 자들의 마음을 바로 서게 하는 확신이다."[10]

심지어 칼빈은 의심으로 흔들리는 연약한 믿음 또한 믿음으로 여긴다. 그래서 의심으로 가득 찬 그리스도인을 믿음이 없다고 책망하는 목회자를 강하게 비판한다. 완벽한 그리스도인이 되라고 강하게 요구하지 말라는 것이다. 모든 그리스도인은 이 땅에 살면서 믿음을 가졌으나 온전한 믿음이 아니기 때문에 사소한 유혹에도 이리저리 흔들리는 것은 어쩌면 당연지사이다. 때문에 그런 신자에게 가까이 다가가 말씀과 기도로 보듬어주는 위로의 말을 던져주는 것이 목회자의 역할이다.

환언하여 말한다면, 칼빈에게 있어서 믿음이란 단순히 그리스도인의 성향이나 기질의 상태가 아니라 성령으로 말미암은 의지의 결정이며, 이에 대한 반응으로 행위가 따라온다. 믿음은 그리스도인이 전인적으로 참여하는 마음의 행동이라 할 수 있다.

2. 믿음의 터로서 마음

전술(前述)했듯이, '믿음'과 더불어 개념 정리가 잘 되지 않는 용어 중 하나가 '마음'이다. 인간이 살아가면서 많이 쓰는 용어 중 하나가 '마음'이라는 사실에 누구나 동의할 것이다. 우리말 사전에 보면 '마음'을 "감정이나 생각, 기억 따위가 깃들거나 생겨나는 곳" 또는 "무엇을 하고자 하는 의지"라고 정의한다. 이 정의는 인간의 감정, 의지, 생각, 즉, 인격의 3대 요소가 들어있는 곳을 뜻한다. 달리 말해, 인간의 지각, 사유, 감정, 행동의 근거 혹은 원천으로 볼 수 있다. 실제로 우리가 일상에서 쓰는 마음에 대한 용례를 살펴보면 자명해진다. 가령, "마음이 아프다", "마음이 기쁘다", "마음이 설렌다", "무슨 일이든 마음먹기에 달렸다", "마음이 답답하다", "마음을 평안히 하자" 등.

신·구약을 포함해 성경에서 많이 나오는 단어중 하나도 '마음'이다. 그 정도로 마음은 인간의 삶에 있어서 중요하다는 방증이다. 특히 신약에 마음을 뜻하는 헬라어 원어는 두개의 단어, '누스(nous)'와 '카르디아(kardia)'로 구별된다. 헬라어의 그런 두 단어를 한글성경에서는 따로 구별하지 않고 동일하게 '마음'으로 번역했다. 물론, 두 단어를 모두 '마음'으로 번역한 것이 잘못된 번역이라 할 수 없다. 두 단어를 상호 교호적으로 사용해도 별 문제가 없다는 말이다. 독일어에서 '역사'를 뜻하는 단어로, 'Historie'와 'Geschichte'가 있는데, 일반적으로 상호 교호적으로 사용해도 무방하지만, 개개 단어에 스며있는 고유한 의미를 드러내려고 할 경우 구별해서 사용한다. 즉, 역사에 스며있는 '사실(fact)'을 강조할 경우 'Historie'로, '의미(mean)'를 강조할 경우 'Geschichte'로 서술한다. 마찬가지로 '마음'을 가리키는 헬라어 단어 '누스'와 '카르디아' 중 특별히 '생각하는 힘'으로써 인간의 이성을 부각시키고자 할 경우 '누스'를 사용하지만(고전 14:13-19 참고) 대개 '카르디아'를 사용한다.

여기서 주의해야 할 것은 마음은 우리 인간에게만 있는 것이 아니라 삼위일체 하나님께도 있다는 사실이다. 성부, 성자, 성령 하나님은 인간과 마찬가지로 인격을 소유하고 계시기 때문이다. 인격의 핵심적인 요소는 물론, 마음이다. 그래서 하나님도 우리의 마음상태에 따라 마음이 아파 슬퍼할 때도, 반대로 기뻐할 때도 있다. 하나님의 형상이라 할 때 핵심적인 요소는 마음이다. 아담이 범죄하여 타락했다 할 때 무엇보다 마음의 타락을 말한다. 따라서 타락한 하나님의 형상을 회복하려 할 때 마음의 회복, 즉, 순전하고 정결한 하나님의 마음을 회복하는 것이다. 그런데 인간의 타락한 마음을 하나님의 마음으로 회복시켜주는 결정적인 연결고리가 '믿음'이다.

따라서 믿음은 우선적으로 마음의 문제이다. 믿음은 하나님과의 관계이고, 하나님과 관계를 트고 그 관계 안에서 살기 위해서는 먼저 마음의 변화가 있어야 한다. 마음에 대한 중요성이 무엇보다 구약성경 잠언서의 말씀에 잘 드러나 있다. "무릇 지킬 만한 것보다 더욱 네 마음을 지키라 생명의 근원이 이에서 남이니라"(잠 4:23).

의학 용어에 '심인성(心因性)' 질환이라는 것이 있다. 마음에 병이 생기면 그 병의 영향이 몸으로 나타난다는 것이다. 온몸의 기능을 마비시키는 원인이 마음에 있을 수 있다는 것이다. 마음의 병은 또한 관계를 망가뜨린다. 육신의 질병은 때로 더 깊은 사랑을 경험하게 해 주지만, 마음의 병은 그 반대이다. 그래서 마음의 병이 무섭다. 때문에 마음의 병이 치료되면, 아무 이유도 없이 육신적인 질병이 사라지기도 한다.

이렇듯, 마음에 일어나는 변화는 파급 효과가 크다. 마음에 변화가 일어나 하나님을 찾고 하나님의 사랑 안에서 살아가는 가운데 믿음이 깊어진다면, 그 사람의 육신에도 변화가 일어난다. 긴장되고 경직되었던 표정이 부드러워진다. 냉기가 느껴지던 딱딱한 태도가 변하여 온기를 풍긴다. 자신이 모든 것을 통제하려던 집착을 버리고 하나님께 의지하니 스트레스 레벨이 낮아진다. 믿음이 깊어지면서 잠도 잘 자게 되고 소화력도 좋아진다. 뿐만 아니다. 자신에게 주어진 소임에 대한 태도가 달라진다. 사람들을 대하는 태도가 달라진다. 마음에 변화가 일어나면 모든 것이 달라지게 되어 있다.

믿음은 우리로 하여금 예수 그리스도를 통해 살아계신 하나님을 만나게 하고, 하나님 안에서 새롭고 참된 삶을 찾게 하며, 그 삶을 통해 당신의 나라와 의를 위해 헌신하게 만들어 준다. 이것이 진정한 믿음이다. 이것은 마음에 변화가 일어날 때 가능한 일이다. 이제 하나님의 마음과 우리의 마음을 접속시켜주는 믿음의 문제를 칼빈의 눈으로 좀 더 자세히 들여다보자.

칼빈은 무엇보다 마음의 중요성을 감정과 관련시켜 강조한다. 그런데 단순한 감정이 아니라 행위로 이어지는 의지의 동력으로서, 그리고 믿음의 순종을 초래하는 감정을 말한다. 이런 감정은 마음속에서 자연적으로 솟아나는 것이 아니라, 성령께서 복음을 통해 영향을 끼침으로 가능하다. 그리스도인을 그리스도인 되게 하는 것은 머리에 있는 단순한 신학적 지식이나 교리가 아니라, 마음속에 있는 믿음과 사랑이다.[11]

믿음을 마음과 관련시킨 칼빈의 계속되는 강조는 다음의 글에서 보다 분명해진다. "마음을 하나님께 복종시키지 않는다면 다른 모든 것은 기만이며 사기이다."[12] "우리가 가르치고자 하는 것은 혀의 일이 아니라 삶의 일이다. 이것은 다른 학문에서 통용되는 것처럼 단순히 인간의 사고를 통해 이해된 것이 아니라 우리의 마음으로 가능해진다."[13] "우리가 기도하려 무릎을 꿇는다면 그런 외적인 모습이 마음의 내적인 복종과 일치하는지 주의해야 한다."[14]

믿음이 마음속에 깊이 뿌리를 내리지 않고 단순히 머리에만 맴 돌 때 그런 믿음은 오래 가지 못하고 사라진다. 이 말은 참된 믿음은 우리의 머릿속에 지식으로 머물러 있는 상태가 아니라, 먼저 우리의 거룩한 감정을 자극시키고 의지를 초래하여, 결국 행위의 열매를 맺게 하는 것을 뜻한다. 칼빈은 마음으로부터 나오지 않은 교리와 가르침을 멀리했다. 믿음은 인간의 머릿속에서 수행되는 사고에 기반을 두지 않기 때문이다. 성령은 인간의 인격의 중심인 마음에서 영향력을 발휘하신다.

하나님의 계시 또한 역사의 사실과 이성의 진리처럼 합리적으로 이해될 수 있는 것이 아니라, 우리의 생명과 삶을 결정짓는 가장 중요한 것으로 절대적 권위에 호소하여 우리의 마음속에 받아들여져야 한다. "우리에게 선포된 말씀이 마음의 깊숙한 곳에서 만나지 않는 한 우리에게 아무 유익을 가져다주지 못한다."[15] 하나님의 계시 중 최고의 계시인 예수 그리스도 역시 우리의 마음에 좌정해 있지 않고 우리의 혀에 있거나 머리에서 이리저리 맴돈다면 우리의 믿음은 헛될 것이다. 칼빈이 마음을 그리스도와 관련시킨 것은 그의 교리학의 주요 관심사 중 하나였다.

또한 칼빈은 마음을 믿음으로 드리는 예배와도 관련시킨다. "우리가 드리는 예배에서 기도할 마음이 없거나 딱딱한 돌처럼 어떤 말에도 감동을 얻지 못한다면, 하나님의 집에 거하는 것보다 차라리 집에 머무는 편이 나을지도 모른다."[16] "마음의 정결이 결핍된 채 드려지는 예배는 소용이 없으며 내용이 없는 형식적 예배에 불과할 뿐이다."[17]

하나님은 순전한 마음에서 우러나오지 않는 그 어떤 신앙고백도 받아들이지 않는다. 마찬가지로 마음에서 나오지 않는 그 어떤 경건한 행동도 소용없으며, 손과 발을 포함한 온몸으로 하는 일이라 할지라도 하나님의 사랑이 우리의 마음속에 거해 있지 않다면 헛된 일에 불과할 뿐이다. "우리의 외적인 행동은 내적인 마음의 성향과 일치해야 한다. 우리의 행동은 외적으로 완벽해지고 싶어 한다. 그러나 우리의 행동이 정직한 마음으로부터 행해지지 않는다면, 그것은 아무 유익도 주지 못하며 무익한 의식에 불과할 뿐이다."[18]

우리가 하나님의 진리를 고백한다면 그 고백은 마음에 뿌리를 두어야 한다. 마음이 그리스도인의 삶을 결정짓는 출발점이며 전제라는 말이다. "우리는 하나님을 바르게 알도록 부름 받았다. 하지만 그 앎이 우리의 생각에만 머물러 있는 텅 빈 앎이 아니라, 우리의 마음속에 깊이 뿌리박혀 결국 열매를 맺게 하는 그런 앎을 위해 부름 받았다."[19] 믿음을 통한 마음의 변화 없이는 그 어떤 행위도 가능치 않다.

3. 하나님의 말씀이 견고한 믿음을 낳는다

앞에서 살펴보았듯이, 칼빈은 믿음을 "하나님에 관한 지식일 뿐 아니라 그 지식에 대한 확고한 신뢰"라 정의했다. 그런데 하나님에 관한 지식을 담고 있는 그릇은 말씀이다. 따라서 믿음의 진정성은 성경에 절대적 신뢰를 보내느냐, 그렇지 않느냐에 달려 있다.

우리는 주변에서 하나님을 믿는다 하면서도 성경을 믿지 못하겠다고 말하는 사람들을 종종 보게 된다. 엄밀한 의미에서 보자면 그들의 믿음은 바른 믿음이라 할 수 없다. 성경말씀은 인간을 향한 하나님의 사랑을 보여주는 당신 자신의 약속이며 계시이기 때문이다. 비록 말씀이 개개 저자가 살았던 시대적 상황과 배경, 그리고 그들의 지식의 정도를 충분히 반영한 결과물이지만 정확무오하다. 때문에 우리가 하나님을 믿는다고 할 경우, 그분을 기록한 말씀을 믿는 것이다. 성경말씀은 우리의 믿음을 생성케 하는 샘이요, 그 믿음을 유지, 성장케 하는 원천이다. 그런 이유로 믿음은 반드시 말씀과 결부시켜야 한다. "그들과 같이 우리도 복음 전함을 받은 자이나 그러나 들은 바 그 말씀이 그들에게 유익하지 못한 것은 듣는 자가 믿음과 결부시키지 아니함이라"(히 4:2).

믿음을 하나님의 말씀과 결부시키지 않고 신비적이고 기적적인 체험에 결부시키려는 자들이 있다. 기도 중에 방언이 터졌다든지, 환상을 보았다든지, 신유의 은사를 받았다든지 하는 경우이다. 그런데 문제는 그런 주관적인 종교적 체험을 객관화시키려는 데 있다. 그들은 하나님의 말씀을 곡해시키거나 개인의 종교적 체험을 말씀보다 더 우위에 두려한다. 그런 현상을 오늘날 한국교회에서 심심찮게 볼 수 있다. 물론, 신앙생활에 있어서 체험은 중요하다. 그러나 체험된 종교적 사실은 반드시 하나님의 말씀의 빛에 비추어서 그 진위 여부를 가려야 한다. 종교적 체험이 우리의 믿음을 강화시켜주는 데 도움을 제공해 줄 수는 있지만, 그것 자체가 본질이 되어서는 안 된다. 어떤 경우든 믿음은 말씀에 든든히 서 있어야 한다.

칼빈은 자신의 신학적 사상과 삶의 근원을 하나님의 계시인 말씀에서 찾았다. 그는 자신의 신앙을 온전히 하나님의 말씀 위에 세운 말씀의 신학자이다. 그는 믿음의 본질에 관한 질문에 다음과 같이 답한다. "믿음은 하나님의 입으로부터 우리에게 전달된 것들에 경외심을 가지고, 모든 의심을 버리고 무조건적으로 받아들이는 것을 말한다."[20] 오늘날 우리와 끊임없이 대화하기를 원하시는 하나님을 우리는 말씀에서 만날 수 있으며, 그 말씀은 계시의 본질이며, 하나님과 우리 사이에서 인격적인 관계를 형성하기 위해 우리를 향해 펼치시는 하나님의 행동이기도 하다. 태양과 태양의 빛처럼 말씀과 믿음은 결부되어 있다.

하나님의 말씀은 우리의 믿음과 삶의 토대일 뿐 아니라, 지속적으로 이어가게 하는 원동력이다. 하나님께서 우리에게 끊임없이 말씀하고 있다는 사실이 우리의 삶의 중심에 자리를 잡고 있기 때문에, 그 말씀에 대한 들음과 순종이 따라야 한다. 칼빈에게 하나님의 말씀은 무엇보다 다음과 같은 의미를 갖는다. 기록된 말씀이 매일 매순간 하늘로부터 내려와 우리에게 말을 걸고 있다. 그리고 그 말씀은 우리와 역사적 간격을 형성하는 것이 아니라 지금, 여기서의 삶의 자리에 살아 있는 샘으로 우리에게 다가온다. 일전에 일어났었던 기적을 포함한 사건들이 단순히 우리의 귀에 들려지는 것이 아니라, 지금도 살아서 역동하는 능력을 가지고 그리스도 안에서 우리에게 다가온다. 그리스도와 우리 사이에 맺은 언약의 말씀은 결코 깨어지지 않았음이 믿음

을 통해 확실해진다.²¹

칼빈은 '지금, 그리고 여기서(nunc et hic)' 하나님께서 우리에게 말을 걸고 계시며 우리는 그 말씀을 들으며 그 말씀의 증거가 현재의 우리 삶에 적용된다는 사실을 평생 굳게 붙들고 살았다. 그는 말씀을 과거 어느 한 시점에 회자된 역사로서 통속적인 민중소설이나 고고학적 기록물로 여기거나, 혹은 단순히 오늘날 살아가는 우리에게 중요한 교훈적 의미를 제공하는 것이 아니라, 계속되는 하나님의 행동으로 받아들인다. 그래서 그는 자신의 신앙의 뿌리를 철학자들이 주장하는 형이상학적 이론이나 역사적 인식의 불확실성에 두지 않았다. 그는 말씀에서 우리의 신앙심을 견고하게 함으로써 그 신앙에 걸 맞는 삶을 드러내는 역동성을 보았다.²²

그리스도인은 매일 하나님의 말씀을 읽고 듣는 연습뿐 아니라 경험하는 삶을 배워야 한다. 우리 속에서 자연발생적으로 솟아나는 생각을 버리고 오직 하나님께서 들려주시는 음성에 귀 기울인다면 우리의 삶이 바르게 형성될 수 있다. 칼빈이 성경에 높은 경외심을 보였던 것은 그가 매일 행해야 할 생각과 행동규준을 그곳에서 찾았기 때문이다. 그는 기록된 말씀에 그 어떤 기계론적인 이해를 보이지 않았다. 그는 성령의 조명으로 말씀을 읽는 가운데 매일의 삶 속에서 어떤 길을 걸어가야 할지를 알려주는 방향키를 발견한다.

우리의 믿음이 하나님의 말씀 위에 견고히 서 있을 때, 삶 속에 어김없이 찾아오는 온갖 세파와 비바람에도 흔들리지 않고 굳건히 서 있게 된다. "우리가 믿음 안에 집을 지어 점점 더 자라기 위해서는 하나님의 말씀을 지녀야 한다. 우리가 경험적으로 알고 있듯이, 우리의 믿음은 이 세상에서는 결코 완전해지지 않기 때문이다."²³

4. 참된 믿음은 행위로 알 수 있다

행위 없이 믿음 자체로 그리스도인을 의롭게 만든다고 주장한다면 그것은 잘못된 주장이다. 행위 없는 믿음은 참된 믿음이라 할 수 없으며 단순한 모방에 지나지 않기 때문이다(약 2:14-26). 이렇듯 믿음과 행위는 불가분리의 관계를 갖는다. 물론, 행위로 구원받는 것이 아니라, 오직 믿음으로 구원받는 것은 자명한 성경의 진실이다. 이에 대한 성경의 증거는 로마서 1:17을 중심으로 다른 곳에서도 얼마든지 찾아 볼 수 있다. 그러나 구원에 이르게 하는 참된 믿음은 반드시 선한 열매를 맺게 한다. 믿음과 행위는 의미적으로 구별될 뿐이지 결코 분리될 수 없다. 마치 톱니바퀴의 이가 맞물려 돌아가듯 믿음과 행위 역시 함께 맞물려 작동해야 한다. 하나님께서 인간을 지으신 목적도 선한 행위를 보기 위해서이다. "우리는 그가 만드신 바라 그리스도 예수 안에서 선한 일을 위하여 지으심을 받은 자니 이 일은 하나님이 전에 예비하사 우리로 그 가운데서 행하게 하려 하심이니라"(엡 2:10). 참된 믿음은 선한 행위를 통해 증거 되어야 한다.

그런데 한국교회 현실에 나타나는 안타까운 사실은, 그리스도인이 의롭게 되어 구원을 얻는 것은 행위가 아니라 믿음으로 가능하다는 성경의 진실이, 편향적으로 소개되어 행위를 간과시키는 결과를 초래했다는 점이다. 행위를 강조하면 로마 가톨릭 사상이나 자유주의 신학사상이라고 비판하며 알레르기 반응을 보인다. 그러나 행위가 아니라 오직 믿음으로 구원을 받지만, 그 믿음은 반드시 선한 행위의 열매를 맺어야 한다.

믿음과 행위의 이러한 관계에 대해 무엇보다 칼빈이 보다 강하게 주장한다. 종교개혁 당시 전방에서 로마 가톨릭의 교황을 비롯해 주교들과 직접 대면하여 '행위구원' 사상과 치열하게 싸웠던 마르틴 루터는 행위보다 믿음에 더 치중했다는 것은 어쩌면 당연한 것이라 생각될 수 있다. 그러나 루터와 거의 동시대 인물이지만 약간은 후방에서 싸웠던 칼빈은 믿음과 행위 중 한쪽으로 치우치지 않고 조화와 균형 잡힌 주장, 즉, 참된 믿음은 선한 행위로 알 수 있다는 주장을 하기에 이른다. 이런 칼빈의 주장은 칭의와 성화의 관계정립에도 영향을 미친다. 다시 말해, 루터가 행위보다 믿음을 강조한 나머지 성화보다 이신칭의를 더 부각시켰다면, 칼빈은 그런 루터의 사상을 더욱 보완하여 칭의사상을 언급할 때 반드시 성화와 결부시켜 주장한다. 따라서 칼빈에게 있어서 믿음으로 말미암은 칭의는 성화의 열매로 증거되어져야 한다. 이러한 칼빈의 사상을 좀 더 구체적으로 살펴보자.

칼빈은 믿음과 행위의 관계에 대해 다음과 같이 주장한다. "우리는 의롭게 하는 믿음만을 가르친 것이 아니라, 그 믿음을 선한 행위와 관련시켜 가르친다. 죄인을 의롭게 만드는 믿음은 우리의 눈으로 관찰되어야 한다."[24] 우리가 하나님의 자녀로 여겨지기를 원한다면 변화받아 하나님의 자녀에 걸 맞는 삶으로 드러나야 한다. 입으로 시인하는 믿음이 삶으로 보여주지 않고, 단지 의식적 예배를 통해서 하나님을 경외한다고 말하는 것은 바른 믿음이라 할 수 없다. 선한 행위로 채워진 삶은 믿음에 근거해 있기 때문에, 믿음이 연약한 삶은 타락한 삶의 모습을 보여줄 뿐이다. 그렇다면 칼빈의 이러한 주장을 가능케 하는 근거가 무엇인가?

그리스도인은 오직 믿음으로 의인이라 칭함을 받는데, 그 의는 거룩한 삶, 즉, 성화(聖化)로 드러나야 한다. 그런데 그리스도인의 의를 성화의 삶으로 이어지게 하는 것은 그리스도인의 자율적 의지나 이성이 아니라, 성령의 역사이다. 우리의 의지나 이성은 부분이 아니라 전적으로 타락해 있기 때문이다. 우리의 고유한 의지와 이성으로 선과 악을 분별하거나 행할 수 없다는 말이다. 반드시 성령의 도우심을 받아야 한다. 이 점이 칼빈의 칭의론과 성화론의 핵심적 바탕을 이룬다. "믿음이 하나님을 사랑하도록 불을 붙이지 않는다면 … 하나님의 선하심을 결코 맛볼 수 없을 것이다."[25]

하나님 앞에서 그 어떤 선한 행위도 믿음으로 인한 것이 아니라면 아무 소용없다. "모든 선과 덕의 기초는 믿음이다."[26] 반면 불신앙은 인간을 서로 다치게 하며 해를 끼치는 모든 범죄의 기초이다. 하나님을 향한 우리의 선한 열정은 반드시 믿음이 그 시작점에 있어야 한다. 철학자 임마누엘 칸트(Immanuel Kant)가 윤리의 문제는 인간의 선한 의지의 문제라 말했다면, 칼빈은 그 선한 의지는 하나님의 계명 앞에 자발적인 순종을 유발시키는 믿음과 다른 무엇이 아니라고 말한다.

그러므로 칼빈에게 있어서 그리스도인의 구체적인 행위는 순종으로 드러나는 믿음의 삶을 뜻한다. "믿음은 순종 없이 가능하지 않다. 우리 스스로 자신을 다스리기를 원한다면 우리에게 믿음이 없다는 것을 증거 할 뿐이다."[27] 하나님의 뜻에 순종하는 믿음이 우리의 삶의 근거가 되어야 한다. 우리가 가진 영혼의 모든 능력을 믿음의 행위에 쏟아 부어야 한다. 이런 노력으로 인해 우리의 믿음은 점점 자라난다. 믿음의 본질은 단순히 예배에 정규적으로 참석하며, 기도와 헌금생활을 열심히 하는 것으로 충분한 것이 아니라, 각자에게 맡겨진 삶의 터에서 하나님 사랑을 이웃 사랑으로 증명하는 실천적 행위에 있다.

그런데 그리스도인의 선한 행위는 인간의 자연적 성향이나 기질을 통하지 않고는 일어나지 않는다. 그러나 그런 성향과 기질을 반드시 믿음으로 채우는 재정비 작업이 필요하다. 달리 말해, 인간이 본성적으로 가진 내적인 요소, 즉, 의지와 감정, 이성은 반드시 믿음과 연결되어 있어야 한다는 말이다. 그럴 경우 그리스도인의 선한 행위가 가능해진다.

칼빈이 말한 믿음은 수동적인 수용의 의미 이상이며 믿음과 행위의 일치를 뜻한다.[28] "믿음은 항상 우리에게 하나님께 감사하는 마음과 경외심을 갖게 하며 능력에 따라 이웃에게 감사하도록 우리를 움직인다."[29] 우리가 믿음으로 의인이 되었다면, 이에 합당한 거룩한 삶을 살아야 한다. 즉, 우리가 가진 믿음은 매일의 삶의 모든 영역에서 행위로 드러나야 하는 것이다.

5. 믿음은 계속해서 자라야 한다

그리스도인은 행위가 아니라 믿음으로 의인이 된다. 그러나 여기서 의인이라 함은 실질적 의미가 아니라 법정적 선언이다. 본질적으로 의인이 된 것이 아니라 의의 옷을 입었다는 뜻이다. 그래서 루터는 "그리스도인은 죄인이면서 동시에 의인(peccator et simul justus)"이라 했다. 본질적인 의미에서 의인이 되었다면 죄를 더 이상 범하지 말아야 한다. 그러나 죄를 밥 먹듯이 계속해서 짓게 되는 것이 우리 그리스도인의 현실이다. 그러므로 그리스도인은 믿음으로 의인이 되었다는 사실에 만족하여 현실에 안주하는 삶이 아니라, 온전한(본질적인) 의인이 되기 위해 계속해서 노력해야 한다(칼빈에게 있어서 '칭의'가 법정적 선언에 해당되는 의라면, '성화'는 실질적 혹은 본질적 의를 뜻한다). 믿음은 어느 한 지점에 머물러 있는 상태가 아니라 계속해서 성장하고 자라야 한다.

믿음으로 의인이 되었다는 것은 그리스도께서 우리 그리스도인의 마음에 정주해 계신다는 뜻도 포함한다. 그것은 그리스도인의 믿음에 다이내믹한 역동성이 들어 있다는 뜻이며, 항상 새로운 것을 깨닫고 행동하게 함으로써 앞으로 나아가게 만든다. 믿음은 우리의 흥분된 마음을 가라앉게 만드는 진정제이거나 슐라이어마허(Schleiermacher)가 주장한 것처럼 '절대 의존의 감정'이 아니라, 하나님을 섬기고, 순종하며, 경외하게 만드는 근본적인 능력이다.

칼빈은 그리스도인의 '성화'를 완전성을 향해 날마다 행하는 회개를 통해 새로워지는 삶의 과정으로 이해한다. 첫째는 하나님 사랑이요, 다음으로는 이웃에 대한 온전한 사랑이 이루어질 때까지 걸어가는 삶의 여정이 성화의 과정이다. 온전한 사랑을 이루기 위해 노력하는 삶은 활발한 행동을 동반한다.[30] "하나님은 우리를 가만히 머물러 있게 하기 위해 부르신 것이 아니라 완전성의 목적을 향해 우리를 앞으로 몰고 가신다."[31]

칼빈의 신학에서 발견할 수 있는 믿음의 자라남의 사상은 철학자들이 말하는 인류의 진보 사상과는 근본적인 차이를 보인다. 그 이유는 칼빈은 인간의 진보를 믿은 것이 아니라, 하나님의 승리에 대한 확신에 그의 사상의 근거를 두었기 때문이다. 계속되는 하나님의 통치는 우리 인간의 자연적 이성의 눈에는 숨겨져 있다. 오직 신앙의 눈으로만 어느 정도 볼 수 있을 뿐이다. 그런 칼빈의 사상의 중심에는 인간의 인격이 아니라 우리의 머리되신 그리스도께서 자리하고 있다. 따라서 죄로 얼룩져 있음에도 불구하고 우리의 삶에서 뿜어져 나오는 역동성은 우리에게 날마다 새로운 힘과 능력을 주시는 예수 그리스도께 있다.

하나님의 지식과 그 지식에 대한 확신으로서 믿음은 실천적인 삶과 분리시킬 수 없다. 칼빈은 그리스도인의 믿음에서 단순히 수동성과 소극성을 본 것이 아니라, 매일 계속되는 행동을 근거 짓는 능동적이며 적극적인 힘을 보았다. 칼빈에게 있어서 그리스도인의 삶이란 연습이며 훈련이다. "계속해서 그리스도인의 학교에 다니려는 자는 타성에 젖은 청중으로 머물러 있어서는 안 되며 자신이 배웠던 것을 행동으로 옮겨야 한다."32 성령 하나님은 우리의 믿음을 행동으로 드러나게 하며, 선한 생각과 삶을 단념치 못하게 함으로써 잘못된 낙관론에 빠지지 않도록 우리를 지켜주신다.

계속해서 우리를 앞으로 나아가게 만드는 믿음의 힘은 우리를 가만히 내버려 두지 않는다. 그런 믿음의 힘은 그 어떤 우연성에 기반을 둔 것이 아니라, 우리의 전 삶을 알고 계시며 정해 놓으신 하나님의 섭리에 바탕을 둔다. 우리의 삶에 피할 수 없이 찾아오는 유혹과 고통 역시 우연이나 운명이 아니라 하나님의 섭리로 말미암은 것이다. 칼빈은 인간의 운명을 받아들이는 스토아 철학을 강하게 비판한다. 운명을 받아들이게 되면 우리에게 찾아오는 공포와 두려움을 극복할 길이 없어지기 때문이다. 불신자들이 말하는 우연이나 운명은 우리 그리스도인에게는 존재치 않으며, 인간에게만 숨겨져 있지 하나님은 이전에 알고 계셨고 계획해 놓으셨던 일이다. "일반적 생각으로는 우연으로 생각될 수 있을지 모르지만, 사실은 하나님의 섭리와 관련되어 있어서 반드시 일어나야 한다. 역사의 진행 과정을 우리의 이성으로만 판단한다면 세상에 우연성이 지배한다는 믿음에 이르게 된다."33

칼빈은 운명 혹은 우연을 이방적인 개념으로 간주한다. 무지몽매한 우리 인간의 눈에는 우연으로 비춰질지 모르지만, 실은 하나님의 계획과 섭리 속에 일어난다. 그것은 논리적으로 입증될 수 있는 것이 아니라 오직 믿음으로 받아들여질 뿐이다. 이와 같은 사실에 주의를 기울여야 할 의무가 우리에게 있다. 우리에게 염려가 닥쳐 올 경우 우리를 먹이시고 돌보시는 것이 하나님의 일이라고 믿기 때문에, 우리는 당신께 얼마든지 필요한 것을 구할 수 있다. 무감각과 허무주의, 어리석음과 불확실성은 우리 그리스도인의 선한 삶을 위해 전혀 도움이 되지 않는 피해야 할 요소이다. 이렇듯 하나님의 섭리에 대한 믿음은 우리의 삶의 모든 결정을 좌우하는 근거이다.

우리가 가진 믿음의 진보성은 인간 자체의 역동성과 생동성에 기반을 둔 진화론적 진보성과는 질적인 차이를 이룬다. 그러나 그리스도인은 수많은 일을 해야 한다는 의무감에 갇히는, 즉, 율법성취에 대한 강박관념이나 의무감에 사로잡혀서는 안 된다. 신앙의 역동성은 우리 자신에게서 흘러나오는 것이 아니라, 전적으로 성령 하나님의 도우심으로 말미암은 것이다. 때문에 선한 사역을 향한 역동성은 의무감에서가 아니라, 자발적인 마음에서 흘러나온다. 바른 믿음은 끊임없는 활동을 동반하며 하나님의 말씀에 이끌려 계속해서 앞으로 나아가게 하는 힘을 발산시킨다.

선한 삶으로 이끄는 믿음에 대해서는 데살로니가전서 1장 3절에 대한 칼빈의 주석에서 보다 자세히 알 수 있다. "이웃을 도울 수 있을 만큼 믿음은 진지해야 하며 능력으로 가득 차 있어야 한다. 경건한 자들은 사랑의 섬김에 지쳐서는 안 되며, 다시 오실 그리스도에 대한 소망 안에서 유익을 주지 못하는 것들을 좇지 아니하며, 인내로 무장하여 모든 유혹을 이겨내야 한다. 무엇보다 우리의 섬김이 얼마나 계속되어야 하느냐고 물어서도 안 된다." 하나님에 대한 경외와 믿음과 이웃 사랑, 그리고 그와 유사한 영적인 덕 안에서 자라남이 칼빈의 인격적 태도와 강단에서 외치는 설교에서, 무엇보다 삶의 현장에서 명확하게 보였다.

6. 그리스도와 연합케 하는 믿음

그리스도와 연합한다는 것은 그리스도가 내 안에, 내가 그리스도 안에 삶으로써 그리스도와 하나 됨을 말한다(요 6:5,6; 15:3-5; 17:21; 갈 19:20). 그런 하나 됨을 가능케 하는 수단이 바로 믿음이다. 따라서 믿음은 그리스도와의 연합, 즉, 당신 속으로 흡수되는 것을 말한다. 이러한 그리스도와의 연합은 논리적이거나 합리적으로 설명할 수 없는 신비한 사건이다. 그래서 믿음은 그리스도와의 신비한 연합(unio mystica cum Christo)을 가능케 한다.

칼빈은 그리스도와의 연합을 "머리와 지체의 결합" 또는 "우리 마음에 내주하시는 그리스도"로 표현한다. 이렇게 우리가 그리스도께 접붙여짐으로써 당신과의 영적인 소통이 가능해진다. 칼빈에게 있어서 중요한 신학적 사상인 칭의론, 성화론, 예정론과 신앙론 등은 그리스도와의 연합의 구체적인 표현이라 할 수 있다.[34] 그러나 칼빈은 그런 연합을 '하나님과 인간 본질의 존재론적 혼합'으로 이해하지 않는다. 그리스도와 연합한다 해서 우리에게 신성이 유입되어 신의 본질에 참여한다는 뜻이 아니라는 말이다.

그리스도와 연합한다는 것은 믿음을 통해 그리스도의 영향권 안으로 들어감을 뜻한다. 본질상 우리 스스로는 삶의 선한 열매를 맺을 수 없다. 그리스도 안에 깊이 뿌리박힐 경우에만 우리의 삶이 새롭게 변하며 능력을 발휘할 수 있다. 그리스도인의 선한 삶은 그리스도께 접붙이게 하는 믿음에서 가능할 뿐이다. 이와 관련하여 칼빈은 히브리서 4장 10절을 인용하면서 다음과 같이 말한다. "최고선에 대한 철학자들의 관찰은 어린아이의 관찰과 같은 종류이다. 그런 관찰은 인간 자체에서 나왔기 때문이다." 그리스도는 철학자들이 말한 선의 관념

혹은 상징으로 이해되는 것이 아니라, 메시야로서 우리의 모든 삶의 틀과 내용을 제공해 주는 분이다. 때문에 그리스도에 대한 믿음은 우리의 삶에 풍성한 열매를 맺게 한다.

그러므로 전술한 믿음과 행위의 관계는 그리스도와의 연합에서 이루어진다. 그리스도는 믿음을 통해 우리 안에 내주해 이 땅에 하나님의 나라를 세우기 위한 일을 수행하신다. 그리스도는 활동하지 않고 조용히 우리 안에 머물러 계신 분이 아니라 우리에게 말을 걸고, 우리의 생각과 행동을 간섭하고 다스리는 행동가이다. "그리스도께서 우리가 되시고 우리가 그분의 육신 안에 심겨지는 것이 복음의 목적이다."35 우리가 그분 안에 심겨지고 그분과 동행함으로써 우리의 삶이 그리스도인의 삶으로 가능해진다.

참된 그리스도인의 삶은 그리스도와의 연합의 결과로부터 나온다. "영혼이 육체에 생명을 불어 넣듯이 그리스도께서 당신의 지체들에게 생명을 불어 넣으셨다."36 나무의 뿌리가 모든 가지에 생명의 힘을 공급하듯, 우리는 예수 그리스도에게서 생명의 힘을 공급받는다. 예수님은 우리 안에 거하기를 원하신다. "많은 사람들이 그리스도를 자신들의 입과 머리에 자리를 내주지만 그곳은 살아있는 뿌리가 아니다. 그분의 자리는 우리의 마음이다."37

이에 덧붙여 칼빈은 "그리스도와 지체들과의 신비한 연합은 성만찬에서만 일어나는 것이 아니라 언제 어디서든 우리의 현실에서 일어나야 한다"고 말한다.38 그리스도의 지체로서 우리를 향하신 당신의 영향은 급작스럽게 혹은 통제할 수 없을 정도의 격렬한 상황에서 일어나는 것이 아니라, 성령의 조명이 깃든 하나님의 말씀과 더불어 항상, 그리고 어디서든 일어난다. 그리스도 안에서의 삶과 성령 안에서의 삶은 동일한 의미이다. "성령께서 하나님 사랑과 이웃 사랑을 실천하도록 우리의 마음에 불을 붙이시면 우리의 탐욕의 불은 점점 꺼져간다. 성령이 계시지 않는다면 우리의 영적인 능력은 어둠 속에 머물러 있게 된다."[39] 성령의 능력을 통해 우리가 그리스도와 하나 되는 역사가 일어난다.[40] 그런 하나 됨을 통해 우리의 선한 삶이 가능해진다. "우리가 그리스도의 육신에 접붙여짐으로써 우리의 옛 사람은 십자가에 못 박히며, 온전한 의를 향해 거듭난 자가 된다."[41] 그렇지 않다면 우리 안에서 행해지는 그리스도의 통치는 도덕적 세계관이나 현실을 표현하는 다양한 관념의 한 형식에 지나지 않을지도 모른다. "하나님은 당신이 선택하신 자들에게 두 가지 방식으로 영향을 끼친다. 하나는 외적인 말씀을 통해서, 하나는 내적인 당신의 영(성령)을 통해서이다. 설교를 통해서 씨가 뿌려진다. 그러나 하나님은 내적으로 성령을 통해 열매를 맺게 하신다."[42]

그리스도는 우리에게 관념이나 이념으로 계신 분이 아니라, 모든 것을 포기하고 희생한 하나님 그 자체이다. 그런 분 안에서 우리의 선한 삶이 확립되며 당신의 삶을 본받는, 즉, 제자의 삶이 가능해진다. 결국 그리스도와의 연합이 우리의 전 삶의 초석을 형성한다. "본질상 우리는 죄를 지을 수밖에 없지만 그리스도 안에 심겨져 있으면 그런 상태로부터 해방될 수 있다."[43] 그리스도인의 삶은 우리 안에 거하는 그리스도의 삶이며, 그 외의 삶은 실상 죽은 삶이다. 우리가 그리스도의 생명에 참여하게 될 때 그런 죽음이 소멸된다. 그리스도는 우리 바깥에 계신 분이 아니라 우리를 가장 단단한 끈으로 당신과 엮으며, "기적과 같은 연합을 통해 날마다 우리와 하나가 될 때까지 우리와 함께 하나의 육신을 이루기 위해 자라나게 하신다."[44]

믿음과 행위, 교리와 (기독교)윤리, 그리고 칭의와 성화는 그 자체로 고유한 내용을 갖지만 분리되어 생각될 수 없다.[45] "그리스도는 우리가 삶의 거듭남 없이 칭의를 말하는 것을 원치 않으신다."[46] 윤리로부터 교리를 분리시키는 것은 교리는 단지 사변적인 이론으로만, 윤리는 단지 도덕적으로만 여기게 하는 결과만을 초래할 뿐이다. 믿음과 행위의 관계처럼, 윤리와 교리는 의미적으로 구별할 뿐이지 분리시킬 수 없다. 교리는 이 땅에서 선한 삶을 위해 필요하기 때문이다. 칸트의 말을 빌려 표현하자면, 윤리 없는 교리는 공허하고 교리 없는 윤리는 맹목적이다. 그리스도인의 삶에 적용되지 않는 교리는 무미건조한 스콜라주의가 될 뿐이다.[47]

교리를 알면 삶이 보인다

2장
내가 누군데?

1. 하나님을 알면 내가 보인다

"내가 누군데?"라는 질문에 답을 찾으려는 노력은 역사 이래 지금까지 계속되고 있다. "인간이란 무엇인가?", "인간은 어디에서 왔으며 어디로 가는가?", "인간은 무엇을 위해 사는가?" 등의 질문을 던지면서 해답을 찾으려 했다. 많은 현인들이 이 질문에 다양한 답을 제시했지만, 만인이 공유할 수 있는 답을 발견하기란 쉽지 않다. 삶이란 극히 주관적이며, 자신만이 가지고 있는 삶의 고유한 색깔과 모양이 너무나 다양하기 때문이다.

"수심가지인심난지(水深可知人心難知)"라는 말이 있다. 열길 물속은 알아도 한길 사람 속은 모른다는 뜻이다. 그렇다. 인간의 존재에 대해 보편적으로 타당한 정의를 내린다는 것은 거의 불가능하다. 그런데 세상의 현인들이 인간존재의 본질을 발견하는 데 실패한 결정적인 이유는 그 본질을 인간 자체에서 찾으려했기 때문이다. 내가 누군지를 알려면 삶의 전체 그림을 볼 수 있어야 하는데, 우리에게는 그 전체 그림이 보이지 않는다. 아니 보여주어도 이해할 수가 없다.

비유하자면, 인간인 우리는 장기판에 올린 말과 같다. 장기판에 올린 말에게는 전체 그림이 보이지 않는다. 장기를 두는 사람에게는 전체 그림이 보이지만, 때로 그 사람도 자신의 승부에 집착하면 전체 그림이 보이지 않는다. 장기판 전체를 가장 잘 볼 수 있는 사람이 훈수꾼이다. 그 사람은 게임에 집착하지 않기 때문에 전체를 어느 정도 볼 수 있다. 전체를 보아야만 내가 누군지를 알 수 있다. 장기판에 선 말로서는 그것을 알 수가 없다.

그러나 우리 그리스도인에게는 내가 누군지에 대한 명확한 답이 주어져 있다. 바로 하나님 안에서 그 해답을 찾을 수 있는 것이다. 하나님은 인간존재의 본질을 말씀을 통해 보여주셨다. 때문에 성경말씀을 읽으면 오랫동안 고민해 온 나의 나됨이 보인다. 우리의 이성으로는 하나님도 인간도 볼 수 없다. 우리의 마음은 항상 왜곡되어 있으며, 기만으로 채워져 있기 때문에 인간의 본성을 바로 볼 수 없다.

인간은 죄와 죽음에서 벗어나려 아무리 발버둥 쳐도 벗어날 수 없는 운명을 갖고 태어난다. 오직 하나님만이 그 일을 할 수 있을 뿐이다. 때문에 칼빈은 하나님의 심판대 앞에 서 있는 인간을 영원의 빛 안에서 보려 한다. 칼빈은 인간에 대한 환상이나 착각에서 벗어날 것을 주장한다. 철학자는 인간존재의 본질을 인간의 내적 본질에서 찾으려는 반면, 칼빈은 하나님의 말씀에서 찾는다. 이와 관련하여 칼빈은 자신의 대표적 작품인 『기독교 강요』 서문에서 다음과 같이 주장한다. "인간은 하나님의 면전에서 자신을 보기 전에는 결코 자신에 대해 알 수 없다."[1] 인간은 하나님을 통해서만 이해될 수 있다. 그 역은 성립될 수 없다. 인간의 정체성(identity)은 오직 하나님의 말씀으로부터만 인식될 수 있다는 뜻이다.

하나님의 형상을 닮은 인간의 본 모습은 죄로 인해 파괴되었다. 칼빈은 죄에 대해 다음과 같이 정의한다. "성경에 따르면 죄란 우리 인간이 완전히 멸망 받아야 할 본성을 뜻한다. 그 본성은 우리의 탐욕과 그 탐욕에서 발생한 잘못된 행실과 모든 질고(疾苦)의 원인이다."[2] 우리는 죄만 일삼는 피조물이며 사탄이 우리를 지배하기 때문에 하나님께서 우리를 새롭게 하기 전까지는 그 상태로 머물러 있을 수밖에 없는 존재이다.

이처럼 칼빈은 하나님의 거룩하심과 우리의 죄 사이에 존재하는 엄청난 간격을 알고 있었다. 인간은 하나님의 손길에서 벗어나면 그 어떤 선한 일도 할 수 없는 무능한 존재에 불과하다. "그러므로 우리의 의지가 새로워지지 않는 한 그 어떤 선도 우리로부터 나올 수 없으며, 거듭남 이후에야 선한 것이 우리가 아니라 하나님으로부터 흘러나온다."[3] 따라서 그리스도인의 선한 삶은 그런 삶의 근본인 하나님께로 돌아감에 있다. 인간 스스로 선한 삶을 이룰 수 없다는 비참한 현실을 하나님 앞에서 솔직히 고백하고 인정할 때, 도덕적 삶이 가능해진다는 말이다. 때문에 칼빈은 펠라기우스주의자나 합리주의자들이 주장한 것처럼 인간 스스로의 노력으로 개선될 수 있다는 가설에 자신의 인간학의 토대를 세우지 않았다. "하나님의 위엄이 우리를 향해 다가오지 않는 한 우리의 힘과 노력으로는 하나님께 가까이 갈 수 없다. 그것은 하나님과 우리 사이에 죄로 인해 생겨난 간격 때문이다."[4]

칼빈은 신자와 불신자 사이에 존재하는 근본적인 차이를 인간의 본성에서 찾지 않고 하나님의 선택사상에서 찾는다. "인간은 참된 목자이신 그리스도께 오기 전까지는 메마른 사막과 흩어짐 속에서 죄를 범할 수밖에 없는 존재에 불과하다. 그래서 하나님으로부터 택함 받은 자와 버림받은 자 간에 존재하는 차이는 택함을 받은 자는 하나님의 특별한 자비로 인해 죽음의 가장 깊은 심연 속으로 떨어지는 것으로부터 보호받는다는 사실에 있다."[5]

우리가 가진 이성의 힘으로는 하나님께 다가갈 수 있는 그 어떤 길도 알 수 없다. 우리의 힘과 능력으로 멸망을 향해 달려가는 질주를 멈추게 할 수 없다. "우리가 감옥에 있는 것처럼 이 땅에 갇혀 있다. 나는 이와 관련하여 우리의 육체를 생각한 것이 아니다. 우리는 이 땅에서 유리하는 자로서 우리의 마음을 고양(高揚)시킬 수 없기 때문에, 하늘에 계신 하나님의 영광을 드러낼 자격조차 없는 존재이다. 하나님 나라는 영적인 나라이기 때문에, 하나님께서 우리를 받아들이지 않는 한, 우리의 영혼으로 그 나라를 파악조차 할 수 없다."[6] 성령 하나님을 통해 우리의 영혼이 맑아질 때까지 우리의 영혼은 어둠과 기만으로 가득 차 있다. 이성과 감정을 포함한 우리의 내적 상태는 오염되어 있다. 때문에 우리 자신의 힘과 능력으로 몰락과 멸망의 길에서 아무리 벗어나려 해도 벗어날 수 없다.

우리의 인식 능력 역시 파괴되었기 때문에 선과 악을 구분조차 하지 못한다. 선이다 싶어 행하면 나중에 악으로 드러나며, 악으로 여긴 것이 나중에 선으로 판명될 때도 있다. 지역과 나라, 그리고 시대별로 선과 악의 기준이 다르다. 이처럼 우리 인간의 인식 능력은 불완전하며 상대적이다. 따라서 하나님을 바르게 인식하는 것과 그분의 뜻에 따라 변화된 삶을 산다는 것이 불가능해진다. 하나님께서 우리의 영혼에 빛을 비추지 않는다면, "우리는 결코 바르게 인식하거나 행동할 수 없다."[7] 사탄은 우리를 파멸의 길로 인도하는 우리의 적이다. "사탄은 우리를 병들게 하는 짓을 멈추지 않는다. 그런데 우리는 그런 사탄의 공격에 방어할 무기조차 없다."⁸ 이처럼 인간의 전적 무능력과 전적 부패는 칼빈의 인간론뿐만 아니라, 전체 신학의 토대를 형성한다. 우리 스스로는 어떤 선한 일도 할 수 없는 죄인으로 인정할 때만이 우리에게 희망의 싹이 돋아난다.

칼빈은 자신이 살던 시대에 풍미했던 르네상스 사상, 그 중에서도 인간 이성의 자율성에 높은 가치를 인정해 인간 스스로 행복한 삶을 꾸려갈 수 있으며, 인류를 발전시킬 수 있다는 긍정론을 받아들이지 않았다. 그에게 인간이란 하나님과 대립해 있는 용서받지 못할 죄인에 불과했다. 우리의 모든 행동은 우리의 죄인 됨을 증거 하는 결과에 지나지 않는다. 우리의 본성은 "악으로 점철된 열매를 맺을 뿐이며, 선에 있어서 단순히 불쌍한 정도가 아니다."⁹ 이처럼 인간에 대한 칼빈의 관점은 전체적으로 비관적이며, 인간 자체로부터는 어떤 희망도 찾을 수 없으며, 오로지 하나님의 자비하심과 사랑의 손길을 통해서만 선한 삶이 가능해진다.

2. 하나님의 DNA

자식은 아버지의 DNA를 물려받는다. 아버지의 기질과 체질과 정서가 유전된다. 그뿐 아니라, 자식은 아버지와 함께 살아가면서 자신도 모르는 사이에 생각도, 가치관도, 말하는 것도, 걸음걸이도 아버지를 닮아간다. 마찬가지로 하나님 아버지는 우리에게 당신의 형상을 물려주셨다. 이것은 비유가 아니라 사실이다. 우리에게 유전된 하나님의 DNA를 잘 돌보고 키우면 우리는 점점 하나님을 닮아가게 된다. 그렇게 하나님과 사귀며 살다보면, 거울 앞에 선 우리가 자신에게서 아버지의 모습을 보듯, 우리는 우리 자신에게서 하나님의 모습을 보게 된다.

이렇듯 우리는 아버지의 모습을 닮았다. 이것은 하나님이 지으신 피조물 중에서 인간이 가장 가치 있는 존재라는 사실을 드러내는 증거이다. 달리 말해, 인간이 가진 최고의 가치는 하나님의 형상으로 지음 받았다는 사실이다. 그렇다면 어디서 그 근거를 찾을 수 있는가? 이에 대한 답은 인간은 다른 피조물에서 찾아볼 수 없는 인격(지, 정, 의)과 마음, 그리고 양심을 소유한다는 사실에 있다. 무엇보다 인간의 이성에서 찾을 수 있다.

칼빈에 의하면, 인간으로 존재한다는 것은 죄인으로 존재하는 것이다. 이 같은 사실은 종교적 감수성에 있어서 자신의 양심을 자극시켜 잠시 동요되었지만, 곧바로 섬광처럼 그 양심이 사라진 빌라도의 예에서 발견된다. 이뿐 아니라, 인간의 죄인 됨은 자기주장에 대한 의지가 진리를 따르려는 의지보다 강하다는 사실에서도 증명된다. "우리 안에 선천적으로 종교적 기질이 심겨져 있지만, 우리의 불신앙과 망상이 그것을 훼손시켜 버린다."[10] 그럼에도 불구하고 하나님은 택한 자녀들을 영적으로 거듭나게 해서 자신의 형상을 회복시키신다. 그런 형상의 회복 없이는 우리의 본성 자체는 무질서와 혼란으로 물들어져 있을 뿐이다.

칼빈은 "하나님을 인식하는 확실한 토대는 우리의 마음이다"라고 말한다.[11] 이처럼 그는 인간의 자연적 이성에 대해 편견 없이 언급하며, 심지어 '하나님의 영혼의 작은 매개체'로 간주한다. "하나님은 무엇이 선한 것인지 분별조차 할 수 없을 정도로 인간을 멸망의 길로 치닫도록 내버려 두지 않으셨다."[12] 우리의 생각과 소망이 비록 잘못된 방향으로 맞추어져 있다 할지라도 우리는 단순히 짐승이나 한 조각의 나무에 지나지 않는 존재는 아니다(골 3:10 참고). "가장 사악한 자들이라 할지라도 양심을 아프게 하는 것과 내적으로 불안하게 하는 동요를 알고 있기 때문이다."13

그런데 우리가 유의해야 할 점은 인간이 이성적 본질을 소유하고 있지만, 이성 자체가 선을 생산해 내는 기관은 아니라는 사실이다. 이성은 눈이지만 빛이 없는 눈이다. 이러한 이성에 대한 관점은 인간의 이성 자체가 선과 악을 구별할 수 있을 뿐 아니라, 선을 생산해 낼 수 있다고 주장하는 철학적 이성 개념과 대립된다. "자연적 이성은 결코 우리를 그리스도에게 인도할 수 없다."14

칼빈이 아담의 범죄로 인간이 전적으로 타락했다고 주장할 때, 도대체 무엇이 구체적으로 타락했단 말인가? 그것은 하나님의 형상, 그중에서도 이성의 타락을 의미한다. 그러나 전적(total) 타락이라 해서 인간 이성의 기능 자체가 마비된 것이라는 말은 아니며, 이성 자체의 힘으로 구원에 이를 수 없다는 것을 말하는 것이다. 칼빈은 인간의 이성을 '자연적 이성'과 '신앙하는 이성'으로 구별한다. 인간의 자연적 이성은 아담의 범죄로 완전히 타락했기 때문에, 신앙으로 그 타락한 이성을 본래의 모습으로 회복해야 한다. 자연적 이성이 아니라 신앙하는 이성으로 선과 악을 구별할 수 있으며, 결국 구원에 이르게 한다.

계속되는 인간의 죄로 하나님의 형상이 파괴되었지만 그 기능 자체는 인지될 수 있다. 마찬가지로 선을 향한 의와 자유는 사라져버린 것처럼 보이지만, 우리에게 짐승을 능가하는 훌륭한 자질들이 남아 있다. 우리가 죄를 범했을 때 수치스러운 감정을 느끼는 것은 하나님으로부터 완전히 벗어나지 않았다는 것을 보여주는 증거이다. "수치스러움은 의로운 것 앞에서 생겨나는 두려움이 아니고 무엇이겠는가? 그런 사실은 우리 안에 종교의 씨앗(semen religionis)이 심겨져 있으며, 이는 의를 드러내기 위해 우리가 태어났다는 인식에서 가능해진다."[15]

우리가 이 땅에서 선을 행할 수 있는 가능성은 우리 자신이 아니라 하나님께 있다. 칼빈은 인간이 선한 행위의 반복을 통해 도덕적 습관을 자신 안에서 생산해 낼 수 있다는 견해를 받아들이지 않는다. 하나님의 은혜 없이는 그 어떤 인간의 현실적 도덕성도 존재하지 않는다. 칼빈이 그리스도인의 삶에 관해 언급했던 모든 것은 믿음을 통한 의(이신칭의)와 관계한다. 우리에게 요청된 선은 칭의에 대한 믿음 안에서만 현실화될 뿐이다. 철학자들이 주장하는 '이상적 인간상'은 하나님 앞에서는 사라질 수밖에 없는 허상에 불과하며, "우리를 잘못된 시선에 고정시키게 하는 통찰의 매개체는 우리를 바른 길로 안내하지 못하며, 바른 목적을 향해 가도록 내버려두지 않는다."[16]

그러므로 인간은 '죄인이 된 것'이 아니라 '본성으로부터 죄인'이다. 인간이 하나님의 뜻에 불순종한 것은 어머니의 태로부터다. 바로 이것이 인간의 '유전 죄'를 특징짓는 핵심적 내용이다. "우리의 마음이 잘못된 방향으로 맞추어져 있다는 사실을 인정치 않는 자는 유전 죄가 무엇인지를 근본적으로 이해하지 못한 자이다."[17] 때문에 인간은 본래 무질서하며, 도덕적 삶이 불가능하며, 죄의식에 대해 무감각한 존재이다. 이처럼 인간은 유전 죄로 인해 스스로 선을 행할 수 없는 존재이다. 멜란히톤(Melanchton)이 고대 철학자들의 자연법을 받아들여 인간의 자연적 도덕성을 인정한 반면, 칼빈은 인간에게 선을 발견할 수 있다는 확신을 갖지 않았다. 인간이 가진 능력과 자질로 우수한 예술작품을 창출해 내고, 뛰어난 학문적 업적을 남긴다 할지라도 선의 열매를 맺을 수는 없다. "하나님의 영(성령)이 우리에게 입김을 불어넣기 전에는 우리는 황량한 사막에서 유리하는 자들과 같은 존재이다. 우리는 가시와 엉겅퀴 외에 다른 무엇을 생산해 낼 수 없기 때문이다."[18]

그러나 그렇다고 해서 우리가 도덕적 허무주의로 빠질 필요는 없다. 왜냐하면 우리에게는 우리가 죄인임을 고백하게 하는 하나님의 놀라운 은혜가 있기 때문이다. 고대 철학자들은 타고난 인간의 죄의 깊이를 알지 못했다. 하나님의 거룩한 위엄의 빛 안에서 인간을 보지 못했기 때문이다. 그러나 인간이 스스로 선을 행할 수 없다는 무능력을 하나님 앞에서 깨닫고 회개한다면, 절망에서 소망으로, 허무주의에서 낙관주의로 변화된다. 그리스도인이 거듭나 새로운 삶을 살 수 있는 것은 결코 자연적 힘에 의한 것이 아니다. 인간의 자연적 힘은 언제나 하나님의 뜻에 거역하는 힘이다. 때문에 이웃에 대한 어떤 사랑도 펼칠 수 없는 무능한 힘이다. "우리 모두에게 자신만을 사랑할 수 있는 능력이 주어졌기 때문에, 타자를 위한 삶이 아니라, 자신에게 유익을 가져다주는 것만을 좇을 뿐이다."[19] 인간에 대한 가치판단은 인간은 근본적으로 하나님으로부터 소외된 존재라는 사실에 근거해 있다. 이 사실을 인정하고 하나님으로부터 도움을 청할 때, 우리는 죽음에서 생명으로 옮겨지고, 잃어버린 하나님의 형상을 되찾을 수 있게 된다.

3. 나의 '의지' 이해하기

인간은 의지적 존재이다. 인간이 아무리 풍부한 지식을 가지고 있고, 감수성이 발달했다 할지라도 의지가 약하다면 한낱 무의미한 존재에 불과하다. 우리가 무슨 일을 하려면 그 일에 대한 정확한 지식과 의지가 분명해야 한다. 오늘날 많은 사람들이 우울증에 빠지거나 무기력증에 시달리는데, 그 이유를 분석해 보면 무엇보다 의지에서 찾을 수 있다. 삶의 의지가 약하다는 말이다.

우리 그리스도인의 믿음생활에 있어서도 의지는 핵심적인 역할을 한다. 우리의 머릿속에 아무리 풍부한 하나님에 대한 지식이 담겨있다 할지라도 그 지식을 우리 삶에 구체적으로 적용시킬 의지가 없다면, 그 지식은 무용지물이 되고 만다. 머릿속에 축적되어 있는 하나님의 지식을 우리의 삶의 현장에서 구체적으로 실천할 의지가 중요하다는 말이다.

하나님의 형상에 있어서도 의지는 중요한 요소 중 하나이다. 인간의 타락은 의지의 상태에서 찾을 수 있다. 즉, 인간은 본래 선을 향한 의지로 지음 받았는데, 타락 후 그 의지가 악을 향한 사탄의 노예의지로 전락하고 말았다. 때문에 의지의 건강성을 회복해야 한다. 이제 그런 의지의 중요성과 역할을 칼빈의 신학사상에서 찾아보자.

칼빈은 인간의 의지에 대해 다음과 같이 잘 표현한다. "인간의 내적 본질인 이성을 비롯해 의지는 탐욕(concupiscentia)으로 물들어져 있다. 인간은 탐욕으로 가득 찬 존재에 불과하다."[20] 인간은 하나님 없이는 존재할 수 없는, 다시 말해, 자신의 존재 근원을 자신 안에서 가질 수 없는 의존적 존재이다. 전적으로 하나님께 의존되어 있는 존새이다. 그런데 그런 의존성은 타락하여 온통 죄로 물들어져 있다. 우리의 불신앙으로 인해 도덕성과 종교성은 타락해 있으며, 이성과 의지 역시 같은 정도로 타락해 있다. 이성 자체는 소멸되지 않았지만 탐욕으로 가득 찬 의지가 그 이성에 대립해 있다. 칼빈은 탐욕이라는 단어보다 교만과 이기심 내지 명예욕의 용어를 더 즐겨 쓴다. 그런 표현은 인간의 죄성을 구체적으로 드러내는 용어이다. 물론, 그런 죄의 뿌리는 불신앙에 있다. "오직, 믿음만이 우리를 하나님과 연결시키며, 불신앙은 타락의 뿌리이다. 사탄의 말은 유혹하는 말이다. 당신들은 무엇이 선이며, 악인지 알 것이다. 그러나 그런 앎은 하나님의 은혜 없이 획득되었으므로 저주를 낳게 하는 앎에 불과할 뿐이다."21

칼빈은 믿음을 우리의 의지를 인도하는 기수(騎手)로도 비유한다. 바른 믿음이 바른 삶을 이끈다고 할 경우, 믿음을 삶으로 드러내는 데 있어서 의지가 핵심적인 역할을 한다. 앞에서 믿음이란 "하나님에 대한 지식일 뿐 아니라 그 지식에 대한 확고한 신뢰"라고 정의를 내렸는데, 여기서 신뢰는 단순한 마음의 상태가 아니라 그 신뢰에 걸 맞는 행위가 뒤따라야 한다. 신뢰에서 행위로 이어주는 핵심적인 역할을 감당하는 요소가 의지이다. 달리 말해, 하나님에 대한 단순한 인식에서 실천적 인식으로 나아가게 해 주는 역할을 의지가 한다. 의지에 따라 죽은 믿음이 될 수 있거나 살아있는 믿음이 될 수 있다. 따라서 그리스도인은 건강한 의지를 유지하도록 노력해야 한다. 하나님께 기도할 때에 무엇보다 의지를 건강하게 해 달라고 간구해야 한다. 믿음이 바른지 그른지는 건강한 의지로 가득 찬 삶을 통해 드러나기 때문이다.

그러나 우리가 믿음을 가졌으나 이 땅에서 온전한 믿음이 아니기 때문에 우리의 삶을 들여다보면, 우리의 의지는 말씀에 순종하려는 의지보다 사탄의 달콤한 유혹에 빠져 사탄의 말을 따르려는, 소위 사탄의 노예의지를 드러낸다. "우리의 의지는 파괴되었고 그 결과로 우리의 이성은 어두워지게 되었다."22 아담의 타락 후 이성, 감성, 의지, 판단력과 이해력 같은 인간의 내적 본성은 그대로 현존해 있지만 방향이 잘못 맞추어져 있다.

칼빈은 의지를 책임성을 지닌 기관으로도 간주한다. 그러나 책임성을 동반하는 우리의 의지는 악의 힘에 지배당한다. 따라서 죄는 자연적인 현상이라기보다 의지의 행위이다. 따라서 죄의 책임성이 우리에게 있다는 당연한 결과가 나온다.

칼빈에게 있어서 잘못된 방향으로 맞추어진 인간의 의지가 그의 인간론의 출발점을 형성한다. 그는 의지를 인간의 존재 근거로 보는 주의주의(主意主義)적 관점을 가지고 있다. 따라서 악의 근원을 악한 의지보다 인간의 무지와 어리석음에서 찾는 그리스의 지성주의에 맞서, 칼빈은 우리를 죽음으로 몰고 가는 잘못된 의지에서 찾는다. 인간은 아담의 타락 후 의지 자체를 잃어버린 것이 아니라 의지의 건강성을 잃어버렸기 때문이다. "내가 원하는 바 선은 행하지 아니하고 도리어 원하지 아니하는 바 악을 행하는도다"(롬 7:19). 따라서 하나님과 인간 사이에 존재하는 엄청난 간격은 단순히 형이상학적 요소가 아니라, 영적이며 도덕적 진리에서 생겨난다.

그런데 의지의 건강성을 회복하는 것은 우리의 노력에 달린 것이 아니라, 성령 하나님의 도우심에 있다. 선을 향한 우리의 의지 주체는 성령 하나님이기 때문이다. 우리는 늘 악한 일만 일삼는 사탄의 노예 의지만 가지고 있다. "하나님께서 우리를 보호하는 영을 보내지 않으신다면 우리가 활짝 뜬 두 눈을 가졌지만, 그 두 눈은 우리 내부로 침입해 오는 사탄에게 두 개의 문을 만들어 열어준 셈이 된다."[23]

우리는 그 어떤 선한 일도 할 수 없는 무능한 존재이기 때문에, 최선의 노력을 다한다 할지라도 늘 실수의 자리에 설 수밖에 없다. 인간의 자연적 능력의 한계성으로 죄를 멀리 할 수 없지만, 하나님께서 다가오셔서 우리의 마음 문을 여신다면 우리는 당신께 나아갈 가능성이 주어진다. 그 가능성을 믿음이 제공해 주며, 그 믿음을 구체적으로 현실화시키는 원동력이 바로 의지이다. 믿음만이 행위의 결정적인 동력이며, 우리 그리스도인의 삶의 에너지와 신선함은 그 동력을 현실화시키는 의지로부터 흘러나온다.

3장
예수를 알면 그리스도인의 삶이 보인다

1. 예수가 왜 그리스도인가?

우리는 보통 믿음의 대상인 예수를 본명 그대로 '예수님'으로 부르기도 하고, 그 본명에 덧붙여진 신앙 고백적 칭호인 '그리스도'로 부르기도 하며, 양 호칭을 붙여 '예수 그리스도'로 부르기도 한다. 어떤 호칭이든 차이가 나지 않는다. 예수와 그리스도는 동일한 의미를 지니기 때문이다. 즉, 예수가 그리스도이며 그리스도가 예수이다. 우리가 잘 알다시피 그리스도는 '기름 부음 받은 자'의 뜻을 지닌 히브리어 '메시야'의 그리스어 번역어다.

그러나 예수와 그리스도의 이런 동일한 의미는 계몽주의시대 이래 '역사 비평학'의 등장과 더불어 허물어지기 시작한다. 이것을 신학적으로 표현하자면, 석의학과 교리의 길은 더 이상 나란히 병행되지 않음을 뜻한다. 좀 더 자세히 설명하자면 이렇다. 역사 비평학은 전해 내려오는 역사적 사건이나 인물을 '사실(fact)'에 입각해 증명하려는 학문적 시도라 할 수 있다. 이런 역사 비평학이 신학, 그 중에서도 성경신학에 영향을 끼친다. 그 결과 성경신학에 '성서 비평학'이라는 새로운 개념이 등장한다. 다시 말해, 역사 비평학을 기초로 한 역사신학에 힘입어 성경의 주요 내용, 그 중에서도 예수의 그리스도 됨을 증명함으로써 성경의 권위에 호소하는 신앙의 획일성에서 합리적으로 근거지워진 신앙의 확실성으로의 전환을 시도하는 것을 말한다.

이렇듯 '성서 비평학'의 영향으로 본명인 예수는 신성과 인성 중, 인성을 강조하기 위하여 본명 앞에 예수의 출생지인 나사렛을 붙여 '나사렛 예수', '지상(地上)의 예수', 내지 '역사적 예수'로 불려진다. 반면에 본명인 예수의 신앙 고백적 칭호인 그리스도는 예수의 신성을 강조하는 의미로 사용되기 시작한다. 예수의 신성과 인성을 칭호로 구분하여 사용되기 시작하였다. 그 결과 예수는 신적인 본성을 가진 신-인으로서 더 이상 간주되지 않고 인간적 존재가 전면에 부각된다. 심지어 기적사를 포함한 신약성경의 역사성이 의문시되기까지 한다.

그러나 칼빈의 기독론을 비롯한 개혁주의 기독론에서는 예수와 그리스도를 구분하지 않고 동일한 의미로 받아들인다. 기독론의 핵심적 내용은 예수가 왜 그리스도인지를 밝히는 데 있다. 개혁주의 기독론이란 한마디로, 예수의 이중적 본성, 즉, 인성과 신성을 성경을 바탕삼아 체계적이며 합리적으로 설명하려는 신학적 노력이라 할 수 있다.

그런데 이러한 노력은 이미 예수님 당시에서 찾아볼 수 있다. 예수님은 제자들에게 다음과 같은 기독론의 핵심적 질문을 던진다. "너희는 나를 누구라 하느냐?"(마 16:15). 이 질문이 기독론의 출발점을 형성하며, 이 질문에 대한 답을 찾는 과정이 기독론의 전체 내용을 구성한다. 그런 예수의 질문에 수제자인 베드로는 다음과 같이 짧지만 정확한 답을 제시한다. "주는 그리스도시요 살아계신 하나님의 아들이시니라"(16절). 이런 베드로의 대답은 신앙 고백적 표현이다. 기독론은 이러한 신앙 고백적 표현을 신구약을 포함한 성경을 바탕삼아 체계적이며 합리적으로 설명하려는 시도라 할 수 있다.

개혁주의 기독론은 예수의 신성과 인성을 의미적으로 구별하지만 분리시키지 않는다. 예수와 그리스도를 동일한 의미로 사용한다는 말이다. 반면에 자유주의 신학의 기독론은 예수의 이중적 본성을 동일하게 받아들이지 않고, 예수의 신성보다 인성에 관심을 보이거나, 심지어 예수의 신성을 부인하기까지 한다. 철학자인 칸트 역시 예수의 역사적 존재를 인정하지만 신성은 받아들이지 않고 인성만을 강조한 나머지, 예수님을 '완전한 도덕주의자'로만 소개한다.

그러나 그런 자유주의 신학의 기독론을 무조건 매도하거나 비판만 할 것이 아니라, 개혁주의 기독론을 현재 그리스도인에게 보다 명확히 적용시키기 위해 참고하여 보완할 필요는 있다. 이를 바탕삼아 한국교회 현실에 개혁주의 기독론이 제대로 적용되고 있는지 철저하게 점검해 볼 필요 또한 있다.

그런데 한국교회 현실을 살펴보면, 예수의 신성과 인성이 조화와 균형을 이루어 가르쳐져야 하는데 실상은 그렇지 못하다. 즉, 예수의 신성을 지나치게 강조한 나머지 인성이 상대적으로 간과되어 전달된다. 예수의 신성, 즉, 부활 후 하늘로 승천하셔서 하나님 우편에 앉아 계신 능력 많은 예수상이 너무 부각된다. 그래서 이 땅의 그리스도인이 하늘에 계신 예수의 이름으로 구하기만 하면 모든 소원을 들어주시는 능력 많은 분으로 각인되어 왔다. 33년 동안 예수께서 인간의 몸을 입으시고 이 땅에서 어떻게 사셨는지는 관심에서 멀어져 있다. 다만, 우리가 기도하기만 하면 다 들어주시는 능력 많은 분으로 소개된다.

요즘 한국교회에서 '제자훈련'이라는 용어가 자주 사용된다. 예수님의 제자가 되자는 훈련이다. 예수의 제자훈련은 한마디로 예수님이 이 땅에서 사신 모습 그대로 살자는 훈련이다. 예수의 신성보다 인성을 강조하는 용어이다. 그런데 현실을 들여다보면 제자훈련은 교회 확장과 교인 수 늘리는 데 이용되는 명분에 불과한 현실을 보게 된다. 참으로 안타까운 현실이다.

반면에 자유주의 신학의 기독론을 표방하는 한국교회의 현실을 들여다보면 예수의 신성을 간과한 채, 인성만을 강조한 나머지 기독론이 인본주의로 흐르는 모습을 보게 된다. 가령, 예수님을 훌륭한 선생으로, 뛰어난 도덕가로, 정치적 혁명가로, 민중선동자 등으로 그린다. 이 또한 편향된 예수상이다.

그러나 종교개혁자인 칼빈은 자신의 기독론에서 예수의 신성과 인성을 조화롭게 소개한다. 그는 예수를 우리의 어떤 소원에도 들어주시는 요술방망이의 역할을 하는 분으로 그리지 않는다. 특히 이 땅에서 잘 먹고 잘 사는 웰빙(Well-being)적 간구를 들어주시는 예수상으로 그리지 않는다. 그렇다면 칼빈이 어떻게 예수님의 신성과 인성을 조화와 균형 잡힌 시각으로 소개하는지 자세히 살펴보도록 하자.

2. 그리스도 중심의 삶

그리스도인으로서 우리는 이 땅에서 어떻게 삶의 모양과 색깔을 장식할 것인지, 즉, 우리의 삶의 디자인을 어떻게 꾸밀 것인지 생각지 않을 수 없다. 이 질문에 대한 답은 다양한 측면에서 찾을 수 있겠지만, 자연인으로서가 아니라 그리스도인으로서 먼저 우리는 삶에 대한 분명한 잣대를 세워야 한다.

　인간은 누구나 두 눈을 가진 존재이다. 그런데 그리스도인의 눈과 비그리스도인의 눈이 확연하게 질적인 차이를 보이면서 구별된다. 즉, 비그리스도인의 두 눈은 모두 이성의 눈이지만 그리스도인의 두 눈은 한쪽은 이성의 눈, 다른 한쪽은 신앙의 눈이다. 때문에 세상을 바라보는 관점과 세계관에서 그리스도인과 비그리스도인 사이에 차이가 생기기 마련이다. 그리스도인은 중요한 일을 앞두고 이성과 신앙, 양 눈의 균형 잡힌 시각으로 판단하며 결정해야 한다. 예를 들면, 다른 종교를 인정하지 않거나 심지어 핍박하는 위험한 중동 지역에 선교사를 파견하려 할 경우, 믿음의 눈만이 아니라 합리성을 띤 이성의 눈과 더불어 다양한 자료를 참고하고 분석하여 적절하게 대처해야 한다. 특정 지역에 교회를 개척하려 할 경우에도 마찬가지이다. 확신에 찬 믿음으로 담대히 진행해가는 것도 중요하겠지만, 무엇보다 개척하려는 지역에 교회가 어느 정도 되며, 지역주민이 어느 정도이며, 성향이 어떤지 이성의 눈을 가지고 합리적으로 분석해야 할 필요도 있다. 성령의 역사는 환경과 여건을 초월해서 일어날 때도 있지만, 대개 그것을 반영하여 일어나기 때문이다. 따라서 우리는 그리스도인으로서 세상을 살아가면서 중요한 일을 판단하고 결정할 때에 구하기만 하면 다 들어주실 것이라는 막연한 믿음의 눈만이 아니라, 합리성과 논리성을 갖춘 이성의 눈과 더불어 조화롭게 작동시켜야 한다.

　그리스도인의 삶의 방식과 모양은 비그리스도인과 차이가 날 수밖에 없다. 차이를 이루는 근본적인 원인은 삶이 지향하는 목적이 다르기 때문이다. 그렇다면 삶의 목적이 어디를 지향해야 하는가? 이에 대한 자명한 답은 바로 예수 그리스도께 있다. 예수께서 우리의 삶에 중심을 이루며, 우리의 현실적 삶 속에서 칭의와 성화의 조화로운 균형을 이루어 가신다. "우리는 그리스도와의 확고한 연합으로 칭의와 성화를 이룰 수 있다."¹ 우리의 삶을 지배하는 그리스도를 주인으로 받아들이지 않는다면, 당신께서 우리를 하나님과 화해시킨 화해자로서 확실치 않게 되어 결국 우리의 삶은 파멸의 길로 치달을 수밖에 없다. 그리스도께서 우리가 맺고 있는 모든 관계, 즉, 하나님과의 관계, 인간 간의 관계, 나아가 자연과의 관계에 있어서 중심을 이루기 때문이다.

칼빈에게 그리스도는 세상의 다른 어떤 위인보다 사랑이 풍성하며, 도덕적으로 완전하며, 역동성으로 가득 찬 활동을 보이신 분이라는 사실과, 그리스도인의 삶에 내용과 방향을 제공해 주셨다는 사실을 교회에 증거 하는 일이 그의 첫째 관심사였다. 이뿐 아니라, 그에게 그리스도는 우리가 단순히 관찰하여 객관적 교리로 표현할 수 있는 그 이상의 분이다. 그리스도는 우리에게 최후의 순간까지 생명의 빛을 비추는 태양과 같은 분이다. 하나님이 그분 안에서 우리에게 다가옴으로 우리는 살아간다. 우리는 세속적 사상가들이 주장하듯, 예수가 훌륭한 인격과 도덕성을 갖추고 있기 때문에 경외하는 것이 아니다. 헤겔이 자신의 '신 존재증명'에서 주장하듯, 신이 단지 이념이나 관념으로 우리에게 다가온다면 그런 신은 영혼과 인격이 없는 죽은 신에 불과할 것이다. 보통 철학에서 주장하듯, 단순히 인식론적으로 획득된 신이라면, 하나의 허상에 불과한 관념에 지나지 않을 것이며, 우리의 삶에 아무런 열매도 맺게 하지 못할 것이다. "하나님께서 우리를 그리스도 안에서 만나지 않으셨다면 그분은 우리에게 구원자로 알려지지 않았을 것이다."²

칼빈의 기독론은 교리 지향적으로 전개된 것이 아니라, 예수 그리스도의 능력으로 가득 찬 그리스도인의 삶을 위해 실천 지향적으로 전개된다. "그리스도와 동행하는 삶에 만족하지 않는 자는 의로운 길을 걷지 못할 것이다."³ 이렇듯, 예수 그리스도는 우리의 존재에 생기를 불어 넣는 중심을 이루는 분이다.

거룩한 삶을 지향하는 칼빈의 윤리적 신학사상은 예수 그리스도에게 초점이 맞춰져 있기 때문에 세속적 윤리사상에 확실한 한계를 그었다. 그의 윤리적 신학사상은 이성의 선험적 인식이 아니라 우리와 그리스도와의 관계로부터 나온 것이며, 이는 하나님 앞으로 나아갈 수 있는 유일한 통로이다. 칼빈은 우리의 거룩한 삶을 칭의와 분리시켜 생각지 않았으며, 그리스도께서 보내신 성령을 통해 우리의 죄를 깨닫게 하여 회개케 하며, 이를 통해 새로운 존재로 거듭나게 하는 그리스도를 전했다. 우리의 삶을 통치하는 그리스도의 능력은 당신이 보낸 성령을 통해 세상의 악과 싸워 이길 수 있는 힘을 제공하고, 말씀 선포와 성만찬을 통해 선한 삶을 살아가도록 우리를 움직이게 하는 활동성으로 나타난다. 때문에 칼빈의 기독론은 사변적인 교리가 아니라 그리스도인의 역동적인 삶에 맞춰져 있는 실천 지향적 사상이다.

달리 말해, 칼빈의 기독론은 기독교 윤리학의 토대이며, 중심이라 할 수 있다. 그리스도는 우리가 이 땅에서 선한 삶을 살 수 있도록 힘을 주시는 분이며, 말씀이 현실 속에서 적용되며 실천될 수 있도록 이끄는 능력이기 때문이다.⁴ 그리스도와 당신이 보낸 성령은 언제나 함께 영향을 미친다. 즉, 그리스도의 능력은 성령을 통해 우리에게 전달된다. 따라서 우리는 성령을 통해 당신께 참여하게 된다. "그리스도는 우리를 성령의 일하심에 참여하게 함으로 온전한 정결과 순수성을 간직하도록 도우신다."⁵ 따라서 칼빈에게 있어서 그리스도는 기독교 교리뿐만 아니라, 기독교 윤리의 중심이라 할 수 있다.

그리스도인은 이 땅에서 거룩한 삶을 펼칠 수 있도록 부름 받았다는 의식을 그리스도 안에서 가져야 한다. 그리스도가 그리스도인의 윤리적 삶의 근간이자 중심이라는 말이다. 그리스도께서 우리 안에 거함으로써 우리는 이 땅에서 참된 선을 행사할 수 있게 된다. 모든 선은 오직 그리스도로부터 흘러나오기 때문이다. 따라서 우리가 그리스도 외에 다른 길로부터 하나님께 다가갈 수 있다고 생각한다면, 우리는 자신을 속이는 셈이다. 그리스도 안에서, 그리고 그리스도로부터의 삶이 우리의 삶에 결정적인 의미를 제공한다. 칼빈은 그리스도 없이는 한 걸음도 앞으로 나아갈 수 없다고 고백한다. "그리스도로 인해 우리는 배고파할 수 있으며 질문할 수 있다. 우리는 그분만을 바라보아야 하며, 그분으로부터만 참된 지식을 배울 수 있다. 그리스도는 하나님 나라의 온전한 영광을 우리에게 계시하시며, 당신이 어떤 분인지 우리에게 보여줄 위대한 날이 올 때까지 그분에게서 더 좋은 것을 배워야 한다."[6]

칼빈은 예수 그리스도를 시·공을 초월하는 초월성과 영원성, 보편성 등을 지닌 비범한 존재로만 소개한 것이 아니라, 시간적이며 역사적인 사건 안에서 우리 인간과 동일한 인격을 가지고 고통과 기쁨을 함께 나눈 '역사적 존재'로 소개한다. 그런 예수에게서 우리의 삶의 의미와 목적을 찾을 수 있다. 때문에 그리스도인의 온전한 삶은 하나님의 형상회복이라는 목적을 이루기 위해 그리스도를 닮아가려는 노력과 당신을 우리 삶의 주인으로 모실 때만이 가능하다.

그리스도는 하나님께서 당신의 마음과 사랑을 우리에게 보여준 하나님 자신이다. 우리가 이 땅에서 그리스도인으로서 산다는 것은 그리스도 안에서 하나님의 사랑을 보여준 당신의 모습 그대로 사는 것을 말한다. "바울은 의로운 행위로 모범을 보이신 그리스도께 나아오도록 자신뿐 아니라 다른 자들 또한 불렀다."[7] 단순히 그리스도께서 걸어가신 삶의 길을 흉내 낼 정도를 위해 우리를 부른 것이 아니라, 당신의 내적 기질과 성향을 포함한 마음을 좇는 자가 되기 위해 불렀다. "그리스도의 위대성은 당신이 우리 모두를 위해 빛이며, 구원이며, 생명이며, 부활이며, 의이며, 치유자가 된다는 사실에 있다."[8] 계시의 정점(culmen)으로서 그리스도는 세상과 멀리 떨어져 있는 대서양의 어느 한 섬에 홀로 계신 분이 아니라 우리의 매일의 삶 속에서 사소한 일까지도 손을 뻗어 구원을 이루시는 분이다.

3. 말씀과 영, 그리고 그리스도

그리스도인은 말씀에서 하나님의 살아있는 음성을 듣는다. 이 땅에서 어떻게 살아야 할지, 어디를 향해 가야 할지, 즉, 삶의 좌표를 하나님의 말씀에서 찾는다. 따라서 말씀을 벗어난 삶은 나침반을 잃어버려 망망대해에서 이리저리 헤매다가 결국 좌초할 수밖에 없는 배와 같은 삶이 된다. 그래서 칼빈은 말씀 없는 인간의 삶에 대해 다음과 같이 말한다. "우리가 말씀 없이 행하는 모든 것은 무익한 것이며 하나님 앞에서 책망 받아 마땅하다."[9] 그러므로 우리는 말씀에 형식적인 권위만을 부여할 것이 아니라, 그 말씀 속에서 우리를 향해 외치는 음성을 들어야 한다. 우리가 바른 삶을 살기 위해서는 말씀을 통해 들려주시는 당신의 음성을 항시 필요로 하기 때문이다.

삶을 지향하는 칼빈의 신학은 인간의 자율적 지혜가 아니라, 하나님 말씀의 절대적 권위에 기반을 둔다. 그에 의하면, 믿음으로 인한 삶의 변화는 인간의 경험이나 이성이 아니라, 오직 살아있는 하나님의 말씀을 의지할 때만이 가능하다. 이처럼 그의 신학의 출발점은 인간의 선험성이 아니라 하나님의 말씀에 있다.

세속적 사상가들이 "진리는 인간의 자율적 이성의 힘으로 발견하고 만들어 가는 것"이라 주장한 반면, 칼빈은 진리를 존재론적으로 이해한다. 진리는 인간 스스로 발견하는 것이 아니라 하나님에 의해 주어진 것, 즉, 말씀 속에 주어져 있기 때문이다. "우리가 성경을 읽는다면 하나님의 말씀 자체를 듣는 셈이다. 그 말씀은 당신의 자녀를 삶의 종착지까지 인도한다."[10] 그 말씀의 열매는 그리스도인의 거룩한 삶으로 드러난다.

칼빈은 믿음이 삶의 변화로 이어지지 않는 자신의 교회 성도들에게 다음과 같이 책망한다. "하나님께서 전해준 복음에 합당한 삶의 변화가 나타나지 않는 여러분은 책망 받아 마땅하다. 삶의 덕스러움과 거룩성을 견고히 하기 위해 복음의 가르침이 고삐처럼 여러분을 묶어두어야 한다."[11] 왜냐하면 "하나님의 말씀이 우리의 부르심과 더불어 행해야 할 가르침을 충분히 제공해 주기 때문이다."[12] "말씀으로부터 생겨난 믿음, 소망, 사랑, 지혜, 인내를 비롯한 덕을 가지고 우리는 적들의 공격에 맞서 승리하기까지 싸워야 한다."[13] 우리가 말씀으로 무장하지 않는다면 우리가 가진 지혜는 공허한 지혜에 불과할 뿐이다.

말씀은 그리스도인이 삶의 잣대로 삼아야 할 절대적 표준서이다. 말씀이 하나님의 뜻을 가르쳐 주는 지침서이기 때문이다. 하나님의 말씀이 우리의 삶을 지배한다면 우리는 사탄의 어떤 유혹에도 흔들리지 않고 승리할 수 있다. 칼빈이 우리에게 가르쳐 준 윤리학은 우리의 주관적 경험에 바탕을 둔 것이 아니라 말씀에 기반을 둔 신앙하는 윤리학이다.

하나님은 말씀을 통해 우리 안에 믿음을 불어 넣어 주시고 예수 그리스도를 만나게 하시는데, 이는 성령 하나님이 그 만남을 가능케 한다. 우리가 아무리 성경을 열심히 읽는다 해도 성령께서 우리 마음속에 임재하지 않는다면, 그 말씀은 하나님의 말씀일지라도 죽은 글자에 불과하다. 그러나 말씀을 읽을 때 성령이 우리 안에 내주한다면, 그 말씀은 먼저 우리의 마음을 움직이며, 움직여진 마음은 외적인 행위로 이어지게 된다.[14] 말씀은 성령과 결코 분리시킬 수 없다. "말씀은 우리에게 유익을 가져다주며, 구원의 길로 인도하며, 중요한 것을 빠뜨리지 않게 해주는 성령의 학교이다."[15]

우리가 하나님의 말씀을 읽는 가운데 성령께서 우리의 마음을 흔들어 놓으심으로 먼저 우리의 성향과 기질이 점점 변하도록 이끄신다. 그리스도께서 우리에게 말씀하는 것은 우리가 매일의 삶 속에서 적용하여 실천해야 할 것들이다. "하나님의 숨겨진 생각이 우리 마음에 들어오기 위해서는 말씀 안에 계시된 당신의 뜻이 우리에게 획득되어야 한다."[16]

하나님의 말씀과 그리스도인의 변화는 서로 분리하여 생각할 수 없다. 우리가 이 땅에서 살아가는 한, 언제나 도덕적인 것으로서의 실천적인 결정과 관계하기 때문이다. 칼빈에게 하나님의 뜻은 성경에 기록된 하나님의 계명과 율법에 관한 가르침을 말하며, 그 가르침 속에는 그리스도의 증거로서 구원의 의미가 내포되어 있다. 하나님과 당신의 독생자 예수 그리스도는 과거에도 살아계셨고 지금도 살아계셔서 말씀 속에서 살아 활동하는 인격이며 영혼이다.[17]

그러나 칼빈은 성경을 우리가 살아가는 동안 필요한 모든 정보를 제공하는 안내서로 여기지는 않았다. "하나님께서 우리가 이 땅에서 행하는 사소한 일까지도 말씀을 통해 안내해 주리라 기대한다면 우리에게 실망만 안겨 줄 것이다."[18] 하나님의 말씀인 성경은 진리 되신 예수 그리스도께 초점이 맞춰져 있어서, 결국 구원에 이르게 하는 길을 제시해 주는 영원한 생명의 말씀이기 때문이다.

칼빈에게 말씀은 인간의 죄를 드러내는 데에만 초점이 맞춰진 무미건조한 율법이나 추론으로부터 획득된 원리가 아니라, 우리의 심령과 골수를 쪼개고도 남음이 있는 살아있는 생명의 말씀이며, 우리의 경험을 통해 확인되는 역동적인 말씀이다.[19] 말씀은 그리스도인이 삶에 적용시키며 수행해야 할 토대이다. 말씀은 영원을 향한 길에 빛을 제공할 뿐 아니라 우리의 삶에 기초를 세우게 하며, 나아가 국가와 사회를 지배해야 할 거룩한 길을 안내해 주어 병든 사회를 회복시켜 주며 치유해 주는 생명의 말씀이다.

칼빈의 신학사상은 하나님의 말씀에 기반을 둔 말씀 지향적 사상이다. 그러나 그 말씀은 단순히 외적 권위로서가 아니라 그의 마음에 힘을 얻게 했고, 그의 영혼에 관한 질문에 답을 제시한 말씀이었다. 그는 말씀을 살아계신 하나님을 드러내려는 목적으로 읽었지 완료된 진리에 대한 해명으로 읽지 않았다. 그의 신학은 복음 안에 들어있는 하나님의 뜻을 지향하는 사상이며 거룩을 지향하는 사상이다.

그런 말씀에 대한 우리의 확실성은 이성의 토대에서가 아니라, 성령의 조명을 통한 내적 변화로부터 나온다. 하나님이 우리에게 말씀하신 것은 우리의 참된 지식으로 드러나며, 그 지식은 우리의 마음속 깊이 자리를 잡는다. 성령의 조명 하에 말씀을 읽을 때 우리는 전능하신 하나님의 절대주권 앞에 겸손히 머리를 조아리게 된다. 그리스도인은 성경을 단순히 명상이나 어떤 사상을 형성하기 위한 대상으로 여기거나, 교리적 문장들의 모음집으로 여겨서도 안 된다. 성경의 모든 내용은 그 자체로 실천적인 목적을 가지며, 그 목적은 매일의 삶 속에서 실현시키려는 노력으로 드러나야 한다. 그렇지 않다면 그 목적은 공허하며 추상적인 목적에 지나지 않는다.

칼빈은 그리스도인의 삶이 하나님의 말씀과 연결될 때만 가능하다는 것을 다음과 같은 두 가지 근거에서 찾는다. "첫 번째 근거는 인간의 본성에서는 가능하지 않는 선한 행위를 위한 사랑이 우리 마음속에 깊이 새겨져야 한다는 사실이다. 두 번째 근거는 선한 행위를 향한 노력과 열정이 정도(正道)에서 벗어나지 않게 하는 척도가 우리에게 주어져야 한다는 사실이다."[20] 하나님의 말씀은 우리가 입으로만 시인하거나 머리로 이해하는 선에서 그치는 것이 아니라, 우리의 삶 속에서 체화(體化)되어야 한다.

교리를 알면 삶이 보인다

4장
율법을 알면 '하나님의 뜻'이 보인다

    그리스도인이 신앙생활을 하는 가운데 많이 질문하는 것 중 하나가 '하나님의 뜻'이 무엇인가? 하는 것이다. 그런데 하나님의 뜻의 본래적인 의미를 알아야 하는데, 실상은 그렇지 못해 생긴 오해들이 많이 생겨난다. 저자가 독일 유학생활을 하면서 겪은 하나님의 뜻에 대한 오해의 한 예를 소개하면 이렇다. 독일 유학생 중 많은 이들이 음악 전공자다. 그런데 독일에서 음악대학에 입학하기가 여간 힘든 일이 아니다. 그래서 입학 시즌이 되면 짐을 챙겨 여러 학교를 옮겨가며 시험을 치른다. 한 곳이라도 합격하면 천만다행이다. 그런데 예수를 믿는 수험생들은 합격을 위해 열심히 기도한다. 이 학교 저 학교에서 시험을 치렀는데 어느 한 곳에서 합격 통지서를 받고나면, 그 학교에서 공부하라는 것이 하나님의 뜻이라 믿고 다른 사람에게 간증까지 한 학생을 본 적이 있다.

    이처럼 진학을 위한 자신의 결정을 앞두고 하나님의 뜻을 구한다.

이뿐 아니다. 직업을 선택할 때도, 결혼할 상대를 결정할 때도 하나님의 뜻을 구한다. 다시 말해, 하나님의 뜻을 개인적 일의 중요한 결정에 적용시키는 것이다. 심지어 그러한 결정에 하나님의 뜻을 발견하기 위해 산속에 위치한 기도원에 들어가 기도에 열중하기까지 한다. 기도하는 가운데 하나님의 뜻을 직접 들을 수 있는 음성을 갈구하거나, 간접적이나마 꿈에서라도 지시를 받기 원한다.

이러한 현상은 하나님의 뜻에 대한 본래적인 의미를 이해하지 못한 데서 나온 것이다. 그런데 문제는 한국의 많은 성도들이 이처럼 하나님의 뜻을 자신의 개인적 일에 적용시킨다는 데 있다. 물론, 자신의 중요한 결정을 앞두고 기도하는 것이 잘못된 것이 아니다. 아니 그렇게 기도해야 한다. 그러나 하나님의 뜻의 본래적인 의미가 왜곡되거나 잘못 적용되는 것이 문제이다. 그 결과, 우리의 소원을 하나님의 뜻에 맞추어야 하는데, 반대로 하나님의 뜻을 우리의 소원에다 끼워 맞추려 한다. 하나님의 뜻이 우리의 소원성취를 위해 이용되는 것은 아닌지 냉철하게 뒤돌아보아야 한다. 하나님의 뜻을 바로 알아야 그리스도인의 바른 삶이 가능해진다. 그렇다면 하나님의 뜻의 본래적인 의미는 무엇일까? 그 대답을 칼빈을 통해 찾아보도록 하자.

1. 율법에서 하나님의 뜻을 찾다

철학자들은 인간의 행동을 유발시키는 근본적인 동인을 인간의 이성 내지 의지에서 찾으며, 절대적 가치를 지닌 믿음의 확실성에서 찾으려 하지 않는다. 반면, 칼빈은 인간의 삶의 근본적 동인을 하나님의 뜻에서 찾는다. 그리스도인의 삶의 근본적인 토대, 즉, 시간과 공간을 초월하여 가치를 지닌 삶의 규준은 '하나님의 율법' 내지 그 율법을 집약하는 '십계명'에 있다. 어떤 사회도, 어떤 계층도 그리스도인의 삶의 규준을 정할 수 없다. 세상의 법은 인간 사회에 주로 통용되는 관습의 법에 초점이 맞춰져 있지만, 율법은 인간의 자발성으로부터 나온 것이 아니라 하나님이 직접 제정하셨다. 때문에 그것은 반드시 지켜져야 하는 법이다.

칼빈은 윤리적인 것의 자기전개와 도덕적 인간으로서의 자율성을 알지 못했다. 인간은 본성적으로 죄로 물들어져 스스로 도덕적 규칙을 정할 수 없음을 알았고, 인간의 삶에서 지켜야 할 법은 하나님으로부터 흘러나와야 함을 알았기 때문이다. 그는 잘못과 실수에서 우리를 보호해 주며 의를 향한 삶의 규준을 십계명에서 찾았다.

물론, 율법은 모든 사람에게 적용될 수 있는 객관적인 법이 아니라, 이 땅에 하나님의 나라를 세우려는 뜻을 가진, 즉, 그리스도인에게만 적용되는 한계성을 띤 법이다. 그런 율법은 특정한 시대나 장소에서만 유효한 법이 아니라 시·공을 초월한 영원한 법이다. 또한 율법은 시대와 상황에 따라 변경시킬 수 있는 성질의 것은 아니지만, 인간이 처한 상황과 시대에 맞게끔 재해석하여 적용시킬 수 있는 유연성을 지닌 법으로 이해할 수 있다. 가령, 현대에 발생한 인간복제나 매스미디어에 관한 윤리적 문제는 성경에서 직접적으로 거론하진 않지만, 그 근거를 율법에서 얼마든지 찾을 수 있다. "하나님은 경건하고 거룩한 삶을 위한 완전한 규준으로서 당신의 뜻을 율법으로 우리에게 계시하셨다."[1]

칼빈은 자신의 탁월한 지적 능력으로 의를 세우려거나 윤리적 원리를 정하려 하지 않았으며, 절대적 가치를 지닌 하나님의 계명에 순종할 것을 요청할 뿐이었다. 그에게 하나님의 뜻을 드러내는 최고의 규준은 율법과 계명이다.² 그는 그리스도인이 지켜야 할 삶의 근본적인 법칙을 율법 외에서 찾지 않았다. 그리스도인은 자신이 세운 규칙으로부터 살아가거나 성장하지 않기 때문이다. 율법 없는 윤리적 확실성이란 우리에게 존재치 않는다.

또한 칼빈에게 율법은 우리 그리스도인에게 보여준 하나님의 은혜를 뜻한다. 그리스도는 그리스도인의 바른 삶을 위한 잣대를 율법에서 드러내셨다. 우리에게 율법 외에 다른 어떤 법도 제공해 주지 않으셨다. "선지자가 시편 119편에서 우리를 파멸의 길로 이끄는 죽은 글자를 말한 것이 아니라, 은혜로 충만한 구원의 약속이 주된 사상인 율법의 가르침을 말한다."³ 율법은 규약에 따른 결의(決意)의 모음집이 아니라, 인격적인 하나님의 말씀이며 당신의 주권적인 뜻의 모음집이다.

율법은 우리를 향한 하나님의 명령이지만, 위로와 은혜의 말씀이며 사랑의 증거이다.⁴ "하나님의 법은 계명으로 구성되어 있을 뿐만 아니라 하나의 특별한 가르침(une autre doctrine speciale), 즉, 하나님께서 우리의 아버지가 되기를 원하신다는 것을 우리에게 확신시키려는 가르침으로 구성되어 있다."⁵ "모든 언약의 말씀과 함께 하나님과 하나 됨으로 인도하는 은혜는 율법이다."⁶ 칼빈은 율법에 관한 이와 유사한 진술을 호세아 주석의 서문에서 이렇게 밝힌다. "율법은 두 가지 측면을 가지는데, 하나는 구원과 영원한 생명의 약속이며, 하나는 경건하며 거룩한 변화를 위한 규준이다."⁷ 심지어 그는 말씀을 '율법의 해석'으로도 이해한다.⁸

율법은 그리스도인의 경건한 삶을 불러일으키는 규범으로서 그 가치를 지닌다. 이에 대한 칼빈의 주요 진술 몇 가지를 소개하면 다음과 같다. "십계명에 담긴 하나님의 명령은 우리가 지킬 수 없는 법이다. 그러나 모든 율법을 요약한 십계명을 우리가 소유하고 있다면 하나님의 뜻에 대한 확실한 증거를 가진 셈이다."⁹ "율법에 담긴 구원의 약속의 가르침, 하나님께서 선택한 자들과의 연합, 하나님의 뜻과 용서의 증거, 이 모든 것은 영원하며 종말 때까지 유효하다."¹⁰ 따라서 우리는 율법 없이 하나님이 원하시는 길을 걸을 수 없다. "우리의 생각과 인식 자체로는 본질적인 것을 잃어버리기 때문에 우리는 율법의 도움을 받아야 한다."¹¹

또한 칼빈에게 율법은 우리에게 계속해서 전달되는 하나님의 뜻의 공표(公表)이다. 율법의 온전한 가치와 권위는 그 율법을 제정하고 공표한 하나님께 있다. 그리스도인의 윤리적 삶을 드러내는 중요한 말씀 중 하나인 "나도 거룩하니 너희도 거룩하라"(벧전 1:16)는 말씀은 우리 자신에서 나오는 힘으로 거룩해지라는 명령의 말씀이 아니다. 우리는 하나님 앞에 서 있기 때문에 당신과 함께, 당신으로 인해 그 명령을 지킬 수 있을 뿐이다. "너는 무엇을 해야 한다" 내지 "너는 지켜야 한다"는 명령의 형식을 띤 율법은 우리의 판단과 의지, 즉, 우리의 능력으로는 도저히 지킬 수 없는 말씀이다. 유럽의 관념주의가 인간의 삶의 법을 이성에서 찾았으며, 근대 자연주의가 자연에서 찾았던 반면, 칼빈은 하나님의 법에서 찾았다. 그에게 있어서 하나님의 법으로부터 떨어져 나감이 모든 범죄의 근원이 된다.¹²

칼빈은 하나님께서 우리에게 율법을 주셨다는 사실에 큰 의미를 부여한다. "그리스도인은 이 땅에서 무엇을 행해야 하는가?"라는 질문에 칼빈은 "하나님의 법을 지켜 행하라"는 말씀으로 답한다. 그는 바로 이 문장에서 기독교 윤리적 삶의 근거를 발견한다. "율법 안에서 완전한 의가 가르쳐진다."¹³ 한걸음 더 나아가 그리스도인의 삶이 어떻게 하나님의 뜻과 일치할 수 있는지에 대해 율법이 말해준다고 하면서 칼빈은 다음과 같은 말을 덧붙인다. "바울은 하나님의 뜻을 우리에게 보여주기 위해 어떤 몽상 같은 것에 열중했던 것이 아니라, 율법을 제시했다."[14] 칼빈은 '율법과 복음'의 관계를 설명하면서 하나님의 뜻과 그리스도인의 삶의 관계를 보다 구체적으로 제시한다.

2. 율법과 복음

율법과 복음, 교리와 윤리, 믿음과 행위는 의미적으로 구별할 뿐이지, 분리시키거나 차별화시켜서는 안 된다. 그런데 한국교회의 현실을 들여다보면 율법과 복음을 분리시켜 이해하려는 경향이 농후하다. 즉, 율법은 죄를 드러내는 고발적인 성격을 띠어서 부정적이며 뭔가 무거운 느낌을 주는 반면, 복음은 율법에 비해 상위개념으로 차별화시키려는 경향으로 이해된다. 이런 경향은 율법과 복음의 관계성에 대한 오해에서 비롯된 것이다. 그러나 진실은 율법은 복음이며, 복음이 율법이다. 율법과 복음 모두 하나님의 말씀으로서 동일한 가치를 지닌다는 말이다.

인간의 죄를 드러내며 그리스도인이 하나님을 영화롭게 할 수 있는 삶의 규준이라는 것이 칼빈이 율법에 대해 가르치려는 의도의 전부는 아니었다. 그는 율법을 복음과 관련시켜 참된 뜻을 이해하려 노력했다. "율법과 복음 사이에 구별은 존재하지만, 하나는 다른 하나를 위한 준비의 의미를 갖는다. … 우리는 양자의 목적에 주의해야 한다."[15] 율법과 복음은 하나님으로부터 나왔기 때문에 당신의 의도에 주의를 기울인다면 서로 대립된 것으로 이해되지 않으며, 우리에게 은혜로 주신 선물이다. "복음은 율법과 다투는 것이 아니라 율법에 대한 최고의 확증이다. 율법을 복음으로부터 분리시켜 도외시한다면, 우리는 율법의 영혼을 이해하지 못하며 단지 그늘을 좇는 삶이 될 것이다."[16]

또한 칼빈은 율법이 반드시 그리스도께 초점이 맞춰져야 한다고 주장한다. 그렇지 않으면 우리는 율법을 제대로 이해할 수 없다. "예수 그리스도는 우리의 구원자면서 동시에 하나님의 뜻을 실천하라고 요구하시는 율법이다. 율법의 요구를 실천할 수 있는 것은 구원받은 성도에 내주하는 성령의 역사 때문이다."[17] 율법의 본질은 그리스도이다. 때문에 율법에서 형성된 그리스도인의 삶의 토대는 그리스도와의 공동체를 이루게 한다. "복음으로부터 멀어지려는 자는 율법의 확증이 복음이라는 의미를 알지 못한 자이다. 또한 율법 곁에만 머물려는 자는 하나님과의 공동체를 이루려는 뜻을 무시하는 자이다." 이렇듯 율법은 그리스도로부터 나왔으며 당신을 목적으로 삼는다. "그리스도는 율법을 범하는 잘못을 고쳐주기 위해서 오셨다. 그분은 율법을 과소평가하지 않으셨다."[18]

율법과 관련한 칼빈의 진술은 그리스도에 대한 믿음에 바탕을 둔 경건에 초점이 맞춰져 있으며, 하나님의 뜻을 이루려는 행위에 결정적인 의미가 부여된다 할 수 있다. "율법에 대한 바른 해석은 우리를 지혜로 이끄시는 그리스도 안에서만 가능하다."[19] 율법은 율법을 제정하신 분인 예수 그리스도께 우리를 인도하며, 그분은 그 율법이 우리의 삶에 구체적으로 적용되도록 우리를 이끌어 가신다. 하나님께서 성령을 통해 기록된 말씀이 우리의 마음속에 심겨져 역사를 일으키게 한다면, 그 말씀은 죽은 글자가 아니라 살아있는 능력의 말씀이다.

칼빈은 율법과 복음의 관계를 이분법적으로 이해한 것이 아니라 유기적이며 동심원적으로 이해했다. 율법과 복음, 모두 동일한 하나님의 말씀이다. 그리스도의 지체로서 우리는 명령형의 문법형태로 구성된 율법에 귀 기울여야 하며, 심지어 그것을 복음으로 간주한다. 신약

성경의 가치와 의미는 옛 언약인 구약성경에 그 기반을 두고 있다.[20] 그리스도는 율법을 제정하신 분일 뿐만 아니라 그 율법을 성실히 준행하신 분이다. 그리스도는 율법의 목적이며 영혼이기 때문에 율법 없이, 율법을 제외하고 그분을 알고 있는 것은 공허하며 열매를 맺을 수 없다.

여기서 우리가 주의해야 할 점은, 칼빈은 율법과 복음을 동일한 가치를 지닌 것으로 인정하지만, 율법은 복음 안에 있으며 복음을 향해 존재한다는 점에서 구별된다. 그리스도인의 삶이란 하나님께서 율법으로 알리셨던 당신의 뜻을 준행하는 삶이라 할 수 있다. 칼빈에 따르면, 그리스도는 우리에게 성령을 보내시며, 성령은 믿음을 통해 우리 안에 율법을 불어넣으셔서 우리가 하나님을 섬길 수 있도록 교육시킨다. 환언하면, 율법과 복음 모두 동일한 하나님의 말씀이며, 우리를 향한 하나님의 의지의 증거이며, "나아가 우리 구원의 원리이며 선하며 행복한 삶의 원리로서 인식된다."[21]

또한 율법은 그리스도 안에서 고유한 가치와 권위를 가진다. 그리스도를 떠난 율법은 인간의 죄만을 드러내어 영원한 형벌에 처하는 부정적인 기능만을 드러낼 뿐이다. "우리가 그리스도 안에서가 아니라 율법 안에 거한다면 하나님의 분노와 저주로 점철될 고통만이 우리를 기다리고 있을 뿐이다."[22] 칼빈은 그리스도 없는 율법의 무가치성을 다음과 같이 표현한다. "그리스도의 영이 없는 율법은 용서에 대한 희망을 사라지게 하며, 쓰라린 아픔만을 줄 뿐이며, 가난한 심령을 죽일 뿐이다."[23]

그리스도는 율법의 실례(實例)가 아니라 본질이다. 그리스도는 율법을 완성한 분이며 하나님을 영화롭게 하는 삶의 모범을 보여준 분이다. 칼빈은 하나님의 계시로서 율법과 복음의 일치를 주장하면서,

복음은 용서하는 은혜의 말씀으로 하나님과 새로운 관계를 형성케 하며, 율법을 통해 드러나는 우리의 죄의 문제를 깨끗하게 해결해 주는 능력의 말씀이라고 말한다. 따라서 율법은 복음을 통해 진리와 능력을 발휘하며, 그리스도와 당신이 보낸 성령을 통해 우리 안에 역사를 일으킨다. 하나님의 계명에 대한 원리로서, 그리고 성령의 이끌림을 받아 우리에게 일어나는 성화에 관한 원리로서 의미를 지닌 칼빈의 신학적 윤리사상은 예수 그리스도께 초점이 맞춰져 있다.[24]

율법과 복음을 특징짓는 또 다른 구별 중 하나는 율법은 일시적으로 존재하지만, 복음은 영원히 지속된다는 점이다. 율법과 복음 사이에서의 이러한 구별은 칼빈의 다음의 진술에서 보다 명확해진다. "율법은 글자로만 기록되어 있기 때문에 시간적으로 한계 지어진 언약(temporale foedus)이라면, 복음은 마음속에 기록되어져 있기 때문에 영원한 언약이다."[25] 이에 따라 율법은 그리스도 안에서 이루어지게 될 구원의 소망, 즉, 종말이 올 때까지만 유효하다. 하지만 종말 후 펼쳐지게 될 하나님의 영원한 나라에서는 율법이 필요 없게 된다. 천국에서는 율법을 통해 밝혀질 죄가 더 이상 존재하지 않기 때문이다.

이렇듯 율법과 복음은 서로 관련되어 있으면서 개개의 고유한 특성을 가진다. 그러나 율법과 복음을 차별화시켜서는 안 된다. 복음을 율법 위에 존재하는 상위개념으로 두어서는 안 된다는 말이다. 양자 모두 하나님께서 제정하신 동일한 말씀이기 때문이다. "복음으로부터 율법을 분리시키는 것은 저주의 결과만을 초래할 뿐이다."[26] 율법의 법적인 특성을 그리스도인에게 강하게 주지시키기 위해서는 율법의 제정자인 그리스도로부터 출발해야 하며, 율법을 통해 외치는 당신의 부르심에 응답해야 한다.

율법과 복음은 우리 그리스도인의 구원을 향해 달려간다. 율법은 우리의 단순한 생각에 자리를 잡은 것이 아니라, 우리의 마음 깊은 곳에서 고유한 사역을 감당해 나간다. "우리는 하나님의 율법에 관해 입보다 마음에서 더 많은 말을 해야 한다."[27] 우리의 믿음은 율법의 교육 없이는 절름발이나 게으름뱅이가 될 뿐이다. 우리는 율법과 복음의 관계성에 관한 칼빈의 이해를 통해 율법이 그리스도인의 삶에 얼마나 중요한 역할을 하는지 계속해서 보게 될 것이다.

3. 율법의 목적과 주요 기능

간단히 말해, 법은 질서를 바로 세우기 위해 제정된다. 그런데 이렇게 제정된 법을 어긴 사람을 '죄인' 혹은 '범법자'로 부른다. 그런 죄인을 공권력을 동원해 제재(형벌)를 가함으로써 사회질서와 정의를 바로 서게 한다. 인간이 법 없이 살았으면 좋으련만 실상은 그렇지 못하다. 인간이란 존재는 선천적으로 악한 기질과 성향, 즉, 죄성을 지닌 채 태어나기 때문이다.

그런데 그리스도인은 한 나라의 국민으로서 세상 법을 지켜야 할 의무뿐만 아니라 세상법과 다른 또 하나의 법을 지킬 의무가 있다. 그 법을 일컬어 '율법'이라 한다. 세상법과 율법을 비교해 보면 내용적으로 일치하는 면도 많다. 가령, 살인하지 말라, 남의 물건을 훔치지 말라, 간음하지 말라 등. 이처럼 세상법과 율법 사이에 일치하는 측면도 있지만, 질적으로 큰 차이를 보인다. 즉, 세상법은 우리가 지키려 노력하면 지킬 수 있는 법이지만, 율법은 우리가 노력한다 해서 지킬 수 있는 법이 아니다. 율법의 내용을 자세히 분석해 보면, 우리의 능력과 한계를 넘어서는 내용들로 가득 차 있다. 많은 예를 들 수 있지만, 대표적인 몇몇 예를 소개하면 이렇다. "형제를 미워하지 말라", "내 이웃을 내 몸과 같이 사랑하라", "여자를 보고 음욕을 품는 자마다 간음한 죄와 같다" 등. 그러나 인간으로서 어떻게 미워하지 않고 살 수 있단 말인가, 내 이웃을 그냥 사랑하라는 것이 아니라 내 몸과 같이 사랑하라고 하신 요구가 과연 가능할까, 여자를 보고 음탕한 생각을 품지 않고 과연 평생을 살 수 있단 말인가? 이와 같은 율법의 요구는 인간의 한계와 능력을 넘어서는 요구임을 우리는 누구나 경험을 통해 고백할 수 있을 것이다.

  이뿐 아니라, 율법에서 규정하는 '죄'를 분석해 보면, 세상에서 말하는 죄는 행위로 나타난 결과만을 가지고 진위 여부를 가리는데, 율법에서의 죄는 행위로 나타난 결과뿐만 아니라 '마음의 상태'까지도 포함한다. 남을 미워하고, 사랑하고, 음욕을 품는 것은 행위로 나타난 결과가 아니라 마음의 상태를 말한다. 이렇게 마음의 상태까지도 죄라고 하니 인간의 한계를 넘어서는 요구임에 틀림이 없다는 주장에 아무도 이의를 제기하지 못할 것이다. 그렇다면 우리는 여기서 다음과 같은 질문을 던질 수 있다. "하나님께서 왜 우리의 한계와 능력을 넘어서는 요구를 율법으로 정하셔서 지키라고 명령하셨을까?" 이제 그런 율법을 제정한 목적에 관한 질문에 칼빈을 통해 그 답을 알아보도록 하자.

  율법을 제정한 하나님의 목적이 무엇일까? 이 질문에 먼저 칼빈은 다음과 같은 답을 제시한다. "하나님께서 우리에게 율법을 주셨다면, 그것은 우리가 그 율법을 지킬 수 있다는 것을 뜻한 것이 아니라, 율법이 무엇을 위해 존재하는지를 알아야 한다."[28] 다음과 같은 그의 진술에서 율법의 제정 목적이 보다 분명해진다. "율법이 제정된 최고의 목표는 인간을 하나님께로 부른다는 사실이다."[29] "율법이 우리에게 요구한 모든 것은 우리 안에 당신의 형상을 되살리는 것이다."[30] 이 같은 진술을 토대로 결론을 먼저 내리자면, 율법을 제정한 하나님의 목적은 우리를 당신의 형상으로 회복시켜 구원에 이르게 하는 데 있다. 하나님의 형상을 회복시키며 구원을 이루는 구체적인 길이 율법에 제시되어 있다는 말이다. 그리스도인은 믿음으로 의인이 되며 구원을 얻는다. 이것은 원론적인 성경의 명제다. 그러나 믿음으로 의인이 되었고 구원을 얻었다는 확신은 단순히 입으로만 시인하는 것으로 그칠 것이 아니라, 삶 속에서 구체적으로 증거 되어져야 한다. 그 증거 되는 길이 바로 율법을 지켜 행하는 데 있다

칼빈은 이러한 율법의 목적을 다음과 같은 세 가지 용법으로 구별하여 보다 구체화시킨다. 즉, '규범적 용법', '교육적(정치적) 용법'과 '성화론적 용법'이다. 거울과 같은 율법은 먼저 하나님의 의로움과 선함을 비쳐주는 규범적인 역할을 한다. 우리는 율법을 거울삼아 자신을 비춰봄으로 하나님의 의와 우리의 불의, 즉, 죄인 됨을 깨닫는다. 하나님의 의를 수행하지 못했으며 범법자로 살아왔던 자신을 발견하게 된다. 그럼에도 우리가 죄인으로만 존재하는 것이 아니라, 의인이라 칭함을 받는 이유는 하나님의 은혜가 율법의 요구를 넘어서기 때문이다. 오히려 하나님의 은혜는 율법을 사랑하고 흠모하게 만든다. 이런 하나님의 은혜는 예수 그리스도 안에서 찾을 수 있다. "은혜의 영이 존재하지 않는다면 율법은 인간을 고발하고 죽일 뿐이다."[31]

율법의 두 번째 기능인 '교육적 용법'은 공동체를 불의한 자들로부터 보호하는 데 있다. 율법은 사악한 자들을 견제하고 억제함으로 사회정의와 평화로운 삶을 보존케 한다. 칼빈은 율법의 이런 교육적 용법에 정치·사회적 의미를 부여하여 율법의 '정치적 기능'이라 칭하기도 한다. 율법은 인간의 비참함과 연약함을 알게 함으로써 그리스도의 은혜를 받아들이게 한다.

마지막 율법의 세 번째 기능은 선택받은 성도와 관계한다. 택함을 받은 자 역시 율법을 필요로 하기 때문이다. 율법 앞에 순종을 통해 하나님 앞에 나아가게 하며, 이를 통해 믿음이 더욱 돈독해지며 실수와 죄로부터 돌아서게 한다. 성령 하나님은 그리스도인을 율법의 명령에 순종하게 함으로써 당신의 자녀로 견고케 한다. 그리스도인은 율법의 명령에 준행함으로써 자신의 선한 업적을 쌓으며, 이를 통해 하나님의 형상이 드러난다. 때문에 율법의 세 번째 용법은 성화와 관계한다. 이 기능은 성도로 하여금 하나님의 거룩함에 따라 살게 하고 당신의 의지에 순응하게 하기 때문이다.

율법의 이런 세 가지 용법은 칼빈의 율법이해에 중요한 의미를 가진다. 율법이 그리스도인에게 부담이나 무거운 짐, 심지어 저주라고 여기는 잘못된 이해에서 벗어나야 한다. 물론, 불신자에게 율법은 멸망으로 이끄는 법이다. 반면 그리스도인에게 율법은 기쁨과 평안을 가져다주며, 결국 구원에 이르게 하는 법이다. 하나님이 율법을 우리의 마음속에 깊이 새기게 하셨다면, 그것은 삶의 외적 원리로서 우리에게 풍성한 유익을 제공하기 때문이다.[32]

율법이 지닌 여러 기능 중 하나는 하나님의 벌로서 받게 될 저주를 일깨우게 하는, 소위 고소 고발하는 기능이 있다. 그런 기능은 칼빈의 율법 이해에 있어서 중요한 의미를 갖지만 율법에 덧입혀진 고통의 크기만을 전해줄 뿐이다. 그에게 보다 중요한 율법의 기능은 우리에게 당신의 뜻을 알게 함으로 변화된 삶의 길을 걷게 하며, 하나님의 선하심의 계시로 받아들이게 하는 데 있다.[33]

칼빈은 또한 계명을 하나님의 속죄행위와 관련시킨다. 그에 따르면, 그리스도는 하나님의 계명을 당신의 피조물을 다스리기 위한 말씀으로 적용시켰다. 따라서 계명은 무거운 짐이 아니라, 은혜의 말씀이며, 동시에 심판의 말씀이다. 이에 대해 칼빈은 다음과 같이 설명한다. "율법은 경건한 삶의 출발점에서 참회를 불러일으키게 하며 우리를 앞으로 나아가게 한다."[34] "나는 율법을 우리의 경건한 삶과 의롭게 살도록 인도하는 지침으로서의 의미를 갖는 단순한 계명으로 이해한 것이 아니라 하나님께서 모세에게 가르쳤듯이, 그리스도가 다시 오실 때까지 하나님의 백성의 마음에 새겨 재림에 대한 소망을 잃지 않도록 하며 하나님을 경외하는 온전한 형태로 이해한다. 그런 목적에 주의하지 않는 자는 율법이 주는 의미를 무시하는 자이다."[35]

칼빈은 율법을 그리스도와 관련시킬 것과 그 율법에 내포된 약속을 함께 생각할 것을 우리에게 당부한다. "율법의 목적으로 그리스도를 깨닫지 않는 자는 결코 율법을 이해하지 못한 자이다. 그리스도는 율법의 생명이기 때문에, 당신의 영을 통해 우리에게 가르친다면, 그 율법이 살아나 우리에게 역사를 일으키게 한다."[36] 하나님의 계명의 목적과 의미는 우리를 그리스도인으로서 바른 길을 가게 하며, 예수의 재림 때까지 그 길을 계속 걷도록 보존하는 데 있다. 그리고 우리를 실수와 잘못으로부터 건져내어 우리가 알지 못하는 목적을 깨닫도록 하는 것이 율법의 주된 역할이다.[37]

이제 전술한 "하나님께서 왜 우리의 한계와 능력을 넘어서는 요구를 율법으로 정하셔서 지키라고 명령하셨을까?"라는 질문에 답을 내리려 한다. 하나님이 율법을 제정하신 근본 목적은 그 율법을 우리의 힘과 능력으로 지킬 수 없다는 사실을 깨닫게 하는 데 있다. 인간이 타락하지 않았다면 율법을 다 지킬 수 있었을 것이다. 그러나 아담의 타락 후, 인간은 본질적으로 죄성을 지닌 채 태어났기 때문에, 우리는 죄인으로서 율법 앞에 무능한 존재에 불과하다. 그런데 율법의 전체 내용 중 하나라도 어기면 우리는 구원받을 수 없다. 여기서 의문이 생긴다. 명령형으로 구성된 율법의 내용 중 하나라도 우리의 힘으로 지킬 수 없는데, 어떻게 우리의 구원이 가능한가? 이런 생각에 우리는 좌절할 수밖에 없다. 이런 좌절감을 느낄 때 바로 예수 그리스도의 십자가가 등장한다. 즉, 우리의 힘으로 율법의 내용 중 하나라도 지킬 수 없기 때문에 멸망 받아야 마땅하지만, 예수께서 우리를 위해 대신 십자가에 피 흘려 돌아가심으로 우리에게 구원의 희망을 제공하셨다.

따라서 율법을 제정하신 하나님의 목적은 율법의 요구 앞에 우리 스스로 전혀 지킬 수 없는 무능한 존재임과 우리의 죄인 됨을 깨닫게 하는 데 있다. 율법을 다 지킴으로 구원받는 것이 아니라, 율법을 지키지 못해 생긴 우리의 모든 죄가 예수의 십자가 사랑의 공로에 힘입어 다 용서함을 받았다는 우리의 믿음이 구원에 이르게 한다. 율법 앞에서 우리는 하나님의 하나님이심과 우리의 우리 됨, 무엇보다 죄인 됨을 진정으로 깨닫게 된다. 바로 여기에 율법을 제정한 하나님의 근본적인 목적이 있다.

5장
'이중예정론'이 그리스도인의 삶과 무슨 상관이 있단 말인가?

    칼빈의 신학사상 중 '이중예정론' 내지 '절대예정론'은 이해하기 힘든 난해한 사상이다. 간단히 말해, 이중예정론이란 하나님이 창세 전 인간을 지으실 때, 선택받을 자와 그러지 못할 자, 즉, 유기될 자를 미리 정해 놓으셨다는 사상이다. 구원을 받고 안 받고는 우리 인간의 자유의지에 달린 것이 아니라, 하나님의 절대권한에 속한다는 것이다. 믿음이 생겨나는, 즉, 믿음의 주체는 그리스도인의 자율적 의지나 이성이 아니라, 성령 하나님이다. 때문에 이중예정론은 믿음의 주체가 우리 자신이 아니라, 성령 하나님이 일방적으로 주시는 선물이라 할 때 따라오는 당연한 논리적 결과이다.

    그런데 칼빈의 그런 이중예정론은 다른 종교뿐만 아니라, 같은 개신교 신학자들로부터도 비판받는 사상이다. 즉, 칼빈의 신학사상에 근간을 둔 칼빈주의 내지 개혁주의를 표방하는 교단(장로교단을 비롯해 침례교단 중 일부)을 제외하고 대부분의 교단의 신학으로부터 배척

받는 사상이다. 이중예정론을 받아들이지 않는 교단의 신학자들은 정의와 공의의 하나님이며 사랑의 하나님이 어떻게 인간이 태어나기도 전에 선택 자와 유기된 자를 미리 정하실 수 있느냐고 항변한다. 다시 말해, 이들은 믿음뿐만 아니라 그리스도인의 구원의 성사 여부는 전적으로 하나님께 달린 것이 아니라, 개개 그리스도인의 의지에 달려 있다고 주장하면서, 그리스도인이 태어나기도 전에 하나님으로부터 미리 택함을 받은 자로 정해졌다는 이중예정론을 받아들이지 않는다.

이 외에도 그들은 이중예정론에 따라 택함을 받을 자와 유기될 자로 미리 정해졌다면, 전도할 필요도 없고, 유기된 자들은 선한 삶을 살려고 아무리 발버둥 쳐도 구원의 가능성이 전혀 없기 때문에 아무 소용이 없는 반면에, 택함을 받은 자는 이 땅에서 온갖 죄와 실수를 반복해서 범한다 할지라도 구원받는데 지장이 없지 않느냐고 항변하면서, 칼빈의 이중예정론은 하나님을 폭군의 하나님으로, 죄의 조성자로 만들어 버린다고 비판을 가한다.

사실, 칼빈 역시 자신의 이중예정론에 대한 그런 비판을 이미 예고했고 염려했었다. 칼빈은 법학을 전공한터라 누구보다 논리적이고 합리적 사고를 소유한 자다. 이중예정론은 이성의 논리를 잣대로 삼으면 이해할 수 없는, 어떻게 보면 모순으로 가득 찬 교리로밖에 볼 수 없다. 이중예정론을 비판하는 자들의 입장을 어느 정도 이해할 수 있다. 어떻게 공의와 사랑의 하나님이 인간이 태어나기도 전에 선택받을 자와 유기될 자를 미리 정하실 수 있단 말인가?

그런데 칼빈의 이중예정사상은 인간의 이성의 논리를 따라 정립된 것이 아니라, 성경말씀의 논리를 따르려는 결과로 나온 사상이다. 그렇다면 칼빈은 어떻게 성경말씀의 논리를 따르려고 했는지, 그의 이중예정론에 담겨 있는 오해와 진실을 그의 목소리를 통해 직접 들어

보자. 뿐만 아니라, 칼빈의 이런 난해한 이중예정론이 그리스도인의 바른 삶을 위해 어떤 영향을 미치는지도 알아보자.

칼빈은 『기독교 강요』 최종판에서 '예정'과 '섭리' 개념을 분리시켜 다루었다. 그러나 야콥스(P. Jacobs)의 견해에 따르면, 칼빈은 선택론을 기술하는 데 있어서 섭리론적 언어로 말하고 있다는 사실에서 알 수 있듯이 양 개념을 분리시키지 않고 함께 속하게 했다. 다시 말해, "섭리의 하나님은 바로 섭리 속에서 선택의 하나님이시다. 우리는 선택(electio)을 특별한 섭리(providentia specialis)로 명할 수 있다."[1] 예정과 섭리는 영원하며 변치 않는 하나님의 결의(決意)의 선언에 속한다. 이에 관해 우리는 다만, 말씀의 근거에서만 알 수 있으며, 말할 수 있을 뿐이다.[2]

그런데 인간의 이성의 논리로 전혀 이해할 수 없는 칼빈의 이중예정론이 그리스도인의 바른 삶, 즉, 윤리적 삶과 무슨 상관이 있단 말인가? 칼빈은 베드로후서 1장 10절에 대한 주석에서 다음과 같이 말한다. "우리가 경건하며 거룩한 삶을 사는 것이 선택의 목적이다." 계속해서 이와 유사한 말을 한다. "선택은 성화의 뿌리다." 따라서 그리스도인은 자신의 윤리적 삶의 근원을 인간의 자율적 판단이나 능력에서가 아니라, 값없이 조건 없이 자신을 선택하신 하나님의 사랑과 자비의 손길에서 발견한다. 그런 선택에 대한 확신이 윤리적 에너지를 솟구치게 하는 원천이라는 말이다.[3] 하나님의 선택이 그리스도인의 윤리적 삶을 바르게 이해할 수 있는 가장 심오한 사상에 해당된다. 이에 따라 선택사상을 믿는 자란 내가 나를 위해 존재하는 것이 아니라, 타자를 위해 온전한 섬김을 위해 선택받았다는 확신에 차 있는 자를 말한다.

그리스도인의 윤리적 능력의 근원은 하나님의 예정하심과 섭리하심에 대한 믿음에 있다. 칼빈의 이 같은 인식은 그가 얼마나 이 땅에서 이루어지는 인간의 삶의 근거를 하나님의 예정과 섭리에서 찾으려 했는지를 깨닫게 해준다. 칼빈에게 있어서 하나님의 선택과 그리스도인의 삶은 분리되어 있지 않다. "하나님께서 연결시켰던 것을 우리가 분리시키려 해서는 안 된다. 하나님은 우리의 길을 가도록 하기 위해서 우리를 선택한 것이 아니라, 우리를 자녀로 삼으셨다는 사실을 행위를 통해 보기를 원하셔서 우리를 선택하셨기 때문이다."[4] 선택은 좋은 열매를 맺는 뿌리와 같다.

이에 따라 예정론이 인간이 저지른 죄에 대한 핑계구실로 삼는 것으로 이해해서는 안 된다. 오히려 예정의 목적은 삶의 성화, 즉, 거룩한 삶을 살도록 우리를 일깨워 주는 데 있다. 창세 전에 하나님으로부터 예정을 받았다는 확신은 현실에 안주하게 하거나 나태하게 만드는 상태를 뜻한 것이 아니라, 우리를 끊임없이 움직이게 하는 역동성(dynamic)과 생동성을 뜻한다. 하나님의 말씀에 근거한 칼빈의 절대예정사상은 그리스도인을 교만하게 하거나 혹은 수많은 하나님의 비밀을 하찮은 호기심으로 탐구하도록 하기 위한 것이 아니라, 오히려 겸손한 마음으로 하나님의 심판대 앞에 두려워 떨며 당신의 자비하심을 기다리게 하기 위한 것이다. 선택은 우리가 선을 향한 열정으로 자신을 희생하는 삶에 목적을 두게 한다. "종종 사람들은 예정론에서 지나치게 세세하며 실천적으로 별 열매를 맺을 수 없는 사변(思辨)을 다룬다. 그러나 우리는 예정론을 진실로 우리를 겸손하도록 교육시키며 하나님의 헤아릴 수 없는 선하심에 감화 감동하게 만드는 믿음을 정립하는 가르침과 관련지어야 한다."[5]

특히 겸손은 선택에 대한 믿음의 열매로서 부각되어야 한다. "성경 말씀은 우리에게 겸손을 가르치는데, 그 어떤 가르침도 선택에 관한 가르침보다 더 인간을 겸손하게 만드는 데 적합한 것이 없다."[6] 신앙을 가진 '나'의 존재는 예정을 통해 종국적인 근거를 가지며 나의 '나 됨'이 명확하게 드러난다. 동시에 선택사상은 윤리적 삶을 위한 에너지를 발산케 하는 원동력이다.[7] 하나님께서 기계적으로 우리에게 영향을 미치는 것이 아니라, 삶의 다양한 형태에서 영향을 미치기 때문이다. 선택에 대한 신앙고백은 가장 큰 능력을 발산하는 삶의 생동성을 위한 표현에 해당된다. "선택의 목적은 우리의 삶의 성화에 있다. 따라서 선택은 우리의 게으름의 핑계거리로 만드는 것 대신 성화를 향해 부지런히 행하도록 자극시킨다."[8]

보다 구체적으로 말하면 선택의 결과로 맺어진 열매는 다음과 같은 것이다. 확신, 겸손, 감사, 경건, 성화 등. 이것은 다른 많은 열매 중 가장 달콤한 열매들이다. 인간이 가진 덕 중에서 가장 아름다운 덕을 가시적으로 보여주는 것이 바로 선택의 영향이다.[9] 따라서 하나님의 선택을 믿는 자는 자신이 무엇을 위해 선택되었는지, 즉, 하나님께서 원하는 것을 수행하기 위해 선택되었다는 사실을 아는 자다. 하나님의 사랑은 당신의 선택에서 가장 명확하게 드러나며, 우리의 사랑은 당신의 사랑의 반향에 지나지 않을 뿐이다. 선택에 대한 신앙고백은 교만과 공로를 통한 구원사상의 위험에서 보호해 준다. 또한 그러한 신앙고백은 자신의 이름을 높이 드러내려는 욕망을 억제하게 하며, 매일 지속되는 삶의 실천적인 업무를 수행하게 해주며, 이성의 자율성에서 나오는 동기보다 훨씬 더 깊고 풍성한 선한 열매를 맺게 한다.

칼빈은 하나님의 영원한 선택에서 그리스도인의 바른 삶의 근거를 보았다. 그에게 하나님의 예정하심과 우리의 삶의 변화는 상호관계성을 갖는다. 다시 말해, 선택에 대한 우리의 신앙은 우리에게 고통과 어려움이 닥친다 할지라도 참고 인내하게 하여 종국적으로 승리하게 하며, 하나님 사랑과 이웃 사랑을 잘 감당케 하는 능력을 형성시킨다. "우리가 고통의 한 가운데서 믿음을 유지하려면 하나님의 영원한 선택에 주의를 돌려야 한다."[10] 참된 신앙은 단순히 경건한 마음을 일깨우는 상태가 아니라, 매일의 삶 속에서 실천되는 역동성을 지니고 있다.

하나님의 예정하심에 대한 믿음은 철학에서 통용되는 신의론(神義論)적 사상에 대한 거부를 의미한다. 칼빈은 '섭리'의 개념을 하나님께서 세상일에 수수방관하는 분으로 이해하거나, 앞으로 무엇이 일어날지 알고 계시다는 사실만을 의미하거나, 혹은 단순히 법을 제정하신 입법자로서 모든 피조세계의 일에 일일이 간섭하지 않거나 통치하지 않는 분으로 이해한 것이 아니라, 직접 배의 노를 저으시며 항로를 이끌어 가시는 분으로 이해했다. 여기서 섭리란 하나님께서 만드신 모든 것 하나하나를 특별히 돌보시는 것을 의미한다. 하나님은 자연에 질서를 세우셨을 뿐 아니라 계속해서 직접 돌보신다. 참으로 경건한 사람이라면 머리카락의 수까지 세시는 그런 세심한 데까지 미치는 하나님의 돌보심을 깊이 생각해 보는 것은 당연하고도 꼭 필요한 일이다. 이러한 사실을 알고 믿는 자에게는 마음에서 우러나오는 감사가 있으며 고통 속에서 인내를, 그리고 미래를 위해 흔들리지 않는 확신이 세워진다.[11]

이처럼 하나님의 섭리에 대한 견고한 믿음은 앞으로 우리와 마주치게 될 고통과 두려움을 극복케 한다. "우리가 하나님의 섭리를 굳게 믿는 한 불의한 행동이나 음흉한 생각으로 생겨나는 어떠한 미혹도 우리를 넘어뜨리지 못한다."[12] 모든 것에 손을 펼치시는 하나님의 섭리에 대한 믿음은 우리의 존재를 하나님께 전적으로 맡기게 하는 힘과 능력으로 작용한다. 바로 그런 신앙이 우리의 영혼을 맑게 하며 강하게 만들며 겸손과 신뢰로 가득 차게 한다. 따라서 하나님께 대한 감사와 고통 속에서의 인내, 그리고 어둠으로 가려져 있지만 포기하지 않는 미래를 향한 소망은 하나님의 섭리에 대한 믿음에서 솟아난다. 이에 따라 칼빈은 다른 종교개혁자들과 마찬가지로 인간이 태어날 시 별의 위치에 따라 자신의 운명을 결정짓는다는 그 당시 유행했던 '점성술'에 강한 반감을 드러냈다.

그러나 유의해야 할 점은 우리가 이 땅에서 행하는 모든 일들이 하나님의 예정과 섭리 속에 이루어진다 해서 스콜라적 행복론의 근거를 위한 그 어떤 자리로 만들려 해서는 안 된다는 것이다. 다시 말해, 하나님의 예정하심과 섭리가 우리의 삶 속에 만사형통(萬事亨通)을 가져 온다는 것은 아니라는 말이다.

하나님의 섭리는 억지를 늘어놓으면서 펼치는 궤변을 논하는 대상 또한 아니다. 칼빈은 하나님의 섭리와 인간의 자유 사이에 존재하는 논리적 모순을 해결할 수 없었으며, 해결하기를 원치도 않았다. 그런 풀기 어려운 난제라 할지라도 그의 신앙심 자체를 흔들게 하지는 않았다.[13] 우리 그리스도인은 운명이나 비인격적인 세계 이성이 아니라 아버지와 관계하기 때문이다. 섭리에 대한 우리의 신앙은 철학적 원리가 아니다. 하나님의 결의와 의지가 우리를 이끌고 계신다는 것은 우리의 모든 행위가 영원성의 조망 속에 있다는 것을 뜻한다. 이런 확신을 가진 우리는 하나님의 고귀한 부르심에 응답해야 한다. 하나님은 우리에게 맡기신 일들을 이 땅에서 잘 감당케 하도록 거룩한 의무로 우리를 견고케 하신다.

6장
종말에서 현재를 읽다

보통 사람들은 현재가 미래를 결정짓는 것으로 이해한다. 보이지도 않고 결정되지도 않은 미래는 현재에 의해 만들어지는 것으로 이해한다. 즉, 현재를 어떻게 꾸려 가느냐에 따라 미래가 결정된다는 것이다. 그래서 사람들은 예측할 수 없는 자신의 미래를 보장받기 위해 현재에 최선을 다한다.

그러나 우리 그리스도인에게는 역으로 미래가 현재를 결정짓는다. 일반 사람들에게 미래는 보이지도 않고 결정되지도 않았지만, 그리스도인에게 미래는 이미 결정된 미래다. 그 미래의 결정점은 예수 그리스도의 재림사건이다. 언제 그리스도께서 오실지를 모를 뿐이지 언젠가는 반드시 오신다. 당신의 다시 오심은 시간에 마침표를 찍는다. 시간성이 종말을 고하고 영원성이 도래하게 된다. 따라서 우리 그리스도인에게 과거와 현재는 이미 결정된 미래에 의해 만들어지며 진행된다. 미래가 현재를 결정짓는 힘이며 근원이라는 말이다.

그런데 문제는 대부분의 한국교회가 예수 그리스도의 다시 오심, 즉, 종말을 현재의 환경과 여건, 특히 경제적 여건에 따라 '뜨거운 감자'로 다루기도 하고, '식은 감자'로 다루기도 하는 데 있다. 1960, 70년도, 우리나라가 살기 어려웠을 당시에는 종말이 거의 모든 교회에 뜨거운 감자로 부각되었었다. 사람들은 현재가 힘드니 예수님이 빨리 재림하셔서 자신들을 하늘나라로 데려가기를 학수고대했었다. 그래서 당시 강단에서는 "회개하라, 천국이 가까웠느니라"는 종말을 다루는 설교가 주를 이루었었다.

그러나 이후 우리나라가 경제적으로 드라마틱할 정도로 급성장하여 잘 살게 되니 '종말'과 관련된 설교가 자취를 감추었다. 성도들도 대놓고 드러내지는 않았지만, 내심 예수님이 천천히 재림하기를 바라는 듯한 성향을 보여 주었다. 경제적 형편이 갑자기 좋아지니 현재를 더욱 즐기기를 바랐기 때문이었다.

이렇듯 '종말'이 경제적 형편에 따라 '뜨거운 감자'가 되기도 하고 '식은 감자'가 되기도 한다. 이것은 종말에 대한 편협되고 잘못된 이해 때문에 생겨난 현상이다. 다시 말해, 종말을 너무 교리적으로만 치우쳐 이해했기 때문에 나타난 왜곡된 현상이라는 말이다. 보통 종말론 하면 자연스럽게 떠올리는 것은 '천년왕국', '중간기', '재림의 징조', '최후의 심판', 등, 주로 교리적 내용이다. 때문에 종말하면 그리스도인의 현재 삶과는 거리가 먼 교리적으로만 이해하려는 경향이 지배하게 되었다.

그러나 칼빈에게 있어서 종말은 미래가 아니라, 현재에 초점이 맞춰져 있다. 좀 더 구체적으로 말하자면, 그에게 종말은 '현재' 그리스도인의 이 땅에서의 삶을 위한 잣대이자 능력이다. 이미 정해진 종말적 사건이 현재에 본질적 의미를 제공해 주며 근거 짓는다. 이제 칼빈이 종말을 특히 현재와 연결시켜 어떻게 주장하는지를 구체적으로 살펴보자.

칼빈은 종말론을 시간과 공간의 제약 속에서 하늘에서의 영원한 안식처를 기다리는 인간에 초점을 맞추며, 그리고 마지막 날에 주님께서 부활하실 그날을 준비해야 하는 인간을 향해 있다고 본다. 신앙의 확실성은 하나님의 말씀에 어떠한 의심도 보이지 않는 영원한 삶의 소망에 근거해 있다.[1] 그리스도인의 삶은 하나님의 영원한 선택에 그 근거를 가지며, 종국적으로는 우리의 이성을 가지고 합리적으로 설명될 수 없을 뿐 아니라, 신비로 가리어져 있는 영원한 삶을 위한 '부활'에 그 근거를 가진다.[2]

우리가 늘 예배 시에 고백하는 사도신경에서도 영혼뿐 아니라, 육체를 포함하는 영원한 삶을 위한 부활이 명확하게 드러나 있다. 그 신앙고백은 우리가 어떻게 이 땅을 도덕적 행위를 통해 아름다운 본향으로 만들 수 있는지를 가르치는 것이 아니라, 긴장 속에 펼쳐지는 우리의 삶 속에 기다림의 미학이 스며있다는 것을 가르친다. 모순과 대립으로 가득 찬 종말론적 긴장은 일상적 삶 속에서 이루어지는 변화를 통해 나타난다. 그리스도인의 삶을 전체적 시각에서 보자면 미래에 이루어지게 될 종말적 사건에서 이해될 수 있으며, 이를 통해 그리스도인의 삶의 특징이 두드러지게 나타난다.[3] 그리스도인에게 현재는 단순한 현재가 아니라, 항상 미래에 의해 둘러싸여져 있다.

그리스도인의 삶을 삶 되게 하는 결정적인 근거는 칼빈의 다음과 같은 진술에 있다. "우리는 변화무쌍한 이 땅의 삶 속에서 하나님의 영원한 나라를 얻으려 노력하기 위해 창조되었다."[4] 그의 종말론에 있어서 중요한 개념 중 하나인 '미래의 삶에 대한 묵상(meditatio futurae vitae)'은 단순한 묵상이 아니라, 우리 그리스도인의 전 존재를 미래에 이루어지게 될 영원한 삶에 초점을 맞추게 하는 묵상이다. 그것은 우리의 삶의 종국적 목적이 하늘로 올라가는 것이기 때문이다.[5] 우리의 주인 되신 예수 그리스도는 하늘에 계시기 때문에 우리가 머물 장소는 이 땅이 아니라 하늘이다.

우리 그리스도인의 미래적 삶은 철학자들이 말하는 인식론적 원리에서가 아니라, 우리의 삶을 규정하는 하나님 나라의 도래에 대한 확실한 소망에서 형성된다. "그것은 사랑의 열정처럼 하나님을 섬기도록 우리를 몰고 가며 움직이기 때문이다."[6] 칼빈은 또한 골로새서 1장 5절을 다음과 같이 해석한다. "사탄의 유혹과 육신의 탐욕, 그리고 이 세상의 모든 유혹을 극복하기 위해 우리는 우리에게 약속하신 하늘에서의 삶에 대한 생각을 끊임없이 해야 한다."[7] 그래서 영원한 삶으로 인도하는 것보다 더 높은 지혜가 구해져서는 안 된다. "바르고 영원한 삶을 향한 열정을 일깨우기 위해 마지막 부활에 대한 소망보다 더 예리한 자극제는 존재치 않는다."[8] 이처럼 그리스도인의 삶에 대한 칼빈의 통찰은 종말론적 관점 없이는 결코 이해되지 않는다. 그리스도인이 이 세상에 사는 동안에는 '하늘의 것'과 '이 땅의 것'이 공존하지만, 교회 공동체적 삶에 있어서는 '하늘의 것'이 보다 더 풍성하다.[9]

칼빈에게 있어서 종말론의 의미가 단순히 섭리론과 관련된 부차적인 신학사상으로 간주된다면 그 의미를 제대로 파악하지 못했음을 보여주는 셈이다. 그의 종말론적 관점은 그리스도인의 거룩성을 유지시켜 나가는 강력한 동인으로서의 의의 또한 갖는다. 다시 말해, 그의 종말론은 단순히 교리적 사상으로 그치는 것이 아니라, 그리스도인의 삶 속에 구체적으로 반영되는 것이며, 삶의 분별력을 높여주며, 하나님의 말씀에 대한 순종의 표현이다.[10] 그리스도인이 천국에 대해 가지는 소망은 우리를 묶고 있는 모든 사슬과 얽매임으로부터 해방시켜

주며 이 땅의 삶 속에서 찾아오는 무거운 짐을 잘 참고 견딜 수 있게 해주는 능력이며 힘이다. "이 시간 우리가 겪고 있는 아픔과 질고, 그리고 무거운 짐을 영원한 하늘나라에 맡김으로써 견딜 수 있게 한다."[11] 새로운 하늘을 기다리는 자는 기다림과 더불어 새롭게 되기를 갈망하며, 동시에 새롭게 되기 위해 모든 노력을 기울인다.

우리의 구원을 완성케 하며 이 땅에서 당하는 모든 고난과 고통이 끝나게 되는 마지막 날에 대한 기다림은 현재 우리에게 닥친 낙심과 절망을 멈추게 한다. "그리스도에 대한 기다림만이 우리의 육신을 요동치게 하는 탐욕에서 멈추게 하며 모든 불행 속에서 인내를 낳는다."[12] 하나님의 자녀로서 가지는 가장 큰 위로 중 하나는 구원에 대한 기다림에 있다. "예수 그리스도의 다시 오심은 가장 달콤한 위로이다."[13] 때문에 '미래'에 닥칠 소망은 '현재' 당하는 십자가의 쓰라림을 가볍게 해준다.

칼빈에게 있어서 '영원한'이라는 말과 "미래적인"이라는 말은 상호 교호적이다. 다시 말해, 영원성이 미래로부터 그리스도인의 삶 속에 들어와 빛을 비추며 어떤 상황에서도 굴하지 않고 참아내는 인내를 제공한다. 때문에 영원은 현재의 삶의 부속물이나 장식이 아니라, 이 땅에서의 삶을 미래에 얻게 될 하늘나라에 들어가기 위해 잠시 머무는 곳으로 이해하게 하는 근거이다.

환언하면, 칼빈에게 있어서 예수님으로 인해 생겨난 소망은 단지 미래의 일이 아니라, 현재적인 것이다. 예수님의 부활사건으로 이루어진 이미 실현된 종말은 우리의 부활에 대한 소망을 현재적인 사건으로 가져온다. 따라서 부활은 현재를 해석하는 틀을 제공해 준다. 고난과 실패로 가득 찬 삶이라 하더라도, 부활의 빛 안에서 삶은 소망으로 빛날 수 있다. 부활은 미래적 사건이자 현재적 변화이다. 이것은 곧 현재와 미래에 있는 우리 삶의 희망이다. 부활의 빛, 생명의 빛 속에서 그리스도인의 변화된 삶을 드러내 준다. 부활의 소망은 인간의 생명을 확인하게 하며, 또 다른 이들에게 생명을 나누어 줄 수 있는 힘으로까지 확장된다. 인간이 모든 역경을 견디고 죽음까지도 별것 아닌 일로 여기며, 자신의 삶을 나누어 줄 수 있는 것은 부활의 빛이 있기 때문이다. 하나님 앞에서 인간은 모두 같다는 사실을 깨달을 수 있는 것도 부활의 빛 안에서이다. 자신이 죄인임을 고백할 수 있는 것도, 또한 예수가 그리스도임을 고백할 수 있는 것도 이 빛 안에서 가능한 일이다. 부활은 생명을 주관하는 하나님의 주권을 드러내며 악에 꺾이지 않는 생명의 소중함을 드러내기 때문이다.

그러므로 부활 안에서 생명을 바라보는 그런 시각은 우리의 현재 삶을 규정해 준다. 칼빈은 부활을 통해 우리 삶의 한가운데 생명의 소중함과 소망이 뿌리내려야 한다고 말한다. 이에 따라 칼빈에게 그리스도인의 마지막 부활은 단순히 미래에 일어날 사건이 아니라, 현재의 삶을 규정해 주는 윤리적 잣대이자 규준의 역할을 하는 결정적 사건이다.

우리 그리스도인의 현재 삶 속에 나타나는 긴장은 칼빈의 히브리서 11장 1절에 대한 설명에서 잘 보여준다. "영원한 삶이 우리에게 약속되었지만, 그러나 죽음 또한 약속되었다. … 우리는 의로운 자로서 약속되었지만, 우리 안에 여전히 죄가 정주해 있다. 우리의 삶이 축복으로 둘러싸여져 있을 것이라는 사실을 듣게 되지만, 끝없는 고통으로 넘쳐흐른다. 물질이 넘칠 것이라고 약속받았지만, 실상 우리는 배고픔과 목마름으로 고통을 겪는다. 하나님은 우리 편에 서 계시기를 원한다고 말씀하셨지만, 우리의 부름에 귀 기울이지 않는 것처럼 보인다. 우리가 우리를 소망에 서 있지 않게 한다면 무엇이 일어날 것인가?"

칼빈은 자신의 교회 성도들에게 그리스도인의 소망에 관한 증거로서 성경을 읽을 것을 권한다. 부활에 대한 소망은 의로운 행위로 인해 당하는 핍박과 어려움을 견디게 하는 힘이다. 부활에 대한 소망이 사라진다면 모든 신앙심의 근거 자체가 무너지기 때문이다. 현재의 교회가 참을 수 없을 정도로 고난의 시기를 맞이하고 있다면 현재가 아니라 미래에 찾아올 축복의 날들을 바라보면서 인내하고 견디어 나가야 할 것이다. 교회는 하늘에 대한 소망에 뿌리를 내려야 흔들리지 않고 견고해질 수 있다. 하나님께서 우리에게 주신 가장 귀중한 선물은 자신의 독생자를 값없이 우리에게 허락하신 구속에 대한 소망이다.[14]

모든 사물의 끝으로부터 그리스도인의 삶 속에 냉혹한 진지함이 묻어나 있다. 그러나 그것은 의심이나 건조하게 메말라 있는 소리가 아니라, 위로와 격려의 소리이며 소망에 대한 기다림의 묻어남이다.[15] 우리는 종말론적인 언약의 빛 속에서 우리의 삶에 노력을 아끼지 않아야 하며, 끊임없는 투쟁이 연속적으로 일어나는 여정으로 이해한다. 칼빈은 그런 삶의 여정을 강도들로 가득 찬 숲을 지나는 여정으로 비유하지만, 우리를 멸망의 나락으로 영원히 떨어지게 하는 그런 여정으로 이해한 것은 아니었다. 오실 주님은 질병과 염려와 절망의 무거운 짐으로 인해 갖는 고통과 낙심으로부터 우리를 해방시켜 주시기 때문이다. 따라서 우리의 현재 삶의 잣대이며 규준이신 그리스도는 또한 미래의 규준이 되신다.

칼빈의 내세에 대한 소망, 즉, 종말론적인 소망은 단순히 미래에 이루어질 소망이 아니라, 우리의 마음과 양심, 그리고 의지를 동원해 현재의 우리의 명확한 판단과 결정을 내리게 하는 근거이다. 바울과 마찬가지로 칼빈은 종말에 대한 기다림을 성도의 거룩한 삶을 위한 잣대로 삼았지 중세 수도원에서 행했던 것처럼, 고요히 명상에 잠겨 자기를 내적으로 통제하려는 잣대로 삼지 않았다. 미래를 기다리는 삶의 태도는 시간에 대한 숫자적인 놀이가 아니라 비록 비밀과 신비로 가득 차 있지만, 이미 도래한 기다림이며 그런 기다림 속에서 긴장과 성장이 동시에 진행된다.

칼빈은 자신의 교회 성도들이 거할 처소와 본향에 대해 혼란을 일으키지 않도록, 그리고 온 힘을 다해 목적지를 향하는 방랑자라는 사실을 잊지 않도록 하기 위해 그의 글 속에서 계속해서 오실 주님을 상기시켰다. "부활의 희망과 심판에 대한 사상은 하나님을 기쁘시게 하는 열정을 우리 안에 불러일으키게 한다."[16] 미래와 현재의 관계는 그리스도인의 일상적인 삶 속에서 구체화된다. 즉, 그리스도인의 현재의 삶은 종말론적 삶이며, 그것은 열광적인 요청이나 목소리를 통해서가 아니라, 순전한 겸손과 엄격한 절제를 통해 특징지어진다. 우리는 그런 삶을 통해 하나님의 선하심을 깨달으며, 동시에 하늘나라에서 맛보게 될 영광을 미리 체험한다.[17]

오실 그리스도로부터 그려진 삶의 모습은 행위를 무시하거나 감각적인 것을 무시하는 어떤 것이 아니다. 오히려 그리스도인은 발을 디딘 땅에서 엄격한 책임성을 가진 채 묵묵히 자신의 길을 걷는 순례자이다. 그래서 매번 디디는 발길음과 더불어 하나님의 위엄 앞에서 기대되는 답변을 생각한다. 소망으로 가득 찬 칼빈의 종말론은 괴테의 개별적이며 미학적인 삶의 관념과는 다르며, 목적을 '이 땅의 것'에서 찾으며 신의 이름을 빌어 휴머니즘에 초점을 맞춘 근대 실증적 행복론과도 근본적인 차이를 보인다. 칼빈에게 있어서 그리스도인의 영적 세계는 일상적 삶 속에서 갖는 역할과 임무를 통해 형성되며, 세상적인 것들로부터 내적으로 자유로워지면 질수록 하나님께서 세상을 통치하신다는 의식이 보다 강해진다. 그리고 그런 의식은 이 땅의 삶 속에서 수행되는 우리의 실천을 구체화시킨다. 우리가 가진 소망의 활력은 우리의 기질에 담겨 있는 기력(氣力)으로부터가 아니라, 소망의 대상으로부터 흘러나온다.

그러나 미래에 닥칠 하나님의 통치하심에 대한 소망은 '지금, 그리고 여기서' 실존적 결정을 내리게 하며 우리의 현재를 각인시킨다. 이와 함께 그리스도인이 갖는 소망은 단순히 개별적인 모습으로 나타나는 것이 아니라, 모든 사람을 아우르는 모습으로 나타난다. "우리가 그리스도를 통해 자유롭게 되자마자 우리는 힘을 다해 영원한 유산의 목적을 향해 온 힘이 모아져야 한다."[18]

여기서 주의해야 할 점은 마지막 부활에 대한 소망이 그리스도인의 현재 삶을 규정해주는 잣대이며 규준이라는 점을 칼빈이 강조했다고 해서, 칼빈이 현재를 미래에 비해 상대화시키거나 가치 절하시킨 것은 아니라는 것이다. 다시 말해, 오실 그리스도의 날에 대한 동경이 우리의 현재성을 약화시키지 않았다는 말이다. 우리에게 닥칠 영원한 미래적 사건에서 갖게 되는 긴장은 이 세상 속에서 온 힘을 다해 하나님을 섬기게 하며 이웃을 섬기게 하는, 즉, 성화의 길을 걷게 하는 계기를 만들어 준다. 그리스도인이 현재 누리는 삶을 간과하거나 혹은 하나님의 말씀, 특히 "자기의 십자가를 지고 따르라"는 말씀을 잘못 이해하여 육신을 죽이고 세상을 등지고 살아가라는 것으로 이해한다면, 현실 도피적이며 비관론자로 빠질 위험성이 있다. 성경은 결코 우리에게 그런 현실 도피적 삶이나 세상을 등지고 금욕적인 삶을 영위하도록 하지 않는다.

그러나 하늘에서 누리게 될 영원한 삶과 이 땅에서 누릴 일시적 삶을 비교해 본다면, 이 땅에서의 삶을 상대적으로 가치 절하시킨 것은 당연하다. 이러한 사실을 칼빈의 욥기서의 설교에서 발견할 수 있다. "우리는 이 땅의 삶과 하늘에서의 삶을 비교할 필요가 있다. 그렇게 한다면… 고요를 그곳에서 발견할 수 있으며, 이 세상의 사라질 모든 것들을 무시할 수 있게 된다."[19]

하나님은 당신의 자녀들에게 내세에 대한 소망을 주시는 동시에 현재 삶에 큰 가치를 부여해 주신다. 이 세상 자체는 높은 가치를 갖지 않지만, 그러나 하늘로부터 엄청난 가치를 부여 받았다. 이 땅에서 가지는 우리의 삶은 고요와 평화로만 이루어진 것이 아니라, 선과 악의 끊임없는 싸움으로 점철되어 있다. 물론, 종국에는 승리가 담보된 싸움이지만 육신에 대한 염려는 피할래야 피할 수 없는 것이다. 하지만 육신에 속한 것들은 이 땅의 삶 속에서 우리에게 도움을 제공하는 수단이지만, 아버지의 영원한 나라에서는 사라지게 될 것들이다.[20]

그리스도인이 가진 종말론적 신앙은 삶에 있어서 무거운 짐이거나 두려움의 근원이 아니라, 기쁨과 만족의 샘이며 이 땅의 일들을 수행하는 데 있어서 항상 새로운 용기와 힘을 공급하는 원동력의 역할을 한다. 칼빈은 감옥에 갇힌 성도들에게 현재의 삶이 아니라, 하나님 나라에서 누리게 될 영원에 대한 믿음과 소망을 불러일으킴으로써 모든 유혹과 싸워 승리하도록 고무시켰다.

칼빈이 가르치고자 했던 것은 세상을 멀리하며 무시하는 것이 아니라, 세상 속에서 그리스도의 제자로서 부르심에 합당한 열매를 맺게 하는 것이었다.[21] 우리에게 펼쳐지게 될 미래는 자신이 그린 상상의 미래가 아니라, 우리 삶의 주인 되신 예수 그리스도의 미래이다. 따라서 우리가 이 땅에서 싸우는 싸움은 미래를 향한 싸움이며, 그리스도께서 '지금, 그리고 여기서' 우리와 함께하는 싸움이다. 이러한 싸움은 우리의 삶 속에서 구체적으로 나타난다. 따라서 칼빈에게 있어서 영원성이란 우리의 덧없는 삶 속으로 뚫고 들어와 활력소를 제공하며 새로운 힘과 용기를 불어넣는 원 근거이다.

그러므로 세상에 대한 무시는 어떤 경우에도 세상을 돌보지 않는다는 것과 혼동해서는 안 된다. 그리스도인은 세상을 등지며 사는 것이 아니라, 세상과 함께 살아감을 자각하면서 하나님께서 만드신 피조세계를 관리하고 돌보아야 할 책임과 의무가 있다. 그리스도인은 점점 가까이 다가오는 영원을 향해 자신의 길을 가야 한다는 사실을 깨달아야 한다. 그러나 미래에 대한 소망에 너무 많은 가치를 부여함으로써 현실과 세상을 무시해서는 안 된다. 세상에 존재하는 문화나 규범, 그리고 예술과 학문 등 인간의 자율권과 이성의 능력에서 나온 생산물을 단순히 세속적인 것으로나 혹은 무가치한 것으로 치부해서는 안 된다는 말이다.

장차 오실 주님에 대한 기다림은 단순한 기다림이 아니라, 사랑과 섬김을 통한 사역으로 인도하는 역동성을 불러일으키게 하며 선한 싸움을 위해 강하게 무장시키는 능력을 낳게 한다. 마지막 부활에 대한 칼빈의 사상은 단지 '저 세상'에 관한 가르침이 아니라, 하나님의 말씀을 근거로 하여 '이 세상'과 '저 세상'의 조화와 균형을 이루게 하는 가르침이다.

칼빈은 교리적 주제, 가령, 예정론이나 삼위일체론, 악의 기원 등의 문제에 있어서 하나님에 의해 설정된 인간인식의 한계를 존중하려 노력했다. 그 중에서도 그는 종말에 일어날 모든 일을 자세히 설명하려는 시도에 신중을 기했으며, 두려운 마음으로 접근하려 했다. 그리스도인은 말씀을 통해 알려주신 것 안에서만 마지막 일들에 대해 알 수 있을 뿐이며, 현재 자신에게 주어진 사명에 최선을 다할 뿐이다.

또한 칼빈은 지옥의 형벌에 대한 문제에 있어서 자세한 지식을 가지려는 시도 대신 그런 문제가 우리의 신앙생활과 일상생활에 어떤 의미가 있는지를 알아보는 것이 무엇보다 중요하다고 지적한다. 지옥의 형벌에 대한 묘사는 우리를 두려워 떨게 만드는 것에 근본적인 목적이 있는 것이 아니라, 인간이 악한 행실을 통해 입게 될 손상과 보상이 얼마나 큰지를 자각하게 해주는 데 의의가 있다. 악인은 불신앙으로 인해 하나님을 두려워하지 않으며, 그것으로 인해 파생될 지옥의 형벌을 받아들이지 않는다.[22] 칼빈에게 있어서 하나님의 진노는 두려움에 떨게 하는 실재성인 동시에 윤리적 특성을 지닌다. 그런 진노는 그리스·로마 신화에 나오는 신들의 진노와 노여움과는 전혀 다른 종류의 것이다.

어쨌든 칼빈의 종말론은 단순히 미래에 주어질 그리스도인의 영원한 부활에만 방점을 찍은 것이 아니라, 현재 이 땅에 살고 있는 그리스도인에게 정체성(Identity)을 확립시켜 주며, 지금 당하는 고난과 핍박과 어려움을 견디게 하는 힘이며, 예수 그리스도의 제자로서 십자가를 지고 가는 삶을 가능하게 해주는 근원적 능력이다. 이에 따라 그리스도인으로서 경건하며 거룩한 삶, 즉, 성화의 삶을 가능하게 해준다.

제 2 부

그리스도인의 삶의 원리

1장
오직 하나님의 영광을 위하여
(Soli Deo Gloria)

칼빈은 우리가 선택받은 것뿐 아니라, 존재하는 목적 자체도 하나님의 영광을 위한 것이라 주장한다.[1] 때문에 그는 우리의 삶의 모든 영역에서 오직 하나님의 영광만이 드러날 것을 열망하였다. 웨스트민스터 소요리문답 제1문에서도 "사람의 제일 되는 목적은 하나님을 영화롭게 하는 것과 그를 영원토록 즐거워하는 것"이라 기록될 정도이다.

이처럼 하나님의 영광은 그리스도인의 삶의 근본적인 원리(nostre principal bien)이자 성화의 토대며 목적이다. "모든 방법을 동원해 하나님의 영광을 고지(告知)하는 것이 선택의 목적이다."[2] "하나님은 우리를 통하여 영광 받기를 원하신다"는 그런 대명제가 우리의 삶의 목적이자 원동력이다.[3] 우리의 삶을 삶 되게 하는 본질이요, 근거라는 말이다. 삶의 거룩성은 하나님의 영광과 존귀를 통해 정해진다.

칼빈의 신학사상에 있어서 하나님의 영광은 영혼의 가장 심오한 요청이자, 그리스도인의 믿음과 행위의 근간을 이룬다. 따라서 성화교리의 배후에 결정적인 요인으로 하나님의 영광이 자리하고 있다. 모든 율법과 계명의 총체인 '하나님 사랑'과 '이웃 사랑'의 발로 역시 하나님의 영광에 있다.[4] "그리스도 안에 심겨진 우리의 신앙적 실존은 그 목적을 우리를 통해 하나님의 영광이 드러나며 당신의 덕을 찬양하는데 있다."[5]

그리스도인의 삶을 하나님을 찬양하는데 정초(定礎)시키며 당신의 영광을 드러내는 것이 종교개혁자들의 공통적 관심사였다. 특히 칼빈에게 있어서 하나님의 영광은 거듭나 새로운 삶을 살기로 작정한 그리스도인의 삶의 목적으로써 최고의 의미를 갖는다. 루터보다 칼빈이 '오직 하나님의 영광을 위하여'(Soli Deo Gloria)라는 모토를 더 많이 사용했으며 중요한 신학적 사상으로 부각시켰다. 그에게 하나님의 영광은 그리스도인의 삶의 종국적인 목적이며 신앙고백이자 이 땅에서의 변화된 삶의 결정적인 잣대며 원리라 할 수 있다. "주기도문에 있어서 마지막 세 번째 간구는 우리가 우리 자신의 필요를 위해 간구해도 된다는 것을 보여주기도 하지만, 하나님께서 보증해주신 모든 은혜는 당신의 위엄을 찬양하기 위한 것이라는 사실 또한 우리에게 보여준다."[6] 하나님의 영광을 향한 그리스도인의 삶의 목표설정과 동기부여는 칸트의 실천이성에서의 도덕적인 명령에서 나온 것보다 훨씬 크다. 우리의 믿음과 삶은 하나님을 향한 찬양에 한데 엮어져 있으며 우리의 삶을 근거지우는 원천이며 동력으로서의 의미를 갖는다.

칼빈에 따르면 하나님의 영광은 우리의 판단이나 태도에 의해 규정되거나 수행되는 것이 아니라, 하나님의 일방적인 은혜며 자비하심에 근거해 있다. 우리는 본질상 진노의 자녀로서 하나님의 영광을 드러낼 만한 자격이나 근거를 가지고 있지 않다. 이것은 하나님의 영광을 드러낼 주체가 우리가 아니라, 성령 하나님이라는 뜻이다. 그리고 하나님의 영광을 드러낸다는 것은 역사 속에서 이루어지는 하나님의 말씀하심과 행동하심이 우리의 신앙과 삶을 통해 드러남을 뜻한다. 그런데 많은 그리스도인들이 하나님의 영광을 드러내는 것을 마치 자신의 공로나 노력에 의해 가능한 것으로 착각하고 있다.

또한 하나님의 영광은 구원의 확신과도 관련된다. 칼빈은 에베소서를 본문으로 자신의 교회 성도들에게 행한 한 설교에서 그런 관련성을 다음과 같이 명시한다. "복음에는 두 가지 주된 일이 있는데, 하나는 응분의 일에 따라 찬양을 받으신다는 것과 하나는 완전한 자유 안에서 당신을 우리의 아버지로 부르기 위해 구원의 확신을 갖는 것이다."[7] 하나님의 영광을 드러내기 위해 우리의 모든 것을 바치며 희생하는 삶이 우리 삶의 유일한 목적이 되어야 한다. 이를 위한 구체적인 방법으로 다음과 같다. 첫째, 오직 하나님만을 의지하며 신뢰를 보낼 것, 둘째, 우리의 전 삶을 당신의 영광만을 드러내고자 순종을 통해 최선의 노력을 다할 것, 셋째, 우리가 곤경에 빠졌을 때 하나님을 찾으며 구원을 요청할 것, 넷째, 우리가 마음과 입술을 다해 당신을 모든 선의 유일한 근원자로 인정할 것, 그리고 마지막 다섯째는 우리가 오직 하나님만을 사랑한다는 것을 입술로만이 아니라, 이웃을 향한 선한 행위를 통해 입증할 것 등이다.[8]

그런데 하나님의 영광을 '큰' 영광과 '작은' 영광으로 구분해서 이해하려는 경향이 존재한다. 독일 유학 당시의 일이다. 음악을 전공하는 어느 한국의 여학생이 독일에 유학 온 목적이 무엇이냐고 질문 받았던 적이 있다. 그때 그녀의 대답은 유럽에서 개최되는 세계적인 음악경연대회에서 최우수상을 획득해 "이 모든 영광을 하나님께 돌립니다"라고 언론사와 인터뷰함으로써 하나님께 '크게' 영광 돌리기 위해 유학 왔다는 것이었다. 이 유학생의 진술에서 알 수 있듯, 하나님의 영광은 마치 자신의 노력의 결과물로서, 그리고 먼 미래에 이루어지게 될 큰 영광을 위해 현재 삶에 최선의 노력을 다하는 것처럼 여겨진다. 이것은 하나님의 영광을 잘못 이해한 대표적 예라 할 수 있다. 다시 한 번 강조하지만 우리 자신은 하나님의 영광을 드러낼 자격이 없다. 오직 하나님의 은혜와 자비를 통해서만 가능할 뿐이다. 덧붙여 하나님의 영광은 택함을 받은 자들에게만 가능한 일이다. 이러한 사실은 합리성을 띤 우리의 이성의 논리로 이해할 수 없는 성질의 것이며, 하나님의 신비로 가리어져 있다.

칼빈에 의하면 하나님은 세계를 당신의 영광의 무대로 삼기 위해 창조하셨다. 따라서 인간은 이 땅에서 진정한 왕적 자리를 차지할 수 없을 뿐만 아니라, 인간을 신격화한다든지 절대화하기 위한 어떤 가능성도 존재치 않는다. 우리는 하나님의 영광을 위해 '말하고' '생각하고' '행동하는 것' 외에 다른 것을 생각할 수 없을 정도로 하나님께 바쳐진 존재이다. 제네바 요리문답서 제1문은 다음과 같은 문장으로 시작된다. "하나님께서 우리에게 선사하신 삶은 오직 당신의 영광을 향해 정해져 있다는 사실이다." 이와 더불어 칼빈은 하나님의 영광을 성화와 연결시킨다. "우리의 성화는 선택의 열매이며 목적이다. 그러나 그것은 하나님께서 영광 받으셔야 한다는 최고의 목적에 속해 있다."[9]

이제 하나님의 영광 받으심이 보다 구체적으로 논해져야 한다. 전술했듯이, 하나님의 영광은 결코 '큰' 영광과 '작은' 영광으로 구분되지 않는다. 우리는 종종 하나님께 크게 영광 돌려야 한다는 말을 기도할 때나 설교에서 듣는다. 그러나 하나님은 영광을 큰 영광과 작은 영광으로 구분하지 않으신다. 가령, 만방에 알려질 정도로 하나님의 이름을 드러내는 일만이 큰 영광이 아니라, 남들이 알아주지 않는다 할지라도 중심을 보시는 하나님께만 알려지는 그런 일조차도 하나님은 크게 영광 받으신다. 즉, 일의 경중과 정도에 달려 있는 것이 아니라, 전심으로 순전한 마음으로 묵묵히 하나님의 뜻을 드러내려 할 때, 그 자체로 하나님은 영광 받으신다. 우리의 삶에 있어서 하나님의 영광과 관련짓지 않은 일이 가장 악한 것이다.[10]

또한 하나님의 영광은 하나님의 선하심과 자비하심과 동의어다. 칼빈은 디도서 2장 13절의 주석에서 다음과 같이 말한다. "나는 하나님의 영광이라는 용어를 단지 당신 자신 안에서만 빛나는 것으로 이해한 것이 아니라, 택한 자녀들을 당신의 영광에 참여시키기 위해 그들에게도 그 영광을 비추게 한다는 사실로 이해한다."[11] 나아가 "하나님은 당신의 영광을 경건한 자들의 구원과 연결시킨다. 그 영광은 당신에 속한 자들을 멸망으로부터 구원할 경우 보다 명확해지기 때문이다."[12] 때문에 '오직 하나님의 영광을 위하여'는 단순히 우리의 영광의 부정이 아니라, 하나님 안에서 우리의 영광이 고양된 것을 뜻한다. 우리는 보통 하나님의 영광을 위해 우리의 영광을 포기해야 한다고 생각한다. 그러나 복음에는 '역설의 진리'가 들어있다. 다시 말해, 오직 하나님의 영광을 드러내기 위해 나의 영광을 포기할 때, 하나님의 영광에 참여되어져 나의 영광이 진정으로 드러난다는 말이다. 하나님의 영광을 위해 나를 부인하거나 죽일 때, 진짜 내가 사는 것이다.

우리의 삶을 오로지 하나님의 영광을 위해 바친다는 것은 타자를 우리 삶의 여정에 함께하는 동반자요 동료로서 설정하는 의미 또한 내포한다. 칼빈에 따르면 다른 사람들을 돌보기 위해 허락하신 하나님의 은사를 우리는 높이 평가해야 한다. 이를 통해 인생의 길을 우리와 함께 가는 자들에게 존경을 표하는 결과를 낳는다.

하나님의 영광은 우리 그리스도인의 삶의 동기이자 목적이기 때문에 우리는 무엇보다 기도에 우리의 시선을 떼어서는 안 된다. 기도하는 자체가 하나님의 영광을 드러내는 행위이며, 그리고 기도하는 가운데 하나님의 영광을 위한 구체적인 길을 제시하는 세미한 음성을 들을 수 있다. 하나님은 우리 삶의 관객이 아니시며, 비그리스도인처럼 우리를 자연법에 방치해 두지도 않으신다. 이러한 사실을 믿지 않는 자는 "하나님의 영광을 앗아가는 자이다."[13] 칼빈은 예배에서 자신의 기도문을 가지고 다음과 같이 기도한다. "우리의 주시며 구원자이신 당신의 사랑하는 아들 예수님을 경배하게 하소서. 그러함으로 당신이 우리 안에 살게 하시며 우리의 옛 사람이 죽게 하시며 우리의 삶을 새롭게 하소서. 이를 통해 당신의 거룩하고 높으신 이름만이 찬양받으며, 모든 관계에서, 모든 장소에서 영광 받으소서."[14]

무엇보다 하나님은 우리의 선한 행위를 통해 영광 받기를 원하신다. "우리는 그가 만드신 바라 그리스도 예수 안에서 선한 일을 위하여 지으심을 받은 자니 이 일은 하나님이 전에 예비하사 우리로 그 가운데서 행하게 하려 하심이니라"(엡 2:10). 따라서 우리는 인간으로부터 존경받으며 흠 없이 살기 위해 현자(賢者), 가령, 철학자들의 삶을 따라 사는 것이 아니라, 하나님의 영광을 드러내기 위한 명령에 우리의 삶을 드려야 한다. 그것이 바로 우리 존재의 동기이자 목적이다.

2장
최고의 제사인 '순종'

　칼빈은 순종의 중요성에 대해 다음과 같이 말한다. "믿음의 순종은 하나님께서 우리에게 요구하시는 가장 뛰어난 제사이다."[1] 그리스도인의 전 삶은 하나님의 뜻을 기록한 말씀에 순종하느냐, 그렇지 않느냐에 달려 있다. 때문에 우리가 그 뜻을 따르지 않는다면 삶의 질서가 헝클어지게 된다. 그러므로 가장 깊숙이 자리 잡은 우리의 내적 자의식은 순종의 형태를 취해야 한다. 순종은 우리가 하나님 앞에서 취해야 할 최고의 태도이며, 당신의 위엄성에 가장 잘 어울리는 행위이다. 왜냐하면 순종은 우리 그리스도인이 펼치는 모든 삶의 영역에 현실성을 띠게 만드는 출발점이며, 이기주의를 낳게 하는 자의식을 포기하게 만드는 바른 삶의 태도이기 때문이다.
　우리에게 주어질 진정한 복은 하나님의 말씀에 순종했느냐, 그렇지 않느냐에 달려 있다. 칼빈은 선과 악 사이에 존재하는 대립을 두 가지 형이상학적 원리, 즉, 정신과 감성에서 찾은 것이 아니라, 하나님의 뜻에 순종하느냐, 아니면 불순종하느냐의 대립에서 찾는다. 믿음은 반드시 순종과 관련지어져야 한다. 순종 없는 믿음은 참된 믿음이라 할 수 없기 때문이다. "우리가 시작하는 모든 것에 순종이 기초해 있어야 한다. 우리의 행위가 하나님의 명령에 기반을 두지 않는다면, 그것은 하나님을 기만하는 짓이다."[2] 그리스도가 행하시는 통치는 영적이면서 동시에 도덕적이기 때문에, 우리의 행위는 사변적 이론이 아닌 순종에서 발원해야 한다.

바르트(Peter Barth)는 칼빈의 그런 순종의 미학에 대해 다음과 같이 말한다. "칼빈의 윤리학은 순종의 표현에서 드러나며 자신의 영광을 추구하는 의지나 사상의 구성이 아니다."[3] 하나님의 말씀은 인격적인 부르심으로서 의의 또한 지닌다. 우리의 삶의 주인 되신 하나님은 늘 말씀을 통해 부르신다. 그러나 그 말씀에 단순히 듣는 것으로 만족할 것이 아니라 순종해야 한다. 칼빈이 주장하는 그리스도인의 삶의 원리는 온전히 하나님의 계명에 기반을 두며 살아계신 하나님의 음성에 순종하는 귀를 그 토대로 삼는다. 그런 원리는 이념 지향적이 아니라, 칼빈 스스로 매일 연습하고 노력했던 순종을 지향하는 원리이다. 우리가 자신의 신앙을 증명해 보이려면 하나님의 명령에 온전히 내던져야 하며, 우리를 두려움과 공포에서 벗어나게 하는 약속에 소망을 두어야 한다.[4]

도덕성의 최고원리를 인간의지의 자율권에서 찾는 칸트나 다른 관념주의자들과는 달리 칼빈은 순종에서 찾는다. 하나님의 뜻이 우리의 의지 안으로 받아들여져야 한다. 우리의 자아는 믿음 안에서 하나님의 말씀으로 덧입혀진 새로운 옷으로 갈아입어야 한다. 새로운 옷으로 갈아입기 위해서는 하나의 원리가 작동되어야 하는데, 그 원리가 바로 순종이다. 따라서 칼빈이 말한 그리스도인의 삶의 원리는 순종에 있다. 우리는 하나님의 계명을 벗어난 인간의 행동을 생각할 수 없다. 우리 그리스도인에게 중립적인 행위란 존재치 않는다. '의(義)'의 용어는 두 가지의 의미를 지니는데, 첫째는 우리의 죄가 용서받았다는 의미에서, 둘째는 하나님으로부터 받은 은혜를 보여주기 위해 우리는 온전한 순종에서 변화 받아야 한다는 의미에서다. 왜냐하면 "그 조건에서만 하나님은 우리를 받아주시며, 우리의 삶이 순종 안에서 펼쳐져야 하기 때문이다."[5]

칼빈은 그리스도인의 '경건'을 의지에 대한 의지의 관계로 보는데, 이 말은 택한 자녀들을 반드시 구원시키려는 강력한 하나님의 의지와 그런 하나님의 의지에 화답하려는 택함 받은 자녀들의 강한 의지 사이에서 일어나는 사건을 뜻한다. 그리고 그런 경건은 그리스도인이 임의적으로 행할 수 있는 선택의 문제가 아니라, 구원을 위해 반드시 행해야 하는 의무이다. 칼빈은 그런 뜻을 가진 경건을 순종과 관련시킨다. 즉, 경건은 순종에서 그 결정체를 이룬다는 뜻이다.

칼빈은 인간존재의 목적과 내용을 인격성(personality)에 두려는 르네상스의 시대정신과 그 시대에 일상적인 현상이었던 자아지향적인 문화를 받아들이지 않았다. 그는 자신을 하나님의 손에 맡기기를 원했다. 이를 통해 그는 기독교에 본래적으로 담겨 있는 도덕적 특성을 유지하려 했다. 그리고 이중적 위험성, 즉, 단순히 외적이며 형식적으로 치러지는 의식(儀式)에 만족함으로 기독교를 함몰시키려거나 신비적인 내향성을 지향하려는 위험성을 피하려 했다. "우리의 삶의 방식이 외적으로만 전개되며 일시적으로 하나님의 뜻에 일치시키려는 것은 온당치 않으며 순전한 마음으로부터 나오는 지속적인 순종이 중요하다."[6]

우리 그리스도인의 삶은 하나님의 명령과 질서에서 벗어나려 해서는 안 된다. 그렇게 한다면 명색만 그리스도인일 뿐이다. 순종의 행동반경을 좁히는 것이 아니라, 자아 속에 담겨 있는 모든 요소가 순종을 향하도록 방향을 맞춰야 한다. "믿는 자의 마음은 그렇게 형성되어야 하며, 하나님이 우리의 뜻과 대립하는 무엇을 요구하며 우리가 원하는 것과 전혀 다른 것을 요구한다 할지라도 우리는 무조건적으로 이의를 달지 않고 당신께 순종해야 한다. 그러므로 믿음의 순종은 인간이 자신의 고유한 경향과 기질을 분쇄시키려는 노력이 필요하며, 하나님의 명령이 자신을 어렵게 만든다는 느낌이 든다 할지라도 당신의 말씀에 자신의 소망과 계획을 포기할 수 있는 의지가 필요하다."[7] 따라서 고통과 어려움이 수반되는 순종이라 할지라도 인내하면서 감당해야 한다. 하나님의 말씀에 온전히 순종해야만 우리의 삶이 빛나며 풍성한 열매를 맺을 수 있기 때문이다.

그런 의연한 순종은 생각을 요하지 않는 공허한 순종이 아니라, 세심한 주의를 필요로 한다. "우리는 종종 열정으로 불태워지다가 곧 차가와지는 경험을 한다. 하나님께서 무엇을 원하는지 정확히 알지 못하면서 어리석은 짓에 열정을 쏟으니 차라리 아무것도 시작하지 않는 편이 나을지도 모른다."[8] 우리가 하나님의 뜻을 계속해서 행하려 한다면, 우리의 열정이 단순히 꽃을 피우는 데 그칠 것이 아니라, 우리의 삶에 깊고 견고한 뿌리가 내려져 경건의 열매를 맺어야 한다. 이러한 경건의 풍성한 열매를 맺기 위해서는 깊은 사고력과 인지력(cognitive funktion)도 중요하지만 무엇보다 순종의 덕이 가장 중요하다. "하나님은 너무 서두르는 열정에 어떤 자비심도 주시지 않기 때문이다."[9] 참고 견디며 수용하는 믿음의 능력(vis receptiva)은 그리스도인의 삶에 엄청난 영향력을 행사하는 능력(vis operativa)이 되며, 그 믿음은 움직이지 않는 고정된 상태가 아니라, 활발한 운동력과 생동성을 발산케 한다. 그런 믿음의 능력이 바로 순종에서 나온다.

순종에 대해 특별히 부각되는 칼빈의 관심사는 강요에 못 이겨 나온 수동적 순종이 아니라, 자발적인 마음에서 우러나온 능동적 순종이다. "자발적인 순종에서 나오지 않는 어떤 사역도 하나님을 기쁘시게 할 수 없다."[10] 우리가 마음을 다해 순종치 않는다면, 어떤 종류의 신앙고백도 예배도 유익을 주지 못한다. 마음을 다한 순종은 우리에게 최고의 기쁨을 안겨준다. 반대로, 우리가 하나님의 뜻을 마지못해 행한다면 우리의 행위는 무익하며 하나님으로부터 인정받지 못한다. 자발성이 아닌 마치 종이 주인에게 마지못해 강제성을 띤 의무감에서 나온 섬김은 아무 소용이 없는 섬김이다. 자발성 없이 하나님의 계명을 따르려는 노력은 무익한 것이며, 하나님이 기뻐 받으시지 않는다. 하나님의 계명과 율법을 사랑으로 행할 때만이 육신의 모든 허물이 덮여진다.

하나님의 말씀에 전적인 순종과 이웃의 섬김에서 나온 자유는 세상의 사상가들이 말한 인간의 자율적 자아에서 나온 자유와 혼동해서는 안 된다. 우리 그리스도인에게 자아는 본성적으로 악한 것이기 때문이다. 신율권(神律權)과 자율권(自律權)은 그리스도인에게 배타적인 대립을 뜻하지 않는다. 우리가 가진 자유는 순종의 성향을 띠며 하나님의 절대주권에 의존해 있기 때문이다.[11] 칼빈이 스위스 제네바에서 프랑스의 스트라스부르크로 추방당할 위기에 처했을 때, 다음과 같이 말한다. "내가 무엇을 행해야 할지 알지 못하지만 어떠한 경우에도 하나님의 부르심에 순종할 준비를 갖추어야 한다는 사실만을 확실히 알 뿐이다."[12] 우리의 손과 발은 올바른 행위를 위해 존재하며 우리의 마음은 선해야 한다. 우리의 믿음이 행위로 드러나지 않을 경우 우리가 드리는 어떤 예배도 하나님은 기뻐 받지 않으신다.[13]

그리스도인의 삶의 원리인 순종은 무엇보다 하나님과의 관계로부터 나온 역동성에서 명확하게 드러난다. 그런 역동성은 노예근성에서 나온 의무감이나 강요에 의한 것이 아니라, 자발적 의지에서 발생한다. 따라서 순종은 기쁨으로 행해진다. 이에 대한 구체적 실례는 제네바에서 힘든 사역을 감당해야 했으며, 심지어 감옥에 투옥될 수도 죽음에 처할 수도 있는 위험한 상황에서 굴하지 않고 순종하는 마음으로 주어진 일에 최선을 다한 칼빈에게서 볼 수 있다.[14] 바울에게도 볼 수 있듯, 칼빈은 모든 것을 가졌으나 포기하고 예수님처럼 종의 모습과 섬기는 자세로 하나님의 일을 기쁨으로 감당했다. 이로써 그는 그리스도인이 갖는 진정한 자유를 몸소 보여주었다. 이렇듯 순종의 사람 칼빈은 얼음처럼 차갑거나 돌처럼 굳어 있는 순종이 아니라, 유연성과 자발성의 특성을 지닌 순종을 보여주었다.

  칼빈이 말한 순종은 첫째, 하나님의 말씀에 전적으로 의지하는 의존성에 기초해 있으며, 다음으로, 우리 자신의 의지와 능력을 포기하는 것에 기초해 있다. 그런 의존성은 하나님 아버지께서 우리에게 말을 걸어오시는 말씀에 대한 순종으로 나타나며, 하나님과 우리 사이에 맺는 인격적인 관계성으로 나아간다. 그런 순종이 바로 믿음이며 행위로 그 실체가 드러난다.

  또한 칼빈이 주장한 그리스도인의 삶의 원리는 도덕적 당위성으로만 가득 차 있고, 정언적(定言的) 명령에서 출발한 것이 아니라, 그리스도 안에서 각종 진기한 보물과 선물을 우리에게 주시려는 강력한 의지, 즉, 우리를 향한 하나님의 은혜로부터 출발한다. 인간은 본질상 불순종의 자녀이기 때문에 믿음을 통해 그리스도인이 되었지만, 처음부터 하나님의 계명에 순종하는 태도를 보이지 않았다. 그러나 우리의 그런 연약성에도 불구하고, 우리는 하나님의 율법과 계명을 온전히 지키려고 힘써야 한다. 따라서 우리의 순종이 완전하냐 혹은 그렇지 않느냐가 중요한 것이 아니라, 우리의 연약성에도 불구하고 온전한 순종을 위해 최선을 다하는 삶의 자세가 보다 중요하다.

하나님께서 왜 우리를 부르셨는지 그 이유를 요구할 권한과 자격이 우리에게 없다. 하나님은 우리에게 일방적으로 명령하셨지 그 명령에 대해 일일이 설명하시거나 이유를 명확히 밝히지 않으셨다. 그렇다고 우리가 왜 그런 명령을 하셨는지 물을 수 없다. 다만, 우리는 그 명령에 순종할 뿐이다. 그런 온전한 순종이 동반되지 않는다면 우리의 가장 아름다운 신앙고백이라 할지라도 입술의 사역일 뿐이다. 칼빈은 입술로만 순종하며 삶으로 나타나지 않는 순종에 강한 비판을 가한다. 순종이 결여된 모든 사역은 무익하다. 우리의 신앙은 우리를 구원하기 위해 십자가상에서 보여주신 예수님의 온전한 순종에 우리 자신을 맡기는 삶에서 입증된다.[15] 그리스도인의 순종은 특히 칼빈이 시편주석의 서문에서 자신의 회심을 회고하는 다음의 글에서 잘 묘사된다. "듣는 것과 순종하는 것이 일치할 때 그리스도인의 삶이 바르게 정립될 수 있다."

그리스도인의 삶의 원리

3장
몸으로 드리는 '기도'

　기도는 하나님 나라에 접속하는 일이다. 기도할 때 눈을 감는 이유가 여기에 있다. 눈에 보이는 세상에 눈 감고, 눈에 보이지 않는 세상에 눈 뜨려 하는 것이다. 우리가 컴퓨터를 통해 새로운 세상에 접속하여 가상공간을 헤엄쳐 다니며 그 안에 있는 것들을 즐기는 것처럼, 기도는 하나님 나라에 접속하여 그 나라 안에서 헤엄쳐 다니며 그 나라를 즐기는 일이다. 그렇게 눈을 감고 하나님 나라를 경험하고 다시 눈을 떠 현실을 보면, 그 현실이 달라져 보인다. 눈앞에 있는 현실이 전부인 것처럼 보였는데, 기도하고 눈을 뜨면 그 현실이 축소되어 있음을 보게 된다. 그러니 당연히 이 세상에서 행동하는 것이 달라질 수밖에 없다. 때문에 바른 기도가 바른 삶을 낳는다. 기도에 담긴 이런 의미가 칼빈의 신학사상에 잘 드러나 있다.
　칼빈에게 있어서 기도는 자신의 의지를 내세우지 않게 하며 하나님의 뜻에 온전히 순종하게 하는 능력이다. "믿음으로부터 흘러나온 기도는 인내와 육신을 쳐 죽이는 것과 관련된다."[1] 그리스도인의 경건한 삶은 기도하는 가운데 자신을 하나님 앞에 바로 서게 하여 당신께서 다스리며 조종하도록 맡기는 삶에서 시작된다. "기도는 우리를 하나님과 분리시켜 당신의 통치가 우리 안에서 더 이상 행사되지 못하게 하는 세상의 더러운 것들로부터 우리를 지켜준다. 동시에 기도는 우리의 육신을 쳐 죽이려는 열정에 불을 붙여 십자가의 고통을 끝까지 참고 견디게 한다."[2] 또한 기도는 하나님께서 말씀의 빛을 통해 세상을 밝히게 하며, 성령의 부으심을 통해 하나님의 의와 뜻에 순종하는 마음을 갖게 하며, 무질서 속에 빠져 있는 이 땅의 모든 것들을 당신께 인도함으로 다시 질서를 회복케 한다.

무엇보다 우리의 기도는 진심어린 마음으로부터 나와야 한다. "기도는 우리의 심령을 감찰하시는 하나님 앞에서 모든 것을 다 쏟아 붓게 만드는 가장 깊은 곳에 자리 잡은 마음의 움직임이다."[3] 우리의 마음은 진리 되신 하나님께 아뢰기 위해 우리의 모든 허물과 잘못에서 정결해져야 한다. 마음은 말에 도움을 제공하며 역으로 말은 마음에 도움을 제공한다. 그러나 마음이 말에 선행하며 말을 형성시킨다. "마음이 없는 혀는 개인기도와 마찬가지로 공동기도에서도 하나님을 가장 노하게 만든다."[4] 마음이 하나님 앞에 바로 서 있을 때에만 올바른 기도가 가능하다. 이렇듯 칼빈은 기도와 마음의 관련성을 매우 중요하게 여겼다.

기도는 그리스도인의 바른 삶을 이끈다. 기도가 바르고 참된 삶을 위한 힘을 제공하는 원천이기 때문이다. 기도란 우리의 상황과 여건에 따라 행하는 자율적인 것이 아니라, 하나님께서 우리에게 명하신 의무다. 그러나 기도가 얼마나 유익한지는 약속으로 주어져 있다. 기도는 언약의 말씀을 통해 보여주었듯, 보물을 캐내는 사역이다.

칼빈은 우리의 변화된 삶을 위해 기도가 얼마나 중요한 역할을 하는지 잘 알고 있었다. 변화된 삶의 가능성은 우리의 의지나 능력에 있는 것이 아니라, 먼저 우리의 의지 자체를 변화시킬 수 있는 성령의 도우심에 있기 때문이다. 기도는 우리의 영적 상태를 측정하는 바로미터로서의 역할을 하기 때문에 칼빈은 기도를 겸손과 인내와 순종의 학교로 묘사한다. "기도하는 가운데 신자들의 마음은 하나님을 찾도록 고무되며 당신의 약속을 기억하면서 자신의 믿음이 계속해서 훈련받는다. 그리고 그들의 염려를 하나님의 가슴에 묻게 함으로써 짐이 가벼워지며 마침내 당신께만 선한 것을 구하며 바랄 수 있다는 사실을 자신뿐 아니라, 다른 사람들에게도 증거 한다."[5] 칼빈에게 있어서 영적인 상태와 외적인 행위를 결정짓는 핵심적인 요소가 기도이다. 달리 말해, 그리스도인의 삶의 원리를 지배하는 준거점은 기도에서 찾을 수 있다는 말이다.

그러나 기도를 통해 하나님께 온갖 종류의 조건을 달고서 협상을 맺으려 한다면, 그것은 기도가 아닐 뿐더러 심지어 탐욕으로 가득 찬 우리의 본질적인 모습을 그대로 보여줄 뿐이다. "우리가 하나님께 간구한다면 다음과 같은 말을 해서는 안 된다. 하나님, 당신은 우리의 요구에 이렇게 혹은 저렇게 응답해 주셔야 합니다. 그런 간구보다 주여, 당신은 무엇이 선한 것인지를 알고 계십니다. 그 선한 것을 당신의 무한하신 능력과 지혜에 따라 펼치게 하소서."[6] 우리가 하나님 앞에서 우리의 관심사를 다 아뢴 후, 맡겨진 일에 믿는 마음으로 최선을 다하며 세상과 영적 싸움을 다해야 한다.

또한 기도는 특정한 장소와 시간을 정해놓고 하는 기도도 중요하지만, 보다 중요한 기도는 칼빈이 그러했듯이 하나님께서 우리 각자에게 맡겨 주신 삶의 터에서 '몸으로 드리는 기도'이다. 그리스도인이 드리는 기도는 마치 신비주의자들이 하는 것처럼 세상과 나를 엄격하게 구분시키는 기도가 아니라 세상 한 가운데, 즉, 우리의 인격이 드러나는 삶의 현장 속에서 드리는 기도를 말한다. 기도는 탐욕과의 싸움에서 피해가기를 구하는 것이 아니라, 싸움과 맞닥뜨려 승리할 수 있도록 구하는 것이다. 그런 기도에 하나님은 영적 무기를 충분히 제공해 주신다. 하나님은 우리에게 성령을 보내셔서 위기적 상황이 닥친다 할지라도 그 상황에 굴하지 않게 하시고 극복케 하신다. 우리를 향한 하나님의 열심은 결코 멈추지 않고 우리의 기도를 통해 영적 양식을 계속해서 공급해 주신다.7 기도와 그리스도인의 삶은 결코 분리될 수 없다. 다시 말해, 격렬한 싸움의 현장에서 우리가 악행을 일삼지 않으며 율법을 지켜 행함으로 선을 나타내는 근본적인 힘은 경건한 기도에서 나온다.

그리스도인이면 누구나 제기할 수 있는 "쉬지 않는 기도"(살전 5:17)에 대해 칼빈은 깊은 고민 끝에 다음과 같이 해석한다. "하나님 앞에서 우리의 기도를 멈추게 하는 유혹보다 더 큰 유혹은 없다."8 쉬지 않는 기도란 하나님과의 살아있는 역동적인 관계성을 뜻한다. "하나님의 사랑과 믿음으로 인해 생겨난 당신을 향한 열정은 끊임없이 우리를 기도하게 한다."9 하나님을 향한 기도는 우리가 저지르는 모든 악행으로부터 벗어나게 하는 유일한 길이다. 우리가 한시라도 기도하는 마음과 자세를 갖추지 않는다면, 즉시 사탄이 우리 마음에 들어와 온갖 악행을 일삼는 연약한 존재로 추락하게 한다.

또한 순전한 마음으로 드리는 기도는 우리를 가만히 내버려 두지 않고 무엇이 선한 것인지 깨닫게 하며, 깨닫는 데 그친 것이 아니라 선한 행동으로 계속 이어지게 한다. 하나님은 우리의 선한 행위를 통해 영광 받기를 원하시기 때문이다. 기도는 자신으로부터 거리를 유지하게 하는, 즉, 자신을 돌아보게 하는 기회를 제공해 주며 자신이 처한 상황을 바로 인식하게 하여 삶의 현장 속에 실질적인 영향력을 행사하는 영적 무기의 역할을 한다. "그래서 신자들이 위급한 상황에서 구하는 기도에 당신의 응답이 천천히 이루어진다고 생각한다면, 자신들의 소망을 유보시킬 수 있는 자세를 배울 수 있도록 하나님께 도움을 청해야 한다."[10] 칼빈은 아무리 위급한 상황이라도 하나님의 응답을 기다릴 줄 아는 사람이었다. "우리는 어떠한 상황에서도 우리의 재촉을 하나님께서 들어주시리라는 확신을 가져서는 안 된다. 하나님께서 우리를 받아들여 주신다는 사실을 아는 데 만족해야 한다. 기도는 반드시 열매를 맺지만, 어떤 열매가 맺힐지는 우리는 알 수 없다."[11] 우리는 다만, 우리의 필요와 소망을 알고 계신다는 확신 속에 끝까지 기다리는 신앙의 태도가 중요하다.

만약, 자신의 기도가 상달되지 않았다고 생각한다면 단념이나 포기가 아니라, 우리의 한정된 지식과 이해력으로 파악할 수 없는 하나님의 깊은 뜻이 숨어 있음을 알고 기다리는 인내가 중요하다. 오히려 하나님의 침묵하심 속에 담겨 있는 당신의 섭리와 뜻이 있음을 고백하는 기회로 삼아야 한다. 칼빈이 성도들에게 가르친 기도는 개인의 신앙적 체험을 그들의 삶의 행위와 관련짓게 한다. 그가 얼마나 기도를 그리스도인의 삶과 관련시켰는지는 그의 신학사상에서 충분히 발견된다.

4장
회(悔) · 개(改)

어릴 때 어머님으로부터 자주 들었던 훈계 중 하나가 "너는 회(悔)는 잘하는데, 개(改)가 잘 되지 않는다"는 것이었다. 즉, 잘못을 뉘우치기는 잘하는데, 행위로는 개선되지 않는다는 말씀이다. 이런 지적은 누구에게나 해당될 것이다. 그렇다. 회개는 단순히 우리의 입술로 고백함으로 죄 용서함을 받는 것으로 여긴다면 회개의 본뜻을 왜곡하는 셈이다.

그런데 문제는 한국교회에서 회개를 죄용서와 관계된 주관적 경험으로 이해하는 경향이 강하고, 입술의 고백을 회개의 전부라고 여기는 경향이 만연되어 있다는 사실이다. 그러나 성경적인 회개는 단순히 입술에 의한 죄의 고백만을 뜻하는 것이 아니라, 완전한 삶의 변화를 향한 하나님의 역사이다. 이런 회개의 의미가 칼빈의 신학사상에 잘 나타나 있다.

1. 옛 사람에서 새 사람으로 갈아타기

'회개'는 죄 용서라는 의식과 더불어 그리스도인이 평생 되풀이해서 행해야 하는 그리스도인의 삶에 중요한 축을 형성한다. 물론, 죄용서는 우리가 행한 것이 아니라, 하나님의 형상을 회복키 위해 하나님께서 직접 행하시는 당신의 일이다. 자기부인과 더불어 행해지는 회개를 통한 삶의 변화는 다음 세 가지 특성에서 잘 드러난다. 하나님의 말씀, 그 중에서도 '율법과 계명에 대한 순종', '십자가로 인한 인내', 그리고 '미래적 삶(내세)에 대한 묵상(meditatio futurae vitae).' 이것은 단순히 도덕적인 특성과는 완전히 다른 종류의 것이다.

우리가 자발적으로 행하는 것이 아니라, 우리 안에서 행하시는 하나님의 역사로 회개를 특징짓는 것이 칼빈의 신학에서 특별히 주목된다. "우리가 우리 자신을 부인하고 경건하고 거룩한 삶을 살아감으로 이 땅에서 하늘적인 삶을 바라보기 위하여 하나님께서 당신의 아들을 보내셔서 죄를 멸하시고 우리를 품안에 안으신다는 것이 복음의 총체이다."[1]

그런데 회개는 외적인 행위의 변화가 아니라, 마음의 변화에서 시작된다. 다시 말해, "하나님께서 우리의 죄를 용서해 주신다는 사실을 확신하자마자 우리가 큰 숨을 들이마시며 자복하기 시작한다. 그렇지 않다면 우리 안에 반항심이 자라기 시작한다."[2] 칼빈의 다음과 같은 진술에서 마음의 변화로서의 회개가 보다 명확해진다. "회개는 먼저 자신이 저지른 죄로 인해 마음을 불편하게 만들어, 삶을 하나님의 의의 원리에 따라 새롭게 형성시킬 수 있도록 마음을 불러일으킨다."[3]

그러나 회개는 단순히 사고의 전환이나 마음의 변화로 끝난 것이 아니라, 삶의 전환이며 갱신이다. 따라서 회개는 중요한 윤리적 개념에 속한다. 형식으로 보자면 회개는 하나님으로의 돌이킴(conversio)이며, 내용으로 보자면 인간 내부에서 일어나는 하나님의 형상의 회복이며, 인간의 하나님을 향한 경외심과 하나님의 인간을 향한 사랑이다. 회개는 진정으로 하나님을 두려워하는 마음에서 발생하며, 동시에 우리의 옛 사람을 죽이며 우리의 영을 새롭게 만들어 살아 움직이게 한다. 결국 이 모든 것들은 그리스도와의 연합에서 발생한다.[4] 우리의 삶 속에서 먼저 자기를 부인하는 일이 일어나며, 자신의 유익과 뜻을 구하는 성향에 변화가 일어난다. 그리고 개인의 자율성과 이성이 강조되는 관념론적 윤리학에 맞서 믿음에 바탕을 둔 새로운 윤리적 관점이 나타난다. 달리 말해, 삶의 내용과 목적이 자아의 고양(高揚)이 아니라, 자기부인이며 자기를 죽이는 것(mortificatio)이다. 무엇보다 자신을 죽이는 삶을 통해 우리는 그리스도를 배우며 알게 된다.

세상이 주는 향락과 기쁨에 만족하지 않고 온전히 하늘에 소망을 두고 기뻐하고 즐거워하는 삶을 추구해 가는 변화가 어떻게 가능한가? 그런 변화는 먼저 생각과 더불어 시작하며, 이후 마음이 요동치며 외적인 행위가 결과로써 나타난다. 생각의 변화가 선행한다는 것이다. 그러나 생각이 자신의 지혜와 이성의 능력에만 기댈 경우, 그런 생각에는 악한 것들로만 가득 차 있으며, 결국 멸망의 길로 들어선다. 잘못된 방향으로 맞춰진 우리의 성향을 하나님께로 돌릴 때, 우리의 생각이 바로 서게 된다. 그런 다음 외적인 삶으로 드러난다.[5] 따라서 참된 회개란 단순히 내적이며 영적인 돌이킴에 그친 것이 아니라 외적인 삶, 즉, 윤리적 삶을 통해 증명되어야 한다. "회개의 시작은 먼저 우리가 지은 죄를 흔들어 놓는다. 그러나 우리가 그곳에만 머물러 있다면, 그것은 덧없는 자극에 지나지 않을 뿐이다. 따라서 우리는 계속해서 앞으로 나아가야 하며 실질적인 개선에 이르러야 한다."[6] 때문에 자기를 죽인다는 것은 하나님의 심판의 말씀에 머리를 조아린다는 것을 뜻한다.

하나님께 대해서는 순종 안에서, 이웃에 대해서는 사랑으로 증명하는 것을 뜻하는 '자기부인'은 단순한 포기가 아니라, 그리스도의 통치에 전적으로 자신을 맡기는 포기이다. 그런 포기는 현실을 떠나 다른 세계를 향한 신비적 포기가 아니라, 먼저 하나님과 그리스도를 향한 포기와 이웃을 향한 포기를 말한다.[7] 더욱이 자기부인은 타자와 모든 유익을 나누기 위한 청지기적 윤리로 전개된다. 우리는 하나님의 청지기로서 이웃을 도우며 사랑의 규칙에 따라 타자에게 봉사해야 한다.[8]

이렇듯 사랑에 기초한 공동의 유익은 칼빈의 신학사상에서 중요한 특징을 이룬다. 이웃에 대한 관심은 단순히 인문주의적 관심이 아니라, 이웃 속에서 하나님의 형상을 발견하는 영적 자세이다. 이웃 사랑은 타자 속에 있는 하나님의 형상에 참여하는 것을 의미한다.[9] 이처럼 칼빈에게 있어서 자기를 부인하는 삶은 중세시대의 수도원적 금욕주의에서 보이는 탈세속적인 요소를 보여주는 것이 아니라, 세상 속에서의 적극적인 삶으로 표출된다.

우리가 사랑의 의무를 잘 이행하려면 우리의 옛 사람이 죽고 그 죽음이 현실적으로 나타나야 한다. 오토 리츨(Otto Ritschl)은 이에 대해 다음의 설명을 덧붙인다. "비록 실증적인 도덕성이 이웃 사랑의 섬김에서 종종 강조된다 할지라도 그리스도인의 삶의 묘사에 있어서 자기부인의 관점이 우선해야 한다."[10] 칼빈 역시 이와 유사한 입장을 취한다. "우리에게 요청된 가장 탁월한 희생은 자신을 부인하는 것이다."[11] 자기를 부인하며 죽이는 것으로서 회개는 부정적인 것만은 아니다. 즉, "회개는 보다 나아지도록 인간을 변화시킨다."[12] 달리 표현하면,

"회개는 하나님의 율법에 의거한 삶의 갱신과 다른 무엇이 아니다."[13] 따라서 칼빈의 회개사상에는 부정적 특성을 지닌 방법에서 긍정적 의미를 드러내는 역설의 진리가 들어있다. 그는 그리스도인의 삶에 관한 가르침을 "자기부인"이라는 모토에서 세웠기 때문이다.

이런 의미로 인해 기독교 윤리학과 일반 윤리학 사이에 합명제(Synthese)의 불가능성이 드러난다. 두메르그(E. Doumerque)는 칼빈에 의해 주창된 자기부인에 대한 사상에 다음과 같이 평가한다. "하나님과 형제를 위해 자기를 부인하려는 사람은 자신의 인격을 고양시키는 것이며 참된 윤리적 자아를 세워가는 것이다."[14] 자기부인이 공동체를 형성키 위한 토대임을 드러내는 말이다. 그리스도인의 온전한 삶은 하나님 앞에서 계속해서 변화를 거듭하고 이웃을 향한 사랑의 열정이 식지 않는다는 사실에 있다. 따라서 칼빈에게 있어서 그리스도인의 삶은 항상 "됨(being)"과 "함(doing)"이 공존하는 조화 속에서 진행된다.

거듭남 후에 우리를 자라나게 하는 것은 거룩하고 경건한 삶을 향한 열정적인 성향과 기질이다. 따라서 회개와 자기를 죽이는 것, 그리고 살아 움직이게 하는 것(vivifikatio)은 '거듭남(혹은 중생)'이라는 용어로 표현되며, 하나님의 형상을 우리 안에서 다시 회복시킨다는 목적을 가진다. 거듭남은 하나님의 의와 그 의에 대한 순종 사이에서 조화를 이루며, 믿는 자의 삶 속에서 날마다 나타나기 때문이다.[15]

또한 칼빈은 믿음과 회개의 시간적 관계성에 대해 명확하게 설명한다. 즉, 칼빈이 믿음이 회개에 선행한다고 말한다면 이것은 시간적인 나열의 의미에서 나온 것이 아니다. "나는 믿음이 회개를 야기한다는 시간의 상태를 몽상하고 있는 것이 아니다."[16] 회개 없는 믿음이란 믿음 없는 회개처럼 무익한 것이기 때문이다. 양자는 단지 구별될 뿐이다. "한편을 다른 편으로부터 뜯어내려는 자는 양편 모두를 잃게 될 것이다."[17]

그러므로 회개는 믿음 없이는 불가능한 하나님으로의 돌이킴을 의미한다.[18] 칼빈에게 회개는 믿음의 열매이지 전(前) 단계가 아니다. 믿음이 결여된 회개는 허공에 외치며 바람과 대화를 나누는 무익한 말에 불과할 뿐이다. 역으로 "회개가 믿음에 선행한다고 여기는 자는 회개의 힘을 아직도 이해하지 못한 자이다."[19] "우리가 사람들에게 회개만을 위한 경고의 메시지를 보낸다면 그들로부터 우리는 멀어지게 될 것이다. 믿음이 결여된 회개에 관한 가르침에는 따뜻함이 부족하기 때문이다."[20] 따라서 은혜의 확신 없이는 아무도 회개로 부름 받을 수 없다.

2. 십자가와 함께하는 삶

회(悔)·개(改)에 담겨 있는 두 번째 의미는 '십자가와 함께하는 삶'에서 찾을 수 있다. 칼빈은 그리스도인의 삶에 있어서 십자가의 중요성을 다음과 같이 말한다. "고통 없이 그리스도인의 삶을 영위해 가려는 자는 완전히 다른 그리스도를 상상하는 자이다."[21] 십자가에 담긴 고난의 문제는 그리스도인의 삶의 모습과 분리시켜 생각할 수 없다. 칼빈 역시 자신의 삶을 십자가를 지고 가는 고난의 길로 묘사하며 순교정신으로 살아갔다. 그리스도인은 이 세상에서 누구나 겪어야 할 고통으로부터 제외될 수 있다는 사실을 하나님은 어떤 곳에서도 약속하지 않으셨다. 그리스도인이라 해서 시대의 흐름 속에서 일어나는 재난과 고통에서 비켜갈 수 없다는 말이다.

칼빈은 우리에게 찾아오는 고통의 문제를 그렇게 구체적으로 언급하지는 않았지만, 고통을 자신의 실존적 삶 속에서 직접 체험했으며, 그리고 그 고통을 감정적으로만 맞이하지 않았다. 그의 글, 특히 편지와 설교를 읽어보면 십자가를 지고 가는 자가 마치 십자가를 지고 가는 자들에게 말을 걸고 있다는 느낌을 받게 만든다. "비록 우리가 어두운 세상의 길을 가고 있지만 잘못된 길에 들어서지 않을 정도로 보호받고 있다. 왜냐하면 하늘의 가르침의 밝은 빛이 우리를 앞서 가고 있기 때문이다."[22] 하나님은 이따금씩 당신이 택한 자녀들에게도 예외 없이 아주 혹독하고 시련으로 가득 찬 삶을 주기도 하신다. 종종 찾아오는 폭풍에 이리저리 요동치며, 언제나 불확실한 상태에서 살아가며, 믿는다 하면서도 의심으로 가득 찬 삶이 바로 신자들의 실존적 모습이다.[23] 히브리서 12장 7-8절에서 신자들의 그런 상황을 잘 보여준다. "너희가 참음은 징계를 받기 위함이라 하나님이 아들과 같이 너희를 대우하시나니 어찌 아비가 징계하지 않는 아들이 있으리요 징계는 다 받는 것이거늘 너희에게 없으면 사생자요 참 아들이 아니니라." 이렇듯 그리스도인에게 찾아오는 고난과 고통은 피할 수 없는 필연적 삶의 여정에 속한다.

심지어 칼빈은 그리스도인이 당하는 고난을 축복을 위한 도움의 수단으로까지 간주한다. "그것(고통)은 하나님께서 우리를 잃어버리지 않으시려는 표징이며, 그런 고통을 통해 당신께 돌아오도록 하기 위해 우리를 일깨우신다."[24] 그러나 하나님은 우리를 영원한 고통에 내버려두지 않으시며, 고통을 위한 고통을 허락지 않는 분이시다. 우리가 가진 신앙은 움직이지 않고 고정된 돌과 같은 것이 아니라, 모든 유혹에서 벗어나 종국적으로 아름다운 승리를 맛보게 하기 위해 계속되는 훈련 속에서 자라가도록 인도한다.[25]

그리스도인은 자신의 고난과 아픔을 거부하도록 가르침을 받은 것이 아니라, 그것을 지배하는 가르침을 받았다. 십자가의 길은 신앙의 행위에서 드러나야 한다. 그리스도인은 고난을 당하지 않기 위해 고통과 시련의 길을 피해가서는 안 된다. 만약, 그 길이 하나님의 뜻이라면 당신께서 그런 수단을 통해 우리를 일으켜 세우시며, 용기를 잃게 하는 것이 아니라, 우리를 겸손의 자리에 앉게 하시려는 당신의 뜻임을 깨달아야 한다. 불신자들은 자신들에게 닥친 불행으로 인해 반항과 악한 감정으로 살아가는 반면, "신앙인들은 자신을 성찰해 보며 하나님은 선하시다는 신앙고백과 더불어 당신의 발 앞에 머리를 숙인다."[26]

그렇다면 고통은 어디에서 오는가? 이 질문에 대한 답을 하나님의 섭리(providentia)와 관련시켜 찾아야 한다.[27] 예를 들면, 질병과 같은 불행은 우리가 하나님께 돌아오기 위한 당신의 손길이다. 우리의 미래를 좌우하는 것은 세상 사람들이 말하는 운명 혹은 숙명이 아니라, 우리의 이성과 합리성을 초월하는 하나님의 섭리에 있다. 따라서 운명이 지배하는 것이 아니라, 하나님의 섭리가 우리의 삶을 지배한다. 칼빈은 이에 대해 다음과 같은 주장을 펼친다. "세상의 모든 것이 혼동 속에 빠져있다면 우리는 하나님이 우리로부터 멀리 떨어져 계신다는 생각에 젖게 될지도 모른다. 그러나 결코 그렇지 않다. 하나님은 언제나 돌보셨고 그리고 앞으로도 돌보실 것이다."[28]

칼빈은 우리가 당하는 고통과 시련은 죄의 결과라고 말한다. "우리가 비통함에 처하게 되면, 우리의 잘못으로 그러한 것이 찾아왔다고 생각해야 하며 그런 다음 기도해야 한다."[29] "우리가 당하는 모든 고통의 원인을 우리가 저지른 죄에서 찾아야 한다."[30] 인간이 처한 상황과 자기 존재의 현실성에 대한 바른 인식 없이는 고통 속에 담긴 뜻을 알 수 없다. 칼빈에 따르면 악을 이기는 데 도움을 주는 최고의 수단은 우리가 벌을 받아도 마땅함을 아는 것이며, 그리고 하나님의 강한 도움의 손길로 인해 우리가 겸손해진다는 사실을 아는 데 있다.

결국 하나님께서 우리에게 내리시는 징계는 우리의 병든 심령을 낫게 하는 치료의 효과를 갖는다. 칼빈은 병든 한 여인을 위해 다음의 글을 남긴다. "우리가 당하는 모든 질병은 우리의 연약성을 깨닫게 하여 겸손의 자리에 앉게 하며, 우리가 겪는 고통과 저주로 인해 하나님의 자비하심의 필요성을 절감하게 한다. 또한 그런 질병은 세상적인 탐욕으로부터 우리를 정결하게 만들기 위한 도움의 수단으로 기여하며, 종국적으로는 그런 질병은 우리가 늘 깨어 준비하는 삶을 영위해 갈 수 있도록 자극을 주는, 소위 죽음의 사자의 역할을 한다. 하나님께서 우리를 고통으로부터 해방시키신다면 우리는 당신의 선하심을 맛보게 될 것이다."[31]

칼빈은 스토아 철학자들처럼 불행에 담겨 있는 윤리적 실용성을 알았을 뿐 아니라, 그와 같은 불행을 초래하는 원인과 결과에 대해 신앙적 관점에서 판단을 내렸다. 그는 불행 속에 담긴 의미를 이성을 매개로 하여 합리적 내지 도덕적 관점으로만 판단하지 않았다. 그는 그 속에 담긴 신앙적이며 윤리적인 목적이 함께 관련되어 있음을 보았다.

따라서 그는 불행 속에 담긴 의미에 대해 세속적 윤리학자의 합리적인 해석에 맞서 다음과 같은 주장을 펼친다. "우리는 하나님의 권위 앞에서 당신의 섭리를 이해할 수 있을 때까지, 우리의 지혜가 인도받고 있다는 사실을 깨달음으로 겸손해져야 한다. 그런 불행이 우리에게 왜 찾아오는지 우리는 그 이유를 묻고 싶어 한다. 그래서 하나님이 그 이유를 설명하신다면 우리는 모든 겸손을 동원해 당신께 감사해야 하며, 당신이 우리에게 그것을 통해 무엇을 보여주시기를 원했는지를 생각해야 한다. 그러나 하나님께서 우리에게 그 이유를 숨기려 하신다면 굳이 그 이유를 알려고 할 것이 아니라, 그것이 당신의 행위인 줄로 받아들여야 한다. 무슨 일이든 우리에게 일어나는 모든 것은 우리에게 유익을 주시려는 하나님의 사랑에서 나온 것임을 알기 때문이다."32

그러므로 하나님이 그 비밀을 우리에게 계시하실 때까지 우리는 겸손한 마음으로 기다려야 하며, 당신의 그런 판단 자체를 존중해야 한다. 우리는 하나님의 징계를 이해하지 못한다고 당신의 뜻을 받아들이지 않으려 해서도 안 된다. 오히려 두려워하는 마음으로 우리가 가진 통찰력의 부족함을 인정하고 하나님의 숨겨진 뜻을 존중하는 신앙하는 마음을 가져야 한다. "우리의 염려와 시련에 맞설 수 있는 유일한 치료제는 하나님의 입술에 의지하며 은혜의 약속에 전적인 신뢰를 보내는 것이다."33 하나님은 무엇보다 고통 속에서 우리의 구세주로서 자신을 계시하시기 때문이다.34

칼빈은 이 세상에서 당하는 그리스도인의 고난과 시련에 대한 신학적 해석을 단순히 이론적으로만 펼친 것이 아니라, 그의 삶에서 직접 체험한 사실이 함께 묻어나 있다. 이것은 칼빈이 죽음의 침상에서 파렐에게 보낸 마지막 편지에 잘 드러나 있다. "나는 당신이 더 이상 나를 위해 노력하는 것을 원치 않는다. 나는 숨으로 가득 차 있으며 그리고 매시간 마다 숨이 나에게서 흘러 나가기를 기다리고 있다. 나는 삶과 죽음의 길목에서 늘 승리를 안겨다 주시는 그리스도 안에서 행복하다."35

칼빈과 동시대 사람이며 제자였던 베자의 보도에 의하면, 자신과 이별하는 스승의 마지막 순간은 계속되는 기도의 순간이었다고 전한다. 십자가에 관한 칼빈의 진술은 자신의 머리에서 나온 관념적 사상이 아니라 오랜 경험에서 나온 것이었다. 칼빈 스스로 질병을 지닌 채 블라우러(Blaurer)에게 다음의 말을 남긴다. "나는 나의 질병의 결과를 하나님의 손에 맡긴다. 나는 질고를 감당했으며 나의 힘이 쇠잔되었다."[36] 우리는 어떠한 경우에도 십자가의 인내가 우리의 힘을 쇠약하게 한다고 탄식해서는 안 된다. 우리는 하늘로부터 강해지기 때문이다.

따라서 십자가는 우리에게 다음의 세 가지 종류의 유익을 가져다준다. 첫째, 십자가는 우리의 순종을 견고하게 해주며, 둘째, 보다 강한 그리스도의 제자가 되게 하며, 셋째, 십자가는 하나님의 도우심과 신뢰를 보다 확실하게 해준다. 그 결과 "십자가는 우리의 기쁨의 원천이 된다"는 역설적 표현이 가능해진다. "하나님의 손은 항상 부드러운 것은 아니며, 당신의 시험은 견디기 힘들 정도로 고통스럽기까지 하다. 또한 하나님은 우리에게 참된 기쁨을 맛보게 하시기 전에 오랫동안 지속될 수 있는 정말 고통스러운 상황에 빠뜨리게도 하신다."[37]

그런데 칼빈에게 있어서 보다 중요한 것은 십자가에 담겨 있는 고통의 종말론적 의미이다. "십자가가 없다면 이 땅에서 천국은 우리에게 한 낮 꿈에 지나지 않으며 다시 오실 주님에 대한 소망을 잊어버리게 한다."[38] 우리는 고통 가운데 자신을 성찰하게 되며 은혜를 사모하는 마음이 증가해 겸손과 소망을 배우게 된다. 우리는 고통과 고난의 바다 한 가운데서 우리 주 예수 그리스도를 통해서 구원과 생명을 선사해 주시려는 하나님의 사랑을 발견할 수 있다는 확신보다 더 큰 확신은 없을 것이다.[39]

또한 십자가에서 일어나는 그리스도와의 연합은 우리에게 참된 자유를 제공해 준다. "하나님의 시험은 우리의 탐욕으로부터 자유롭게 하며 당신을 섬기기 위해 세상으로부터 벗어나도록 우리에게 도움을 제공해 준다."[40] 십자가의 길을 걷는 삶의 도상(途上)에서 우리는 믿음을 배우며 겸손과 순종, 기도, 그리고 세상이 주는 짐을 가볍게 여길 수 있는 능력을 배운다. 십자가로 인한 교육은 우리가 진지한 회개의 삶을 살도록 하기에 유익하다.

  이 외에도 우리는 우리를 어두움의 길로 빠뜨리는 고난의 경험을 통해 형제와 이웃을 사랑하는 마음을 배운다. 우리가 당하는 고통으로 인해 역시 아파 신음하는 타자의 고통을 무시하지 않게 될 정도로 우리는 부드러워지게 된다. 누구나 당하는 고난은 우리에게 동료의식을 불러일으키게 한다. 따라서 주님께서 여러 가지 고통스러운 일을 통해 우리를 훈련시킨다면, 그런 훈련에 괴로워해서는 안 된다. 이웃과 갖는 공동체 의식 내지 동료의식은 머리에서 나온 추상적이며 관념적인 성질의 것이 아니라 경험, 그 중에서도 괴로움과 고난으로 가득 찬 쓰라린 경험으로부터 나온다.

  그리스도인의 삶은 십자가의 삶이어야 한다. 하나님의 징계는 어떤 상황에서도 제거될 수 있는 것이 아니기 때문이다. 그러나 십자가의 삶이 지나가면 그리스도께서 우리의 삶에 밝은 태양의 빛을 비추게 하시며, 참된 기쁨과 평안을 선물로 제공해 주신다.

그리스도인의 삶의 원리

5장
'겸손' 바로 이해하기

　'겸손(謙遜)'을 우리말 사전에서 찾아보면 "남을 존중하고 자기를 낮추는 태도"라고 명시되어 있다. 반의어로는 '교만'이고 유의어로는 '겸공(謙恭)', '겸허(謙虛)', 그리고 '손순(遜順)'이 있다. 여하튼 겸손이란 자기 자신을 낮추는 것이다. 무조건 자기 자신을 깎아내리는 것이 아니라, 다른 사람을 존경하고 사랑하는 마음으로 스스로를 낮추는 것이다. 그렇다면 겸손하면 손해 보게 될까? 길게 보면 결코 그렇지 않다. 소학에는 "종신양로(終身讓路) 불왕백보(不枉白步) 종신양반(終身讓畔) 부실일단(不失一段)"이라는 글귀가 있다. '평생 동안 남에게 길을 양보해도 그 손해가 백보밖에 안되고, 평생 동안 남에게 밭고랑을 양보해도 손해 보는 것은 손바닥만 한 밭 한 떼기 밖에 안 된다'는 뜻이다. 이렇듯 겸손은 남을 자신보다 낮게 여기며 타인을 높이기 위해 자신을 낮추는 것이 기본적인 뜻이다. 그렇다면 종교개혁자인 존 칼빈에게 겸손은 무엇을 뜻할까?

우리의 삶이 하나님을 향한 섬김과 순종과 사랑으로 넘쳐나야 하는데, 실제로 그렇지 못한 이유가 어디 있을까? 이 질문에 칼빈은 다음과 같이 답한다. "자만심에 빠져 자신을 높이려는 자들은 결코 하나님을 섬길 수 없으며 자신의 노력만으로 행하는 행위는 공허한 것이다."[1] 자신에 대한 자존감 혹은 자부심을 주요 이념으로 여겼던 고대와 르네상스의 시대정신에 반해 칼빈은 다음과 같은 덕목을 제시한다. "겸손의 덕이 다른 모든 덕에 선행한다."[2] 우리가 자신의 능력에 지나친 확신을 가진다면 우리의 믿음과 하나님을 향한 경외심이 결여되어 있다는 것을 보여줄 뿐이다. "하나님은 자기를 신뢰하는 자들을 미워하시며 그들의 생명과 복은 그들 자신의 손에 놓여 있게 된다고 말씀하신다."[3] 우리가 겸손으로 시작하지 않으면 사랑에 대한 모든 말 역시 무익한 것이 되고 만다. 사랑의 뿌리는 겸손에 있다는 뜻이다.

칼빈은 겸손을 또한 믿음과 관련짓는다. 즉, 믿는다 하지만 실제로는 교만으로 가득 차 있다면 헛된 믿음이다.[4] 참된 믿음의 시작은 겸손에 있으며, 그 겸손은 하나님 나라에 들어 갈 바른 문에 해당된다.[5] 마르틴 켈러(Martin Kähler) 역시 칼빈과 유사하게 겸손을 "참된 신앙심의 발로"라 표현했다. 계속해서 그는 겸손을 "창조자를 무조건적으로 신뢰하며 의존성에 바탕을 둔 자발적인 희생"으로, 그리고 "자신을 높이려는 악한 마음을 내려놓고 믿음의 동역자를 섬기려는 희생"으로 표현했다.[6]

칼빈은 겸손의 용어에 함축된 뜻을 보다 구체적으로 다음과 같이 소개한다. "겸손은 예수 그리스도께서 마련한 '칭의'에 참여할 수 있도록 우리를 인도한다. 겸손은 우리를 단순히 하나님 앞에서 아름다운 손님으로 만드는 것에 그친 것이 아니라, 선의 옷을 입게 하고 우리가 가진 손과 발을 오직 하나님을 위해서 사용하도록 한다."[7] 하나님과 사람들 앞에서 자기를 뽐내지 않으며 교만하지 않고 낮아지는 자가 참으로 겸손한 자며 그리스도를 주인으로 모시는 종의 모습으로, 그리고 그리스도를 머리로 삼는 지체의 모습으로 살아가는 데 불평을 늘어놓지 않고 만족하는 삶을 꾸려가는 자가 겸손한 자이다.

그리고 겸손은 우리에게 본성적으로 주어진 것이 아니라, 만들어진 겸손과 다른 무엇이 아니다. 즉, 겸손은 우리의 본성에 타고난 것이 아니라, 하나님께서 당신의 뜻을 펼치기 위해 택한 자녀들에게 심어준 것이다. 우리는 본성적으로 악한 존재라 교만과 자만심이 우리의 중심에 똬리를 틀고 박혀 있다. 그런 본성에 하나님께서 똬리의 틀을 치우시고 겸손을 심어주셨다.

또한 겸손은 자신이 없는 듯 보이는 소심한 태도가 아니라, 하나님의 거룩한 사랑 앞에 경의를 표하며 머리를 조아리는 행위이다. 비록 낮은 자리라 할지라도, 그리고 작은 과제가 주어졌다 할지라도 실망치 않고 기쁨으로 그 일을 행하는 자를 말한다. "나는 인간이 자신의 확신을 멀리하고 근거 없이 머리를 숙이게 하거나, 자신이 실제로 소유하고 있는 재능이나 능력을 겸손이라는 이름 때문에 포기하라고 요구한 것이 아니라, 오히려 자기사랑과 명예욕을 던져 버리라는 것이다. 이로부터 자신의 눈이 어두워지고 자신이 서 있는 위치를 망각하게 하고 자신이 보다 높은 위치에 있다는 착각을 일으키게 하기 때문이다. 이에 반해 겸손은 성경말씀의 맑고 깨끗한 거울 속에서 자신의 진솔한 면을 깨닫게 한다."[8]

종교 개혁자들은 그리스도인의 삶의 태도, 즉, 그리스도인의 윤리적 덕목으로 겸손을 지적하는 데 주저하지 않았으며, 심지어 겸손을 진리를 추구하며 지키려는 의무감과 관련짓기도 했다. 진리의 능력과 진리를 지키려는 의무감이 그리스도인을 겸손으로 이끈다는 말이다.

칼빈은 자신의 교회 성도들에게 진리를 가르칠 때, 언제나 자신을 숨기고 겸손한 마음으로 임했으며, 자신의 인격을 높이 드러내려 하지 않았다. 그러나 겸손은 약함의 표현이 아니며, 자기 앞에 닥친 일에 주저하게 하거나, 사람 앞에서 부끄러워하게 하거나, 모든 일에 소극적으로 대하라는 것을 뜻하지 않는다.

그리고 겸손은 인간에게 잘 보이게 하려는 위선 또한 아니다. 지나친 겸손은 위선으로 비춰질 수 있다. "바울은 위선자들이 행했던 것처럼 본래 자신의 모습보다 더 작게 자신을 평하지 않았다. 위선자들은 '나는 아무 것도 아니다'고 말하면 하나님께서 자신들에게 더 큰 복을 내리리라 생각했다. 겸손은 '나는 아는 것이 아무것도 없다'고 말하거나 '칭찬받을 만한 어떤 이해력도 없다'고 말하는 것에 있지 않다. 우리가 그렇게 말한다면 그것은 오히려 하나님께 감사치 않는 태도에 지나지 않을 뿐이다."9

나아가 칼빈은 믿음과 겸손의 관계성에 대해 다음과 같이 말한다. "믿음을 뜻하는 확실성은 하나님께 대한 두려움과 겸손으로 우리의 연약성을 잊지 않게 하며 약속 위에 굳게 서서 용기를 가지고 사탄과 죄를 물리치게 한다."10 이렇듯 믿음에 바탕을 둔 겸손은 약함의 표현이 아니라, 사탄을 물리쳐 죄를 멀리하게 하는 강함의 원동력이다. 우리는 우리의 생명의 닻을 하늘에 내려야 하듯이, 우리의 버팀목을 튼튼하게 구축할 토대로서 겸손의 자리에 서야 한다.11 보이지 않는 뿌리가 나무를 자라게 하듯, 참된 겸손은 우리의 신앙을 자라게 하는 우리 존재의 근거이자 초석이다.

여기서 우리가 유의해야 할 점은 칼빈은 우리가 하나님 앞에서 아무 것도 아니라는 겸손과 동시에 하나님께로부터 모든 것을 소유하고 있다는 '자존감'이 공존하고 있음을 지적한다. 본질상 우리는 진노의 자녀이며 벌레만도 못한 죄인에 불과하며 우리의 힘으로는 (구원을 위해) 아무 것도 할 수 없는 무능력자이지만, 예수 그리스도를 나의 구주로 믿는 신앙으로 인해 우리는 모든 것을 할 수 있으며 모든 것을 가진 풍성한 자들이라는 말이다. "내게 능력 주시는 자 안에서 내가 모든 것을 할 수 있느니라"(빌 4:13).

이뿐 아니라, 진리의 힘은 자신에 대한 경멸을 멀리하며 자기과시 역시 멀리한다. 중세시대에 수도승들이 인간성의 높은 가치를 '자기부인(自己否認)'에서, 르네상스시대에는 '자기주장'의 형태에서 찾았던 반면, 칼빈은 그런 양 형태 모두를 수용했다. 그는 하나님께 대한 신앙은 자기주장과 자기부인의 형태 다 포괄하고 있다고 믿었기 때문이었다.[12] 복음은 역설의 진리이다. 즉, 온전히 하나님의 영광을 드러내기 위해 자신의 영광을 포기할 때, 자신의 영광이 사라지는 것이 아니라 하나님의 영광에 참여함으로써 자신의 영광이 살아나며, 자기를 부인할 때 자신이 없어지는 것이 아니라 진정으로 자신이 살아나며, 나를 낮출 때 진정 내가 높아진다는 역설의 진리가 복음의 속성이라는 말이다. "자기를 높이는 자는 낮아지고 자기를 낮추는 자는 높아지리라"(눅 14:11). 칼빈 역시 자신이 죽음을 맞이할 때까지 보여준 삶은 꾸밈이 없는 순수성과 겸손이었으며, 자신이 이룬 업적이나 사역에 그 어떤 자랑이나 자만심을 보여주지 않았다.

칼빈은 구약에 등장하는 선지자 이사야가 그랬듯이 거룩한 위엄 속에 계신 하나님을 보았으며, 동시에 인간의 교만에서 일만 악의 뿌리가 있음을 보았다. 사악한 죄를 범할 수밖에 없는 운명에서 벗어날 유일한 길은 하나님과 당신의 독생자 예수 그리스도를 믿는 신앙의 길밖에 없으며, 그 신앙에서 나온 삶의 태도는 무엇보다 겸손에 있다. 겸손은 우리와 하나님의 관계, 그리고 인간간의 관계, 무엇보다 도덕적 관계를 바르게 형성시킬 수 있는 핵심적인 요소이다. 우리가 하나님의 축복으로 이 땅에서 풍성한 삶을 산다 할지라도 하나님과 사람 앞에서 머리를 조아릴 줄 아는 겸손의 덕을 가져야 한다.[13] 이렇게 우리의 삶을 겸손으로 유지해야 함은 무엇보다 하나님의 거룩하신 위엄과 은혜에 대한 인식에서 나온 결과이다. "우리가 하나님을 바르게 섬기려는 확고한 의지를 갖고 있다면, 우리는 얼마나 하나님이 높으신 분인지를 생각해야 한다. … 율법을 지키기 위해서는 당신의 위엄 앞에 우리의 교만의 옷을 벗어던져야 한다는 사실을 우리는 배워야 한다."[14]

또한 그런 배움으로부터 죄에 대한 바른 인식이 가능해진다. "우리를 우리 자신 아래로 내려가게 하자! 우리의 무지에 대한 올바른 인식을 통해 하나님께서는 우리를 겸손하게 만드신다."[15] 우리의 겸손은 우리가 가진 가치나 권리를 포기하게 하는 그런 류의 겸손이 아니라, 우리를 높이기 위해 당신께서 당하신 고난과 비참함 앞에서 우리의 마음을 흔들어 깨우게 하는 가식 없는 낮아짐이다. 우리의 주되신 하나님 앞에 가까이 나아가자마자 지금까지 주님 없이 살게 된 우리의 마음에 밝은 빛이 나타나기 시작한다. 이와 동시에 "죄가 깨달아지고 겸손이 시작된다."[16]

하나님의 은혜의 선물을 제공받을 수 있는 기본 전제이자 참된 경건의 기초인 겸손으로 우리를 인도하시기 위해 하나님은 우리에게 때때로 징계를 주기도 하신다. "여러분을 시험할 의도로 허락된 재난은 아버지의 손 안에서 겸손하게 만들어지기 위한 것임을 여러분은 계속해서 깨닫게 될 것이며, 당신의 도우심이 얼마나 은혜로운 것인지 느끼게 하기 위한 것임을 배워야 합니다."[17] 우리가 자만에 빠지거나 자기 영광에 도취될 경우, 주님이 직접 나타나셔서 채찍질하며 십자가의 은혜의 수단을 통해 우리 육신의 야만성을 무너뜨리게 하신다. "하나님께서 우리의 잘못을 보여주시고 느끼게 하신다면 겸손은 치료의 길로 인도하는 바른 의약품이다."[18]

우리는 종종 뜻하지 않게 하나님으로부터 엄청난 선물을 제공받는다. 그럴 때 우리는 그 선물을 나만을 위한 것이 아니라, 이웃의 유익을 위해 받은 것으로 여겨야 한다. 칼빈은 자신이 종종 칭찬을 아끼지 않았던 '인간의 높은 지적 능력'을 사람들을 무시하거나 자신을 과시하기 위해 사용할 것이 아니라, 인류의 발전과 사람들을 섬기기 위해 하나님께서 주신 선물임을 인정하는 것에 의미를 두어야 한다고 말한다. 그런 선물로부터 자신을 드러내려거나 자랑하려는 자는 자신이 얼마나 큰 위험에 빠지게 될 것인지를 깨달아야 한다.[19] "하나님께서 우리를 영예로운 자리에 앉히려 하신다면 우리는 본질적으로 자만심에 빠지려는 성향을 가지고 있다는 사실을 기억하면서 온전한 겸손과 하나님을 두려워하는 마음으로 우리의 길을 걸어야 한다."[20] 우리가 많은 것을 소유하면 할수록 자신을 뽐내거나 드러내려는 것이 아니라, 더욱더 낮아지는 모습을 보여야 한다. 하나님은 할 수만 있으면 우리에게 보다 많은 것을 주시기를 원하시며 높은 자리에서 우리를 빛나게 하기를 원하신다. 우리는 하나님께로부터 받은 모든 것들을 나와 나의 가족만을 위해서가 아니라 이웃을 위해, 무엇보다 하나님의 이름을 높이 드러내기 위해 사용해야 한다. 우리가 가진 재물과 재능은 우리의 노력에 의해 획득된 것이 아니라, 오직 하나님의 은혜와 수고로 주어진 것들이다. "마치 우리가 이루었던 것처럼 보일지라도 우리가 아니라 당신께서 우리를 통해 영향을 미쳤으며 우리에게 능력을 불어넣으셨다. 우리는 하나님을 이 땅에 존재하는 모든 소유물의 주인으로 인정해야 한다."[21] 겸손은 하나님께서 우리로부터 가장 기쁘게 받으시는 덕일 뿐 아니라, 그리스도인의 윤리적 삶의 발로이며 토대

로서 최고의 미덕 중 하나이다.²²

칼빈은 겸손을 '하나님의 인식' 영역으로까지 확장시킨다. 하나님은 당신과 당신의 일하심에 대해 모든 것을 우리에게 계시하지 않으셨다. 루터의 표현을 빌리자면, 하나님은 '숨어계신 하나님(Deus absconditus)'과 '계시된 하나님(Deus revelatus)'으로 구별된다. 즉, 우리의 이성으로는 숨어계신 하나님을 알 수 없으며, 또한 알아서도 안 된다. 심지어 칼빈은 그런 노력은 교만이며 죄를 범하는 것이라고까지 말한다. 어쨌든 우리의 이성의 한계를 넘어서지 않기 위해 (excedere mensuram intelligentiae nostrae) 이름 하여 '하나님의 비밀' 앞에 겸손이라는 단어가 잘 어울릴 것 같다. 신들 앞에서 두려워 떠는 이방인들이 갖는 공포와는 다르게 겸손은 숨어계신 하나님의 비밀에 가장 잘 어울리는 말이다. "하나님께서 우리 인간에게 계시한 것 이상으로 그리스도에 대해 질문하려거나 혹은 더 많은 것을 알려는 자는 하나님을 알지 못함에서 나오는 교만으로부터 새로운 그리스도를 만들려는 것과 같은 짓이다."²³

이에 그치고 않고 칼빈은 자신의 이성의 능력을 믿고서 하나님의 계시를 뛰어 넘어서려는 자에게는 하나님의 자비가 결코 임하지 않을 것임을 강하게 경고한다. 우리가 하나님께서 펼치시는 역사를 판단하려거나 평가하려든다면 하나님의 영광의 자리에 나의 영광으로 대신 채우려는 노력과 같은 짓이다. 실제로 그런 자들은 겸손의 가면을 쓰고 뒤로 숨어 버린 교만한 자들이다.²⁴ 하나님 나라에 대해 지적 호기심으로 질문하려는 노력 대신 그 나라에 도달하기 위한 방법과 길을 우리는 찾아야 한다. "구원의 확실성을 얻기 위해 우리가 하늘에 들어가 하나님의 영원한 결의에 대해 연구하려 해서는 안 된다. 그런 노력은 우리에게 비참한 결과와 혼란만을 초래할 뿐이다. 주님께서 우리에게 허락하신 구원의 확신은 그 어떤 인간의 증거보다 더 확실한 증거라는 사실을 우리는 믿음으로 받아들여야 하며, 우리의 선택을 보증해 주신 그리스도만으로 족해야 한다."[25] 무엇보다 영원한 선택과 유기에 대한 신앙고백이라든가 성만찬에 들어있는 신비에 대해 우리는 그런 겸손의 절제를 보여야 한다.

그러나 신비라는 명분으로 무조건 침묵을 지키려는 또 다른 위험성에 빠져서는 안 된다. 하나님께서 우리의 구원과 유익을 위해 계시하셨던 모든 것은 말씀을 통해 확인하게 하셨다. 그러나 "주님께서 자신의 거룩한 입을 닫으신다면 연구할 수 있는 길이 우리에게 완전히 봉쇄된다."[26] 우리에게 알려지지 않는 사실, 예를 들면, 그리스도의 죽음과 재림 사이에서의 상태에 대해 하나님께서 우리에게 알도록 허락하신 것보다 더 많은 것을 연구하려 한다면, 그것은 어리석은 짓이며 실제로 알 수 없는 종류의 것이다.[27] 하나님의 숨겨진 결의 앞에서 우리는 겸손한 태도를 취해야 한다. "그런 무지는 하나님의 역사를 자신의 이성으로 측량하려는 자들의 명철보다 더 뛰어난 지혜이다."[28] 우리는 당신께서 우리에게 보여주신 것들을 말씀으로 배우는 것에 만족해야 하며, 하나님께서 원하신다면 기꺼이 모르는 상태로 머물러 있는 것이 더 낫다.[29]

칼빈은 '성만찬' 시에 이루어지는 그리스도와의 연합의 신비에 관해 다음의 고백을 늘어놓았다. 성찬식에 참여하려는 자들이 주님의 인도하심에 따라 거행되는 그 예식에 깊이 들어와 그 속에 담긴 비밀스럽고 신비스러운 무엇을 알기를 원한다. "왜냐하면 나 자신에게도 그와 같은 일이 일어났기 때문이다. 그런 행위에 대해 내가 매번 나 자신에게 많은 것을 말하려 했으나, 그 일의 가치를 깊이 생각하는 가운데 결코 많은 것을 말할 수 없음을 깨닫게 되었다. 따라서 나의 이해력을 가지고 온전히 파악할 수 없었으며 유창한 입술로도 설명할 수 없는 그런 비밀 앞에 경의를 표하는 것 외에 다른 대안이 없었다."[30]

세상 사람들이 신 없이 인간의 힘으로 자유와 평화를 누릴 수 있다거나, 심지어 이성으로 신의 존재조차 증명할 수 있다는 자존감을 '영웅적인 덕'으로 치켜세우는 반면에, 칼빈은 그 자존감을 인간이 저지른 최악의 실수라고 말한다. "자존감이 지배하는 곳에는 전체 삶이 잘못된 길에 들어서게 된다."[31] 결국 그들은 흔들림과 불안 속에 빠지게 된다. 교만이 사람들을 불행의 늪으로 빠지게 한다면 겸손은 두려움에 떨지 않도록 하며, 우유부단하게도 하지 않게 한다. 자신에 대한 신뢰를 버리는 데 노력을 기울이는 자는 하나님 앞으로 나아가도록 이끌림을 받는다. "우리 자신에 대한 두려움은 우리를 의심으로 인도하는 것이 아니라, 하나님께 온전히 맡기고 기도할 수 있도록 우리 안에 강렬한 열정을 불러일으킨다."[32] 하나님의 은혜와 사랑에 감사치 못하는 우리의 교만으로 인해 하나님과 우리의 관계가 무너지게 되었다. 하나님은 우리에게 엄청난 축복을 허락하셨지만, 우리는 그 은혜에 감사치 못하고 오히려 그 축복을 남용하고 말았다. "우리는 본래 연약하다는 생각을 가지고 중한 임무 앞에서 두려워 떤다면, 칭찬받을 만한 겸손이 우리의 마음에 찾아올 가능성이 생긴다. 그러나 우리에게 주어진 의무를 다할 수 없다는 핑계로 우리가 한 발짝 뒤로 물러서서 하나님의 부르심에 불순종으로 일관한다면 우리에게 어떤 용서도 있을 수 없다."[33] 하지만 사람들 앞에서 자신을 드러내지 않고 우리의 이웃에게 사랑과 존경심을 가지고 대하는 겸손한 자세를 취한다면, 이로부터 그리스도인의 참된 윤리성이 작동하여 경건의 삶이 본격적으로 시작될 것이다.

6장
잊혀져가는 '경외' 살리기

우리말 사전에 보면 경외(敬畏)란 "공경하고 두려워하다"는 뜻이다. 경외는 공경과 두려움을 바탕삼고 있다는 말이다. 이런 뜻을 가진 경외가 구약성경에 의하면 '지혜의 근본'(잠 9:10)이며 '생명에 이르게 하고 재앙을 당하지 않게 하는 것'(잠 19:23)으로 그리스도인이 이 땅에 살면서 지켜야 할 삶의 원리이자 복의 통로이다. 그런데 칼빈은 경외를 'timor Dei'와 'horror Dei'로 구분시킨다. 전자는 하나님 앞에서 가지는 두려움을 뜻하며, 후자는 어떤 일에 전율과 공포에 휩싸인 두려움을 뜻한다. 달리 말해, timor Dei는 그리스도인이 갖는 하나님 앞에서의 태도를 뜻하며, horror Dei는 불신자들이 하나님을 믿지 못함으로 인해 찾아오는 공포를 의미한다. "불신자들이 갖는 두려움은 신자들이 갖는 두려움과 완전히 다르다. 불신자들이 하나님의 심판과 진노 앞에 두려워 떠는 반면, 신자들은 자신들이 받을 벌보다 하나님의 화내심을 더 두려워하며, 받을 벌로부터 오는 두려움으로 인해 자신을 혼란에 빠뜨리게 하는 것이 아니라, 자신을 살펴보아 재무장하게 한다."[1]

물론, 칼빈은 하나님의 심판 앞에서 갖는 두려움에 대해 알고 있었다. 그러나 두려움을 동반하는 하나님의 심판은 성도의 선한 행위를 위한 주관적 동기로 작용한다. "신자들이 하나님의 심판에 대해 경각심을 가진다면 그것은 자신의 연약함을 돌아보게 하며 죄를 미워하며 육신을 쳐 죽이게 한다."[2] 칼빈은 계속해서 다음과 같이 말한다. "하나님의 노하심과 벌하심과 영원한 죽음이 우리에게 놓여 있음을 말씀하지 않았더라면 당신의 자비하심 없이는 우리가 얼마나 비참한지를 제대로 깨닫지 못했을 것이다."[3] 때문에 칼빈은 이 땅에서 우리의 선한 행위가 벌에 대한 두려움과 공포에서가 아니라, 하나님을 향한 믿음과 사랑에서 나와야 한다고 주장한다.

하나님 앞에서 갖는 두려움은 칼빈의 경건사상에 있어서도 중요한 의미를 갖는다. 즉, 경건한 자란 (거룩한) 두려움으로 가득 찬 신앙인과 다를 바 없다. 그 두려움은 "우리에게 주의를 살피게 하는 두려움이며, 그 속에 들어 있는 공격성으로 인해 우리를 망하게 하는 그런 두려움이 아니다."[4] 그러나 그 두려움은 우리의 선한 삶의 결정적인 동기를 부여해 주지 않는다. "그리스도인은 죄로 인해 받게 될 심판 앞에서 갖는 두려움이 아니라, 하나님을 아버지로 사랑하고 경외하기 때문에 자신을 유지시켜 나갈 수 있다. 지옥이 없었더라면 자신이 병들어 간다는 사실에 두려움을 갖지 않았을 것이다."[5] 때문에 "하나님의 경고의 말씀은 우리를 일깨우려는 특별한 자극으로 여겨야 한다."[6]

심판과 더불어 '상급'이 경건한 자에게 주어진다는 사실 또한 칼빈은 언급한다. 하나님은 당신의 자녀들이 잘 섬기지 못했음에도 상급을 허락하신다. 그 이유는 하나님께서 그들 안에서 영향력을 행사하시며, 무엇보다 아들이 흘린 거룩한 피로 인한 사역을 완전히 인정해 주셨기 때문이다. 하나님은 이 세상뿐 아니라, 저 세상에서 무익한 상급을 약속치 않으셨다. 하나님께서 허락하신 상급은 우리를 자녀로 품으시고 죄에 대한 기억을 지워버리시는 당신의 조건 없는 사랑에 그 근원을 가진다.[7]

그러나 칼빈이 말한 상급에 공로사상이 들어있지 않다. 그리스도인은 상급을 얻기 위해 하나님의 뜻을 이루는 것이 아니라, 당신의 자비하심과 위대하심 앞에서 갖는 경외심에서 이룬다. 상급에는 인간의 공로가 아니라, 하나님의 언약의 말씀이 중요하다.[8] 기쁨으로 행하는 성도의 사역에 용기를 북돋워 주며 격려하기 위해 하나님은 은혜의 상급을 약속하셨다. 그러나 우리가 유의해야 할 것은 이 땅에서나 저 하늘에서 상급을 받기 위해 주의 뜻을 행하는 것이 아니라, 이미 엄청난 상급을 받았기 때문에 감사하는 마음으로 자발적으로 행하는 것이다.[9]

이뿐 아니라, 칼빈에게 있어서 상급의 약속은 악과의 싸움이나 삶을 위해서 그리 중요한 요소로 작용하지 않았다. 즉, 형벌 앞에서 갖는 두려움이나 상급에 대한 소망은 칼빈에게 그리 큰 가치를 지니지 않았다는 말이다. 그래서 '상급'의 개념은 비본래적 의미로 여겨졌다. 그는 욥기서를 본문으로 삼은 설교에서 "하나님께서 우리에게 상급을 약속하셨다면 우리의 공로가 아니라, 오직 하나님의 은혜로 인한 것이다"라고 말한다. 우리에게서 선한 행위가 나온다면 그것은 우리의 자율성이 아니라, 오로지 성령의 도우심과 영향으로 인한 것이다. 우리에게 선한 것이 존재하지 않지만, 하나님께서는 당신의 이름과 영광을 드러내기 위해 우리에게 넘치는 힘과 용기를 부어주셔서 선한 일들을 잘 감당케 하신다. 이처럼 하나님은 이 땅에서도 우리를 축복

해 주시며 우리가 부끄러움을 당하거나 용기를 잃도록 내버려 두지 않으신다.[10]

하나님께서 보내신 성령을 통해 우리에게 삶의 동기를 부여해 주심으로 가능해진 우리의 모든 행위는 합리적인 도덕주의의 행복론에서 벗어나게 한다. 칼빈은 칸트가 말한 실천이성의 한계 내에 있는 행위를 알지 못했다. 우리의 삶을 이끄는 목적에 대해 말하는 칼빈의 목소리에 계속해서 귀 기울인다면 그 점이 보다 명확해질 것이다.

칼빈에게 있어서 그리스도인이 마땅히 지녀야 할 겸손이란 자신을 높이 드러내며 자랑하려는 잘못된 방향에서 돌아서는 방향전환임을 우리는 앞에서 알게 되었다. 이와 관련해 이제 그리스도인이 지녀야 할 덕목 중 하나인 경외심과 마주하게 된다. 이사야는 자신을 선지자로 부르시는 하나님의 음성에 두려워 떨었지만, 곧 하나님을 향한 경외심을 가지게 되었다. 그 후 그의 삶의 방향, 즉, 자신의 가치관과 세계관에 엄청난 변화가 찾아왔으며, 온전히 하나님의 뜻에 합당한 삶을 살게 되었다. 우리는 이와 같은 변화를 칼빈에게서도 보게 된다. 그는 처음부터 종교개혁자로 활동했던 것은 아니었다. 그는 아버지의 권유에 따라 법학을 공부해 훌륭한 법관이 되기로 결심했지만, 회심 후 변화되어 온전히 하나님께 자신을 드리는 삶을 영위해 나갔다.

경외심은 단순히 우리의 내적인 상태를 말하는 것이 아니라, 하나님의 위엄과 거룩함 앞에서 우리가 가진 모든 것을 버리게 하며 온전히 하나님의 영광을 위해 살아가게 하는 힘이요 능력이다. 경외심은 우리를 침묵 속에 머물러 있게 하는 것이 아니라, 우리의 마음을 요동치게 하여 엄청난 역동성을 발생시키는 힘으로 작용한다는 말이다. 그런 경외심은 우리의 마음에서 자생적(自生的)으로 생성되는 것이 아니라, 성령의 도우심에 의해서이다.

이런 경외심은 믿음과 관련된다. 즉, 참된 믿음은 하나님의 능력과 권위 앞에 경외심을 불러일으키게 한다. 하나님을 믿는다 하면서도 경외심이 없다면 바른 믿음이라 할 수 없다. 참된 경외심은 살아계신 하나님과의 관계를 뜻하기도 한다. 칼빈에 따르면, 하나님께 갖는 경외심은 순종을 포함하며 우리의 마음을 새롭게 갱신시킨다.[11] "하나님께 갖는 두려움과 당신의 자비로 인해 우리의 (삶의) 방향이 전환되었음을 입증할 수 있는 것이 경외이다. 왜냐하면 아버지께서 주인이기 때문이다."[12] 칼빈은 멜란히톤(Melanchton)에게 보낸 편지에서 다음과 같이 말한다. "마음이 몸을 움직이는 것처럼 하나님께 갖는 두려움은 우리가 새로운 사람이 되기 위해 생명의 호흡을 불어 넣는다."[13] 우리가 모든 일에 하나님을 두려워하는 방법을 배우지 않았다면, 하나님은 우리로부터 어떤 섬김도 받지 않으려 할 것이다. 또한 하나님께 갖는 두려움은 지혜의 발로일 뿐 아니라, 우리의 삶의 토대이다. "하나님을 두려워하는 마음이 우리 속에 정주해 있지 않다면, 우리는 경건의 교리에 대해 아무것도 알지 못하게 될 것이다."[14]

칼빈은 경외심으로 그리스도인과 비그리스도인을 구분했는데, 다음과 같은 이유에서다. 관념주의자들이 주장하는 것처럼 비그리스도인은 자율적 인격성을 가지고 자신의 존재 근거와 규칙을 스스로 정하지만, 그리스도인은 주되시고 아버지 되신 하나님 앞에서 갖는 경외심에서 정한다. "하나님 앞에서 우리를 겸손하게 만드는 두려움과 우리를 바로 세워 당신께 가까이 나아가게 만드는 신뢰가 바로 경외이다."[15]

루터나 칼빈에게 있어서 성도의 삶 속에서 드러난 경외심과 거룩한 하나님을 온전히 의지하는 신앙적 태도가 그들 모두에게 중요했다. "주님께 대한 두려움은 다음과 같은 이중적 감수성에서 나온다. 하나님은 당신을 아버지로서, 그리고 모든 만물의 주인으로서 갖는 자격과 권한에 걸 맞는 경외심을 우리에게 요구하신다. 당신을 아버지로 증명할 수 있는 순종을 주께서는 선지자들의 입을 통해 '영예(honor)'로 지칭하셨으며, 그리고 당신을 주인이라는 의식에서 나오는 순종을 '두려움(timor)'으로 부르셨다. 따라서 주께 가지는 두려움은 그런 영예와 두려움이 혼재된 존경 혹은 경의의 뜻을 지닌다."[16]

하나님께 갖는 그런 두려움은 우리의 마음속에서 자연적으로 발생한 것이 아니라, 성령의 역사에 속한다. 즉, 성령께서 우리의 몸과 마음을 오직 성부 하나님께 바쳐지도록 이끄신다. 물론, 성령은 말씀을 통해 우리를 이끄신다. 따라서 우리는 성경을 여타 다른 책처럼 읽을 것이 아니라, 하나님을 두려워하는 마음으로 읽을 때 그 마음은 경외심으로 변하며, 그리고 우리에게 어떤 풍파가 불어 닥친다 할지라도 흔들림이 없는 확고한 신뢰 또한 하나님의 말씀에서 배우게 된다. "우리가 하나님의 말씀에 귀 기울이지 않으면 당신께 갖는 두려움이 찾아오지 않는다."[17]

칼빈에게 있어서 '하나님의 비밀'에 침입하려는 시도 역시 경외심에 대한 저항에 해당된다. 즉, 하나님께서 우리에게 계시하신 것보다 더 많은 것을 알려고 하는 자에 대해 칼빈은 로마서 11장 33절 "깊도다 하나님의 지혜와 지식의 풍성함이여, 그의 판단은 헤아리지 못할 것이며 그의 길은 찾지 못할 것이로다"를 인용하면서 "희미한 빛의 광채로부터 점점 어두워져 가는 것과 같은 것이다"라고 주장한다.[18] 칼빈은 성령을 받아들일 유일한 길을 알고 있었는데, 그 길은 바로 기도이다. "하나님의 심판에 대한 단순한 지식이 의심 속에서 멸망의 길로 빠지는 것보다 훨씬 유익하다는 사실을 알기 위해 우리는 당신께 순전한 두려움을 달라고 간구해야 한다."[19]

하나님의 주권 앞에 우리의 머리를 조아려 당신을 두려워하는 마음이 변치 않고 지속해 간다면 자기 영광에 항거하는 저항의 목소리가 우리를 통해 계속해서 울려 퍼져나갈 것이다. "나는 두려움을 하나님을 향한 사랑과 연결된 경외라 부른다. 그리고 그 경외는 당신의 축복에 대한 인식으로부터 자라난다. 우리가 하나님을 아버지로서 모든 선의 근원자로 깨닫지 않는 한, 우리는 결코 자발적인 순종으로 섬기지 못할 것이다."[20] 경외가 순전하며 거룩한 순종의 발로이기 때문이다.

그런 뜻을 가진 경외심은 그 근거를 하나님의 부드러우심과 의와 능력에서 찾을 수 있다. 칼빈은 시편 119편에 대한 설교에서 교회 성도들에게 다음과 같은 사실에 주목해야 한다고 말한다. 다윗의 두려움은 강요된 혹은 노예근성에서 나온 두려움이 아니라, 우리의 능력 되시고 구원자 되신 하나님께 대한 바른 인식으로부터 자라났으며, 당신의 약속에 전적인 신뢰를 보낸 것에서 나온 것이다. "당신께서 베푸시는 은혜를 자각하지 않는 한 죄인들은 하나님을 결코 두려워하지 않게 된다."[21]

칼빈은 하나님의 심판과 벌주심 앞에 갖는 두려움 또한 잊지 않고 지적한다. "우리에게 하나님을 두려워하는 마음이 더해질수록 당신의 심판 앞에 두려워 떨게 된다."[22] 그런 두려움은 그리스도인이 지녀할 중요한 요소 중 하나이다. 그러나 우리가 유의해야 할 것은 참되며 거룩한 두려움(timor sanctus)이라 할지라도 우리를 하나님께 온전히 드려지도록 이끄는 삶의 원천은 아니다. 그 두려움은 하나님 사랑과 이웃 사랑으로 온전히 나아가게 하거나 하나님의 계명에 완전한 순종으로 나아가게 할 만한 것은 못 된다. 그것은 마치 우리가 소망이 없는 자로 여기게 하는 연약성을 깨닫도록 인도할 뿐이다.

그럼에도 불구하고 하나님께 갖는 두려움이 우리 안에 뿌리를 내리고 있지 않다면, 우리의 고통은 시간이 갈수록 점점 심해지며 우리의 영혼 또한 잠자는 상태에 있는 것처럼 보여질 뿐이다. 그러나 그 두려움은 아주 미세한 자극으로 우리를 깨우기 시작하고 불을 붙여 나가기 시작한다.[23] 하나님께 유익한 두려움으로 충만해진 그리스도인의 삶은 당신을 향한 사랑과 감사로 가득 채워지며, 동시에 자신이 저지른 잘못으로 인해 그리스도의 은혜로부터 벗어나게 된다는 염려로 가득 채워진다. 형벌로 인해 갖는 두려움은 악으로부터 우리를 물러서지 않게 한다.[24] 그러나 "우리가 불의와 그 어떤 다른 억압으로부터 벗어나 (성령의) 능력에 의지해 사랑을 행한다면, 그것은 하나님을 향한 두려움이 우리 안에 있다는 것과 이로 인해 많은 열매를 맺을 수 있다는 사실을 입증하는 셈이다."[25] "하나님께 갖는 두려움만이 바른 인간성으로 우리 사이를 묶게 하고, 겸손하게 하고, 그리고 우리가 사나운 짐승처럼 서로 물고 뜯으며 싸우지 않게 하기 위해 모든 야만성을 억제하게 한다."[26]

또한 하나님을 두려워하며 살아간다는 것은 우리가 이웃을 형제처럼 여기며 삶을 함께 나누는 것을 뜻한다. 순전한 두려움으로 가득 찬 경외심은 하나님 앞에 두려워 떠는 공포심에서 나온 강요된 마음이 아니라, 먼저 하나님을 사랑하고 다음으로 이웃을 사랑하는 자발성을 지닌 마음의 발로이다. 하나님께서 요구하시는 두려움은 진심에서 나온 사랑과 연결되어 있어서 우리가 하나님을 자발적으로 섬기게 하며, 우리의 삶이 당신의 거룩한 계명에 따라 살게 하며, 무엇보다 우리가 하나님을 경배함으로써 당신께 최고의 경의를 표하게 한다.[27] 하나님의 계명에 대한 해석에서 우리는 다음과 같은 사실을 배운다. "우리가 하나님의 율법에 순종할 마음을 가지기를 원한다면, 먼저 우리는 당신을 두려워하는 마음으로부터 출발해야 한다. 하나님은 우리의 강요된 순종에 어떤 기쁨도 가질 수 없기 때문에, 사랑으로부터 나온 순종에 관해 즉시 말해야 한다."[28] 그리스도인의 삶의 변화는 하나님께서 오늘도 우리에게 들려주시는 음성에 경외심으로 귀 기울이게 하며, 당신께서 우리에게 명하신 대로 행하는 우리의 태도에서 나타나야 한다. 그것이 칼빈이 말하고자 하는 경외심에 담겨 있는 그리스도인의 참된 윤리적 사상이다.

7장
공동체 의식

　공동체 의식이란 나 혼자만을 생각하는 것이 아니라, 내가 속한 공동체를 함께 생각하는 것이다. 그리고 공동체를 위해 그 공동체에 속해 있는 나와 같은 구성원들도 생각하는 것이 바로 공동체 의식이다. 나와 공동체, 그리고 나와 공동체 구성원들 사이에 존재하는 의식이다. 인간은 누구나 개인의 이익을 소중히 한다. 그런데 개인의 이익이나 편리를 뒤로 미루는 경우가 있다. 바로 공동체를 위해서이다. 개인의 이익보다는 공동체의 이익을 먼저 생각하고 행동하려는 의식, 공동체의 이익과 개인의 이익이 충돌할 때, 공동체의 이익을 먼저 생각하는 의식이 바로 공동체 의식이다. 그래서 자신보다는 공동체에 도움이 되는 결정을 내리고 공동체의 구성원들에게 도움이 되는 결정을 내린다. 이런 공동체 의식은 종교개혁자인 칼빈에게 강하게 나타나며, 그리스도인의 삶의 원리로 작용한다.

1. 나와 이웃

오늘날 한국 사회를 냉철하게 들여다보면 소통과 배려의 부재, 승자독식과 약육강식, 과도한 경쟁의식, 정치적이며 이데올로기적인 극단적 대립현상(우파와 좌파), 그리고 있는 자들의 슈퍼 갑질 등으로 인해 불거진 편 가르기와 심각한 양극화 현상이 뒤덮고 있다. 나와 너의 관계를 상생과 공존, 그리고 상호 인정으로 규정하는 것이 아니라, 증오하고 무시하는 적대적인 관계로 치닫고 있는 안타까운 현실과 마주해 있다. 이런 상황에서 무엇보다 칼빈의 '공동체 의식'은 극단적인 양극화 현상으로 인해 불거진 한국 사회의 문제를 해소할 대안으로 크게 기여하리라 여겨진다.

칼빈은 그리스도인을 이 세상에서 홀로 외로운 투쟁을 하며 살아가는 고독한 자로 표현하지 않았다. 오히려 그리스도인은 개별자로서 다른 사람들과의 관계 속에 존재한다. 이 세상에는 그리스도인이든 비그리스도인이든 나 홀로 존재, 즉, 천상천하 유아독존(天上天下 唯我獨尊)이란 있을 수 없다. 반드시 사람들과의 관계 속에서 존재한다. "우리는 이웃들과 관계를 맺고 있으며 그 어떤 보편적 유익을 위해 이 세상에 태어났다."[1] 무조건적인 사랑으로 선택하셔서 우리를 개별자로 세우셨던 하나님은 공동체를 형성하도록 우리를 부르셨다. 하나님도 홀로 존재하시는 분이 아니라 관계성 속에, 즉, 성부와 성자, 그리고 성령과의 관계 속에 존재하시기 때문이다. 따라서 당신의 형상대로 우리 인간을 창조하셨다는 것은 우리를 관계 속에 존재하도록 만들었다는 것을 의미한다. 우리가 그렇게 관계 속에 존재한다는 것은 모두가 이웃의 도움과 수고가 필요하다는 것을 뜻한다.[2]

기독교는 세상과 등지고 초야에 묻혀 도를 닦는 단독자로서의 삶을 추구하는 종교가 아니다. 예수님 역시 광야나 겟세마네 동산 같은 곳에 사람들을 멀리하고 홀로 계시지 않으셨다. 제자들을 비롯해 유다 백성들과 함께 머무셨고, 공동체의 삶을 사셨으며, 또한 그렇게 살도록 가르치셨다. 따라서 그리스도인의 삶은 항상 사람들과의 만남 속에서 이루어지는 관계성을 추구하는 삶이라 할 수 있다.

예수님이 명하신 사랑의 계명(하나님 사랑과 이웃 사랑)은 사회적 삶을 위한 법이기도 하다. 하나님은 우리에게 자신만을 사랑하도록 명하지 않으셨다. 하나님 사랑은 이웃 사랑에서 증명되어야 한다. 하나님을 사랑한다면서도 이웃을 사랑하지 않는다면 진정한 하나님 사랑이 아니며, 역으로 이웃을 사랑한다면서 하나님을 사랑하지 않는다면 이 또한 거짓된 사랑에 불과하다. 마치 톱니바퀴의 이가 맞물려야 돌아갈 수 있듯이, 하나님 사랑과 이웃 사랑 역시 함께 맞물려 돌아가야 한다. 그리스도인은 동물처럼 반드시 무리를 이루는 집단은 아니지만, 그렇다고 개별적 삶만을 고집하는 그런 본질을 갖고 있지 않다. 그리스도인의 존재는 공동체 속에서의 존재이다.

칼빈은 우리에게 가르치기를 "우리가 바른 삶을 영위해 가려면 온전히 하나님만을 바라보아야 하며 우리를 그분께 맡기며 경외심을 표해야 한다. 그리고 우리에게 주신 모든 것들은 만인의 행복을 위해 사용하게 하셨다. 이를 위해 하나님은 우리를 연합하게 하셨으며, 당신께서 우리에게 명하신 의무를 다하기 위해 우리는 이웃을 바라보아야 한다."[3] 우리는 우리 자신을 위해 태어난 것이 아니라, 이웃을 위해 태어났으며 부르심을 받았다.

칼빈은 다른 사람을 위한 섬김 자체가 하나님을 위한 섬김이라 주장하지 않았지만, 성경말씀에 하나님을 향한 섬김이 기록되어 있다면, 그것은 이웃을 향한 섬김을 암시한다. "곤궁한 자를 도와주고 봉사하는 기독교적 사랑은 그 어떤 거창하게 꾸며진 예배보다 더 귀한 것이다."[4] 하나님께서 우리에게 주신 모든 것들은 이웃의 유익을 위해 사용하도록 우리의 손에 맡기신 것이다.[5] 따라서 칼빈에게 개인윤리 혹은 사회윤리 중 어느 것이 더 중요하냐고 묻는 것은 무익한 질문에 해당된다. 그에게 개인윤리란 사회윤리 속에 포함되어 있을 뿐이다.[6]

하나님은 우리의 이웃 안에서 우리에게 다가 오신다. 달리 말해, 우리의 이웃으로서 타자는 하나님이 자신을 드러내시는 장소이다. 자아는 타자에게 비친 하나님의 빛을 통해 발아되기 시작한다. "너희가 여기 내 형제 중에 지극히 작은 자 하나에게 한 것이 곧 내게 한 것이라… 이 지극히 작은 자 하나에게 하지 아니한 것이 곧 내게 하지 아니한 것이라"(마 25:40,45). 이처럼 이웃은 하나님의 형상으로서 우리에게 거룩한 존재이다.

그리고 그리스도께 대한 우리의 믿음은 우리의 이웃들이 요구하는 것을 들어줄 수 있는 준비하는 마음에서 더욱더 성장한다. "억압받는 자를 향한 동정심이 나에게 없었더라면 하나님께서 베푸신 은혜를 나는 누릴 수 없었을 것이다."[7] 반면에 "내가 이웃을 무시했더라면 하나님께서는 나를 심한 고통 속에 빠뜨렸을 것이다."[8] 그자가 그와 같은 것을 요구해서가 아니라 하나님께서 그 억압 받는 자를 나를 통해 높이셨다. 하나님과의 관계가 가장 중요한 관계이지만, 그 관계의 진정성은 이웃과의 관계에 있다.

따라서 칼빈은 개인 윤리와 사회 윤리를 분리시켜 생각지 않았다. 그는 공동체 윤리의 실재적인 근거를 십계명의 두 번째 돌판, 즉, 하나님을 향한 경외심을 위해 인간에게 어떤 태도를 취해야 하는지를 기록하고 있는 이웃을 향한 계명에 두었다. 하나님과의 관계를 바탕삼아 이웃과 우리의 관계를 정립시킬 수 있는데, 이는 우리에게 닥칠 수 있는 두 가지 위험에서 벗어나게 한다. 첫째, 개별자가 고립될 수 있는 위험과, 둘째, 우리가 도처에서 볼 수 있듯이 세상권세를 가진 자들이 자신들의 힘을 남용함으로 개개인이 억압받을 수 있는 처지에 빠질 수 있는 위험이다.

우리가 "이웃을 위해 무엇을 할 수 있을까?"라며 자신에게 묻지 않는 것은 하나님을 무시하는 행위에 해당된다. 이웃은 우리에게 주어진 윤리적 현실성을 뜻하며, 그 안에서 우리는 하나님의 뜻과 마주치기 때문이다. "인간성에서 스스로 멀어지려는 자는 하나님으로부터 등을 돌리는 자다."[9] 우리가 이웃을 하나님 안에서 사랑할 경우에야 비로소 이웃에 대한 사랑이 바르게 행해진다. 하나님의 형상(imago Dei)은 "공동체와의 거룩한 연합이다."[10] 따라서 친구와 원수 간의 차이는 그리 크지 않다. 인간 사이에 이루어지는 교통(交通)이 자연의 법을 망가뜨리지 않게 하기 때문이다.

또한 이웃과 맺는 공동체는 다만, 가치가 있는 사람만을 택하는 이기심이 아니라, 모든 사람을 아우르는 사랑에 그 근거를 갖는다. 하나님의 명령에 순종하는 대답은 이웃을 향한 것에서 찾을 수 있다. "이 생에서 한 번 존재할 뿐이며 우리들 사이에 주의를 요하는 모든 차이에도 불구하고, 우리는 한 근원에서 나왔으며 우리 모두의 아버지 되신 한 분 하나님을 향해 우리의 목적을 세워가야 한다."[11] 하나님의 사랑이 우리 사랑의 뿌리이며 가능성이다. 심지어 원수에게조차 하나님께서 허락하신 선이 있음을 인정해야 한다. "만약, 내가 이웃에게 해를 끼친다면 그것은 하나님의 형상에 대한 공격이다."[12]

여기서 아름다운 영혼 안에 담겨 있는 순수한 인간성이 중요한 것이 아니라, 이웃을 섬기기 위해 하나님으로부터 부름 받았다는 것을 깨달아 희생을 각오하고 최선의 노력을 아끼지 않는 영혼이 중요하다. 우리의 하나님은 또한 우리 이웃의 하나님이기 때문에 우리는 이웃에 속해 있다. 우리는 이웃과의 연대의식을 가져야 한다. "우리는 본적도 없는 자들을 위해 기도해야 한다. 그들은 우리와 관계를 맺고 있기 때문이며 우리와 마찬가지로 하나님의 형상을 따라 창조된 이성적인 피조물이기 때문이다."13 "만약, 우리가 두 사람 사이에 싸우는 모습을 본다면 우리 주 예수 그리스도께서 값없이 피 값으로 사신 두 영혼들이 멸망의 길로 달려가고 있음을 봄으로써 우리의 마음이 동요되어야 한다."14

이처럼 칼빈의 윤리학은 어떤 특정한 지역이나 시대에 한정된 특성을 가진 것이 아니라, 모든 시대와 지역, 그리고 상황을 아우르는 보편적 특성을 갖는다. 국가나 민족적인 차이 자체가 싸워야 할 이유가 되지 못하기 때문이다. 이방인 전체가 우리의 이웃이다.15 "우리 모두에게 인간으로서 관계를 맺고 있다는 의식이 사라지는 곳에 문화와 도덕이 이리저리 요동치게 된다."16 때문에 하나님과 우리의 관계는 이웃에 대한 우리의 태도에 의해 결정된다.

세속적 윤리학은 '나와 너'의 관계만을 중요시하지만, 칼빈의 윤리학에서는 '나와 너' 사이에 3인칭 단수형인 '그'라는 지시대명사가 첨삭된다. 칼빈에 따르면 소통과 상생, 공감과 상호인정을 본질로 하는 상호관계가 인간 간에는 불가능하다. 인간은 본질상 진노의 자녀로서 (구원에 이르게 하는) 어떤 선한 일도 행할 수 없을 정도로 '전적으로' 타락해 있기 때문이다. 따라서 칼빈에게 있어서 상호관계가 성립하려면 나와 너 사이에 반드시 그분, 즉, 하나님이 개입해야 한다. 아리스토텔레스의 윤리적 사상에서 알 수 있듯이, 자기 자신에 만족하는 개인주의와 개별적인 자기 완전성을 지향하는 이념은 칼빈의 윤리학에서는 찾아볼 수 없는 낯선 사상이다. 칼빈의 윤리학의 가장 큰 관심사 중 하나는 자신을 깨뜨리는 것이다. 공동체에 방해요인으로 작용하는 극단적 개인주의를 그는 거부했다. 개별성의 참된 의미는 개별성 자체의 힘과 실재성이 공동체에서 나온다는 사실을 깨닫는 데 있다. "누구든지 이웃을 무시하는 자는 하나님과 본성을 무시하는 자이다."[17] 나와 너 사이에서 이루어지는 동일한 무게는 하나님과의 관계를 통해 성립된다. 자신의 정체성은 형제들 속에서 발견할 수 있다는 사실을 배우지 않는 자는 그리스도를 자신의 스승으로 깨닫지 못한 자이다.[18]

칼빈에 따르면 그리스도인이라 할지라도 자신의 민족이 처한 어려움과 고통을 함께 겪는다는 연대의식을 가져야 하며, 개별성에 대한 지나친 주장을 삼가 해야 한다. 그는 개인의 책임성과 자립성에 이의를 제기하지 않았다. 그러나 개개인 모두는 자신의 고유한 위치와 소명을 가지고 있지만, 공동체 속에서 가져야 한다. 개별자와 공동체 사이에서 존재하는 연합이 허물어져서는 안 된다는 것이다. 양자 모두 하나님의 빛 속에서 드러나야 하기 때문이다. 개별자와 공동체는 유기적 관계 속에서 자신의 존재 근거를 갖는다. 제8계명의 해석에서 알 수 있듯이, 주인에게 요청되는 것은 종으로서 자신을 섬기는 자와의 관계가 상하관계가 아니라, 한 형제임을 인정하라는 것이다. 그들 모두는 만물의 주인 되신 하나님 앞에서 종일 뿐이다. 우리 모두는 머리 되신 예수 그리스도의 지체이며, 상호적 관계 속에 연결되어 있다.[19] 내가 너를 섬기는 것은 네가 나보다 인격이나 학식, 명예나 소유물이 많아서가 아니라, 하나님의 통치와 섭리 앞에서 동일한 가치와 인격을 지닌다는 사실 때문이다. 칼빈의 윤리학은 철저하게 말씀에 입각해 있으며 개인적이면서도 사회적인 특성을 갖는다.[20]

따라서 우리는 하나님을 알지 못하는 이웃을 하나님께 인도해야 하며, 형제가 잘못된 길에 들어선다면 바른 길을 걷도록 인도해 주어야 하고, 절망 속에 빠진 이웃에게 손을 내밀어 도움을 제공하며 위로해 주어야 하며, 경제적인 어려움에 빠져 있다면 꾸어주는 그런 노력을 기울이기 위해 하나님으로부터 부름 받았다.[21] 우리는 단순히 하나님의 부르심에 응답하는 데 만족해서는 안 되며, 동료로서 이웃들과 함께 나아와야 한다. "부자는 가난한 자를 무시해서는 안 되며 가난한 자는 자신의 위치와 상태에 맞는 삶을 살아야 한다. 그래서 부자와 가난한 자들은 하나님의 손길을 이 세상 속에 세우게 하며 그분의 은혜를 통해 이 세상을 돌보는 자로서 삶의 태도를 지녀야 한다."[22]

칼빈은 세상을 아름답고 평화롭게 만들 수 있다는 낙관론을 펴지는 않았으나, 하나님의 질서를 이 땅에 세우며, 이를 위해 그리스도인이 최선을 다해 섬기며 봉사하는 것에 만족해야 함을 가르쳤다. 자신의 삶 속에 이웃 사랑을 실천하는 것이 칼빈 윤리학의 핵심적 사상 중 하나이다. "도움을 필요로 하는 형제들이 우리와 마주할 경우, 그들은 하나님에 의해 우리에게 인도된 자들이다."[23] 우리는 이웃에게 영적이며 물질적인 도움의 손길을 내밀어야 할 정도로 빚 진 자들이다. 주님께서 우리에게 허락하신 선물은 장롱 속에 숨겨 두라는 것이 아니라, 모든 자를 섬기라고 주신 것이다.[24] 억압받고 소외되고 가난한 자들 역시 하나님의 일을 수행하기 위해 보내심을 받은 자들이다. 우리가 가난한 이웃들에게 도움의 손길을 내밀지 않는다면, 우리의 모든 경건은 헛된 것이 되며, 이는 하나님이 기뻐 받으시지 않는 삶의 태도이다.[25]

세상의 모든 자들과 친구와 같은 우정을 쌓고 그들과 어울려 동역자로서 함께 일을 해나가는 것이 우리 그리스도인이 취해야 할 마땅한 삶의 자세는 아니지만, 우리는 그들의 영혼을 구원하는 일에 있어서 게을리 해서는 안 된다. 우리의 신앙에 방해만 일삼는 자라 할지라도 우리는 있는 힘을 다해 그들에게 다가가 그리스도의 몸에 연합시키려고 노력해야 한다. 왜냐하면 우리는 그들이 아직 유효적 소명(effectual calling)을 받을 만한 때가 차지 않은 지체로 간주해야 하기 때문이다.[26]

하나님을 향한 신앙의 열정이 우리의 역동성을 불러일으키기 때문에, 우리의 몸은 잃어버린 영혼을 구원하기 위해 헌신하며 희생하는데 바쳐져야 한다. "그것이 우리에게 가능하다면 음부로 떨어져야 할 자들에게 손을 내밀어 구원에 이르도록 해야 한다."[27] 악한 영이 우리의 이웃에게 해를 끼치려 할 경우, 우리의 삶 속에서 그들과 연합해 있는 거룩한 띠를 생각해야 한다. 인간이 인간에게 해를 끼친다면 이로 인해 분노가 일어나며, 결국 자연의 질서를 무너뜨리는 결과를 초래하기 때문이다.[28]

불신자라는 이유만으로 비난을 퍼부어서도 안 된다. 사랑의 의무 역시 어떤 상황 속에서도 멈추게 해서는 안 된다. 큰 슬픔에 젖어 있는 자를 보면 위로해 주어야 한다. 용기를 잃어버린 자를 만나면 새로운 용기를 가질 수 있도록 격려해 주어야 한다. 세상적 일로 근심과 염려에 쌓여 절망 속에 있는 자를 만난다면, 이 세상의 일에 너무 매어있지 말 것을 권유하며, 나아가 하나님을 의지하고 신뢰하도록 복음을 전해야 한다.[29] 또한 그런 자들을 진실한 마음으로 도와주기 위해서는 그들의 아픔을 우리의 마음속에 공유해야 한다. 칼빈은 히브리서 6장 10절의 주석에서 "사랑의 섬김에서 무엇을 행하려는 자는 자신의 삶에 수고와 노력을 아끼지 말아야 한다"고 말한다.

그러므로 타자를 위한 우리의 책임은 우리 자신이 누려야 할 행복보다 훨씬 더 크고 넓은 것이다. 단순히 도움을 제공하는 것에 불과하지만, 그 속에 이웃을 향한 구원의 뜻이 숨어있다. 그리스도인은 트럼

팻 악기를 부는 자처럼 잠자는 자들을 깨워야 하며, 잘못된 길에 들어선 자들을 바른 길로 인도해야 할 의무와 책임을 갖는다. "인간성에 관한 흔적만이 우리 안에 남아있어 멸망의 길로 달려가는 사람들을 구경만 한다면, 그것은 지옥 앞에 서 있는 불쌍한 영혼들을 구원의 길로 인도하기 위한 동정심을 불러일으키게 하는 마음이 없다는 것을 보여주는 것은 아닌가?"[30] 칼빈은 학생들을 가르치는 것으로서는 마지막 때가 찾아왔을 때 다음과 같이 기도한다. "하나님, 우리에게 자유롭게 사용할 정도의 의복과 음식을 허락하여 주소서. 그러나 그런 것들을 사용할 시 이웃을 생각하게 하시며 저들에게 당신을 두려워하는 마음이 사라지지 않게 하소서. 그리고 당신을 온전히 섬기는 일에 있어서 방해할 정도의 넘치는 일을 행하지 않는다는 규칙을 정해 놓고 이 땅의 것들을 사용하게 하소서."[31] 우리는 믿지 않는 자들이 하나님의 말씀에 귀 기울일 수 있도록 노력해야 하며, 나아가 말씀을 받아들일 수 있도록 도와야 한다. 바로 그것이 그리스도인으로서 이 땅에서 감당해야 할 우리의 지속적인 과제인 것이다.

이웃에 대한 칼빈의 높은 관심을 우리는 다음과 같은 말에서도 감지할 수 있다. "이웃을 위해 좋은 교사가 되기를 원하는 자는 먼저 자기 자신부터 바르게 양육해야 한다."[32] 이후 다른 사람의 잘못 또한 진지하게 지적해 주어야 한다. 그러나 하나님을 두려워하는 마음으로 그런 유사한 잘못이 나에게는 없는지 성찰해 본 후, 저들의 마음속에 죄가 더 이상 자라지 못하도록 저들의 잘못을 하나님의 말씀을 통해 지적해 주어야 한다.[33] 어떤 경우에도 그리스도인은 불신자들을 경솔히 다루거나 무시해서는 안 된다. 우리와 이웃과의 관계를 바르게 세워주는 덕목들은 선한 마음과 인내, 겸손과 사랑 등이 있다. 그런 관계를 위해 허례허식이나 우유부단, 유약성 등이 작용해서는 안 된다. 그렇다고 이웃과의 관계를 절대화시켜서는 안 되며, 하나님의 뜻과 법이 선행되어야 한다. "하나님은 우리를 당신의 도구로 사용하시기를 원하며, 그리고 잘못된 길에 들어선 자들을 바른 길로 인도하시기 위해 당신께 속한 자들의 거룩하고 합당한 변화를 원하신다."[34]

그런데 이웃 사랑은 자아의 자율적인 결정을 통해 가능해진 것이 아니다. 자아는 다음의 두 가지 특성을 갖기 때문이다. 첫째, 인간은 본래 자신을 모든 것의 중심에 위치시키려는 성향을 띠며, 둘째, 다른 모든 자들 위에 지배하고 군림하려는 매우 위험스런 경향을 갖고 있다. 그러므로 칼빈의 신학에서 하나님과의 관계가 제일 중요한 것으로 부각되며, 그런 바탕 위에서 이웃과의 관계가 중요시된다.

무엇보다 우리는 이웃의 잘못을 멀리 떨어져 관망하는 자세로 바라볼 것이 아니라, 사망의 음침한 골짜기로 떨어지는 저들의 영혼을 구원시키기 위해 진지한 자세로 경고의 메시지를 통해 지적해 주어야 한다. 우리가 이웃에게 불의를 행한다면 그것은 하나님을 향해 우리가 도전장을 내는 것과 같은 이치이다. 우리가 소외된 자들이나 억압받고 착취당하는 자들과 가난한 자들에게 도움의 손길을 펼친다 할지라도, 진심어린 사랑으로 하지 않을 경우 그것은 위선이다. 그러므로 하나님께서는 그러한 행위를 기뻐 받지 않으신다.[35]

2. 교회 공동체 의식

우리가 이웃에게 빚을 지고 있다는 의식에서 나온 사랑의 의무는 무엇보다 그리스도의 몸에 심겨진 우리의 믿음의 동역자들과 먼저 연합하게 한다.[36] 우리가 그리스도의 몸에 지체를 이루고 있다는 사실을 깨닫지 않고서는 그리스도를 발견할 수 없다. 따라서 교회에 출석하지 않고 행하는 경건은 칼빈의 신학사상 어디에도 발견할 수 없다. 칼빈 스스로 그와 같은 사실을 경험했기 때문에, 그의 말은 단순히 개별자를 향한 것이 아니라 공동체를 구성하는 교회를 향해 있다. 그에 따르면 하나님과 그리스도를 위한 삶은 반드시 교회 공동체를 통해 이루어져야 한다. 이에 대해 야콥스(P. Jacobs)는 다음과 같이 말한다. "그리스도와의 연합은 각 지체들 간의 공동체를 형성하기 위한 초석이다. 칼빈의 윤리학은 그런 공동체와의 연합에서만 이해될 수 있다."[37] 우리는 그리스도를 머리로 삼는 한 몸의 지체들이기 때문에 개별성을 띤 신앙이 아니라, 상호간 신앙심 배양에 힘써야 하며, 개인적 유익을 위해서 살아서는 안 된다.

이웃은 자연적 띠로 맺어진 관계이지만, 그리스도인은 그런 자연적 띠뿐 아니라 믿음의 띠인 거룩한 띠가 하나 더 덧붙여져 있다.[38] '그리스도인'이라는 단어 속에 타자와의 관계, 즉, 공동체 의식이 이미 전제되어 있다. 개개인의 정체성(identity)은 결코 타자를 배제시킨 채 정립될 수 없으며, 반드시 타자와의 관계 속에서만 가능할 뿐이다. 따라서 타자를 배제한 채 하나님을 믿는다는 것은 어불성설(語不成說)이다. 그리스도인은 결코 나 홀로서기를 시도하는 자가 아니라, 공동체 속에서 자신을 깨달아가는 자이다.[39]

또한 믿음 안에 있다는 것은 교회 공동체 속에 있다는 것을 뜻한다. 그리스도인의 믿음은 교회 공동체와 분리시켜 생각할 수 없으며, 역으로 교회 공동체 없는 믿음 또한 존재치 않는다. 1545년 칼빈에 의해 작성된 제네바 요리문답서에 그와 관련한 다음과 같은 말이 기록되어 있다. "자신의 죄를 용서 받기 원하는 자는 맨 먼저 하나님의 백성과 연합해야 하며 주님의 몸에 속해 있다는 귀속성을 신실히 보존해야 한다." 개개인의 믿음이 교회와 연결되어 있어야 한다는 것은 선택사항이 아니라 당위의 문제이다. 이에 따라 개별성을 추구하는 교회 공동체는 온전하거나 건강한 교회라 할 수 없다.

이 외에도 예배 시에 행해지는 찬양, 기도, 설교와 성만찬은 개별성을 띠고서 내가 참여하는 것이 아니라, 우리가 함께 손을 잡고 같은 마음으로 참여하는 공동체 의식을 필요로 한다. "하나님은 우리 모두의 아버지시며 그리스도는 우리 모두의 머리가 되신다는 것을 실질적으로 확신하는 자는 반드시 형제적 사랑으로 왕성한 삶을 살아가며 공동체 속에서 신실한 모습으로 변화된다."40 개개인의 믿음은 공동체를 형성하는 거룩한 띠에서 참된 의미를 갖는다.

하나님께서 우리를 자녀 삼아주셨기 때문에 우리들 가운데 형제애(兄弟愛)가 만연해야 한다. 다른 사람들 앞에서 어떤 특별한 재능을 가진 것이 그리스도인의 삶을 위해 그리 큰 역할을 하지 않지만, 그러나 그 재능이 공동체를 형성하고 있는 곳, 그 중에서도 그리스도의 영적인 공동체(spirituale corpus Christi)를 위해 사용될 때 중요한 역할을 할 수 있다. 여기서 말하는 공동체는 우리가 예수 그리스도 안에서 민족과 국가의 한계를 넘어서는 교회 공동체를 말한다.

또한 교회 공동체가 어떠한 풍랑과 폭풍 속에서도 무너지지 않고 견고하게 서 있으려면 올바른 신앙고백과 교리에 기반을 두어야 한다. 성경에 입각한 바른 교리와 신앙고백을 배운다면 개개 성도는 예수님을 머리로 삼는 지체로서 한 마음과 한 뜻을 품고 있음을 깨닫게 된다. 그런 교회 공동체에 속한 성도는 시간과 공간, 지역과 민족을 넘어서는 보편적 의식을 갖게 된다. "저 사람은 우리 민족에 속하지 않기 때문에 우리하고는 아무 상관이 없다고 말한다면, 당신들은 불쌍한 자들이며, 이러한 말을 통해 그리스도의 고난과 죽음을 부인하는 것이 아니면 무엇이겠는가? 하나님께서 우리 모두를 형제로 삼으시기 위해 자녀로 삼아주셨다."[41]

이웃이란 자기 민족이나 친족의 한계를 넘어서는 이 세상에 속한 모든 사람을 일컫는다. 그런데 칼빈의 '이중예정론'에 의하면, 하나님께서 모든 인간을 선택한 것이 아니라 그 중에 유기된 자도 있다. 그러나 누가 선택자이며 유기자인지는 우리의 관심사가 아니며, 심지어 이성의 논리로도 알 수 없는 신비로 가려진 영역으로서, 오직 삼위일체 되신 하나님만이 알고 있는 '하나님의 비밀'에 해당된다. 우리는 단지 모든 사람을 구원받을 자로 여기며, 그들 모두를 하나님이 사랑하시는 우리의 이웃으로 삼아야 하는 일에 관심을 기울여야 한다. 그들이 비록 우리가 볼 수 없는 나라에 산다 할지라도, 그들에게 베푸신 하나님의 은혜와 사랑에 우리는 감사해야 한다.[42] 이 같은 태도가 타자 혹은 이웃을 대하는 그리스도인의 기본적인 자세이다.

이에 더불어서 교회에 속한 모든 성도를 소유의 정도에 따라, 혹은 학식과 사회적 지위 등과 같은 외적 조건에 따라 차별화해서는 안 된다. 그들 모두는 자신들이 처해있는 환경이나 여건에 관계없이 하나님 앞에서 동일한 인격과 가치를 지니기 때문이다. 교회 안에서 계층 간의 차별이 생긴다면 그것은 하나님 앞에서 잘못을 범하는 것이며, 심지어 성령을 직접적으로 거부하는 행위에 해당된다. 진정한 믿음의 공동체는 시간과 공간, 그리고 민족 간에 존재하는 모든 간격을 무너뜨려 모두를 예수 그리스도 안에서 하나로 묶는 힘과 능력을 발산시키는 장소가 되어야 한다. 그리스도인의 공동체인 교회는 우리 자신에게 형언할 수 없을 정도의 영광스러운 곳이며 거룩한 곳이다.

또한 교회는 성령께서 정주해 계시는 거룩한 장소이다. 이곳에서 하나님은 자신이 택한 자녀들로 하여금 찬송과 기도와 예배를 통해 영광 받기를 원하신다. 이뿐 아니라, 교회는 하나님의 말씀이 목회자의 입을 통해 선포되며 성도 간의 교제가 이루어지는 장소이며, 비록 얼굴과 피부 색깔이 다르고, 언어가 다르며, 배움의 정도와 소유의 정도가 다르다 하더라도 하나님 앞에서 모두가 동일하다는 것이 고백되는 곳이다. 교회는 먼저 하나님과 성도 간에, 다음으로 성도 간에 교통과 사귐이 이루어지는 역동성을 지닌 공동체다. 하나님의 말씀을 진심으로 받아들인 자는 자신을 가만히 내버려 두는 것이 아니라 그리스도 안에서 타자들과 공동체를 형성케 하는 역동성을 보여주는 자이다. 이와 더불어 칼빈은 교회에서 행해지는 예배의식을 우리의 일상적 삶 속에서 행해지는 영적 예배 혹은 산제사와 특별히 구분시키지 않는다.[43]

하나님과 그리스도인의 개인적 관계는 사회적 행위를 통해 드러나야 한다. 이런 행위는 칼빈 자신의 삶 속에서 구체적으로 드러났다. 그는 연구실에 가만히 앉아 자신의 신학사상을 이론적으로만 펼친 것이 아니라, 삶의 현장 속에서 실천하는 삶의 신학자였다. 그는 신학자이면서 행정가로, 그리고 목회자로서 이론과 실천을 겸비한 행동하는 신학자였던 것이다. 더욱이 그는 하나님의 말씀을 이성만을 도구삼아 연구하는 사변적인 신학자는 더더욱 아니었다. 하나님의 무조건적인 은혜로 택함을 받은 그리스도인은 개별자인 동시에 그리스도의 몸의 한 지체이다. 따라서 개인을 중시하는 개인주의는 칼빈의 신학에 어울리지 않는 사상이다. "우리가 서로 하나 되기 위해서는 먼저 그리스도와 접붙여져야 한다. 그리스도가 우리 안에 계시고 우리가 그리스도 안에 살기 위해 당신은 우리 모두를 자신의 몸에 접붙이게 하셨다."[44] 교회는 그리스도 없이 존재할 수 없다. 그리스도는 교회를 건축하신 건축가이다.

모든 신자는 동일한 길을 걷기 위해 부름 받은 공동체의 지체들이다. 교회는 친목을 도모하는 친목단체이거나 사회정의를 위해 투쟁하는 그런 정치적인 색깔을 띤 단체는 더더욱 아니다. 교회는 하나님으로부터 부름 받은 자들이 모여 한 목소리, 한 마음으로 하나님의 이름을 높이며 찬양하는 곳이며, 세상을 향해 사랑의 기쁜 소식인 복음을 전하는 곳이다. 이뿐 아니라, 교회는 온전한 모습을 갖춘 경건한 자들만의 모임이 아니라 완전성을 향해 활동하는 조직체며 서로가 섬기며 도움을 제공하는 자들의 공동체를 말한다. 하나님은 활동하지 않고 현실에 안주하려는 그런 자들의 모임을 원하시는 것이 아니라, 서로 섬기며 희생하는 그런 자들의 모임을 원하신다.[45] 이처럼 칼빈은 그리스도인의 삶에 대한 자신의 사상을 교회 공동체에 집약시켰다.

칼빈은 종교사회학자나 비교종교학자들이 주장하는 것처럼 교회를 단순히 종교성을 지닌 사회적 현상이나 집단으로 이해하는 것을 받아들이지 않았다. 만약, 교회를 그런 식으로 이해한다면 유아론적 신앙의 수준에서 벗어 날 수 없게 된다. 어떤 면에서 교회 역시 사회적 모습을 지닌다는 사실에 이의를 제기할 수 없지만, 그러나 특정한 시간과 공간 속에 사랑의 띠로 연결된 특수 공동체이다. 공동체로서 교회는 개별성의 성격이 전면에 부각되지 않는다. 칼빈의 사상에서 특히 사회구제와 같은 봉사(diakonie)가 얼마나 중요한 역할을 했는지 그의 대표적 작품인 『기독교 강요』 제4권에서 발견할 수 있다. 그리스도인에게 사회봉사는 선택 사항이 아니라 당위적인 삶의 표현이며, 교회가 마땅히 행해야 할 의무이다. 그리고 이에 덧붙여서 교회 공동체는 자선을 베푸는 일뿐 아니라, 세상의 여타 다른 단체와는 구분되는 특별한 특성을 지니는데, 이는 형제적인 사랑과 용서를 베풀어야 할 의무와 책임을 갖는다는 것이다.

칼빈에 의하면 교회의 가장 중요한 특성 중 하나는 세상과 싸우는 전투에 있는 것이 아니라, 첫째는 하나님이요, 다음으로 이웃을 향한 사랑(caritas)에 있다. 물론, 그는 교회의 전투하는 특성을 간과하지 않는다. "교회는 매일 앞으로 전진해야 하며 아직은 완성된 모습을 갖추지 않았지만 거룩성의 목적지에 도달해야 한다."[46] 교회는 세상과 싸워 승리하기 위해 개개지체들은 사랑의 띠로 매어 있어야 하며 그리스도와 연합해 있어야 한다. 그러나 그 싸움은 독재적 방식이나 막강한 권력과 부를 지닌 특정한 자와 손잡고 행해지거나 국가의 힘을 빌려 행해서는 안 된다. 성령의 인도하심을 받아 오로지 사랑의 힘으로 싸워야 한다. "하나님께로부터 선택받은 모든 자들은 그리스도를 주인으로 모시고, 하나로 연합하고, 한 몸이 되어 함께 자라나야 한다."[47] 그리고 "교회 공동체는 진리에 순종함과 하나님을 경외함으로 우리를 보존케 하는 끈이 되어야 한다."[48] 우리가 풍부한 소유물을 가지고 있다면 자신의 유익을 위해 사용할 것이 아니라, 형제들 중 가난하고 배고파하는 자들을 위해 기꺼이 제공하는 것이 그리스도인의 의무에 속한다.[49] 바로 이것이 교회 공동체가 지녀야 할 중요한 윤리적 덕목에 속하는 것이다.[50]

교회 공동체에 속한 모든 구성원은 세상에서 어떤 지위와 직업을 갖고 있든 하나님의 율법에 의거해 섬김과 봉사의 의무를 잘 감당해야 한다. "그리스도의 교회에 속한 어떤 지체도 물질적으로 궁핍하게 해서는 안 되며, 아무리 중요한 것이라 해도 우리 자신의 유익을 위해 사용해서는 안 된다."[51] 칼빈은 설교에서 주장하기를 회개는 우리의 입술로만 하는 것이 아니라, 반드시 회개의 합당한 열매, 즉, 사랑의 열매를 맺어야 한다. 하나님께서 우리에게 축복으로 허락하신 물질은 나와 나의 가족만을 위해서가 아니라, 교회 성도들의 공동의 유익을 위해 아낌없이 사용되어야 한다. "만일 내가 다른 지체들과 함께 나누지 않는다면 그것은 그리스도의 몸으로부터 나를 분리시킨다는 것을 입증할 뿐이다."52 교회의 성도 간에 이루어지는 섬김은 칼빈의 교회론에 있어서 중요한 의미를 띠고 있으며 그의 윤리학의 핵심을 이루는 주요 사상 중 하나이다.53 그의 교회론은 플라톤이나 아리스토텔레스의 철학 사상에서 보여주듯 개인적 존재를 부각시킨 것이 아니라, 그리스도의 몸에 한 지체를 이루는 공동체 속에서의 자아(自我)를 중요하게 여겼다. 신의 계시는 개별자의 즉각적인 반응에서 깨닫게 된다고 주장하는 신플라톤주의의 신비론에 있어서는 개인이 중요한 의미를 갖지만, 공동체와의 역동적인 관계는 결여되어 있다. 이에 비해 칼빈의 신학에는 개인보다 공동체가 더 중요한 의미를 지닌다.

언어와 민족이 다르다 할지라도 교회 공동체 안에서는 한 형제요 자매라는 신앙적 의식을 고취시키려는 칼빈의 노력은, 그리스도인 모두가 예수 그리스도 안에 연합해 있다는 확신에 근거해 있다. 교회 구성원들 중에 학식과 재물, 그리고 재능에 있어서 많은 차이를 보일 수 있지만 교회일치를 위해 한 형제요 믿음의 동역자로서 서로 간에 존중해야 하며, 그들이 비록 실수를 저질렀다 할지라도 그리스도의 몸에 함께 접붙인 자로서 인내하며 사랑으로 용서해 주어야 한다.54 이에 대해 요한일서 5장 16절에 대한 칼빈의 주석이 우리의 주의를 끌게 한다. "형제가 타락한 상태에 있다면 우리는 그들의 영혼을 위해 기도해야 한다. 왜냐하면 그리스도의 피 값으로 사신 영혼들이 몰락하는 것을 보고서도 불쌍히 여기는 마음이 없다면 우리의 마음이 어쩌면 강철과 같이 단단하게 굳어 있는지도 모르기 때문이다." 형제가 우리에게 잘못을 범했다 할지라도 그들을 이해해 주고 사랑으로 품어 주어야 하는데, 그 이유는 우리 역시 사랑의 빚진 자들이기 때문이

다.[55]

이뿐 아니라, 칼빈의 '성만찬' 사상에서도 우리는 그의 윤리적 사상을 발견할 수 있다. 야콥스(P. Jacobs)는 칼빈의 성만찬 이해를 다음과 같이 잘 정리해 소개해 준다. "성만찬에 대한 칼빈의 사상은 기독교 윤리학과 특별한 조화를 이룰 뿐 아니라, 특성을 명확하게 잘 부각시킨다."[56] 우리는 성만찬 예식에서 첫째는 예수 그리스도와 다음으로 우리의 형제들과 하나가 되기 때문에 이 예식에 담겨 있는 사회 윤리적 의미 또한 간과할 수 없다.[57] 니젤(W. Niesel) 역시 칼빈의 성만찬 사상에 담긴 그런 의미를 다음과 같이 소개한다. "도처에 일어나는 현대 교회의 분열은 성만찬 예식에 대해 한 줄도 읽지 않았다는 것을 보여줄 뿐이다."[58] '일치'라는 단어는 칼빈의 교회론에서 중요한 의미를 지닌다. 그는 빌립보서 3장 16절을 인용하면서 기독교의 본질적인 덕으로서 주를 두려워하는 마음과 겸손, 절제, 자기부인과 사랑, 그리고 일치를 향한 열정 등을 들었다. "싸움과 불안을 낳게 하는 의지보다 더 나를 비참하게 만드는 것은 없었다. 또한 성만찬 논쟁을 새롭게 하는 것보다 더 나를 놀라게 하는 것 역시 없었다. 성만찬 논쟁이 경건한 신앙을 가장 크게 해치며 황폐하게 함을 나는 알고 있었기 때문이다."[59]

루터 측과 칼빈 측이 교회일치를 도모하려 했지만, 성만찬 논쟁으로 실패한 후 칼빈의 수제자인 테오도어 베자(Theodor Beza)는 "비록 성만찬 논쟁으로 이별을 고하게 되었지만, 우리의 형제애는 사라지지 않고 그대로 남아 있다"[60]고 말하였다. "우리가 작은 실수에도 서로가 용서하는 마음을 갖지 않는다면 계속되는 싸움의 빌미를 제공하게 된다는 것은 자명하다. 그러나 악 중에서도 큰 악은 우리의 뜻을 굽히지 않고 다른 사람의 의견에 관용을 베풀지 않는다는 사실이다."[61] 따라서 우리가 겸손한 마음으로 하나님께 구해야 할 것은 평화와 형제적인 공동체가 우리 가운데 이루어지며, 우리의 이웃에게 악을 행하기보다 인내하는 마음을 달라고 간구하는 것이다.

거룩한 공동체(communio sanctorum)에 대한 믿음이 얼마나 큰 능력을 나타내는 윤리적 동기가 되는지, 그리고 교회 공동체가 세상 속에서 사랑과 섬김으로 도움을 제공하는 데 얼마나 중요한 처소가 되는지 우리는 앞에서 보았다. 칼빈이 말한 교회는 마음 맞는 사람끼리 모이는 친목단체나 사교모임 내지 도덕이나 종교를 교육시키는 장소가 아니라, 오직 하나님의 이름과 영광을 드러내는 데 궁극적인 목적을 가진 거룩한 공동체를 뜻한다. 이를 위해 우리 모두는 그리스도를 머리로 삼는 당신의 지체들이다. 그리스도의 통치는 단순히 그리스도와 신자 개개인 사이에서 이루어지는 사적인 소통의 특성을 가진 것이 아니라, 교회에서 이루어지는 당신의 다스림이다. 따라서 니젤은 칼빈의 교회 개념에 관해 다음과 같이 기술한다. "우리가 교회를 그리스도로부터 이해하지 않는다면 그분 곁에 우상을 세우는 것과 같다. 그리고 그리스도는 당신의 일을 오직 교회를 통해 펼쳐나가시기 때문에 교회는 살아있는 유기체며 섬김의 공동체이다."[62] 교회의 주인은 교회의 머리되신 예수 그리스도일 뿐이다.

교회는 단순히 사회학적으로 이해되거나 분석될 수 있는 성질의 것이 아니라, 하나님의 말씀을 듣고 그 말씀에 순종하며, 당신께서 선물로 주신 모든 것들을 교회의 지체들과 공유하는 그런 모임이다. 교회는 또한 힘 있는 목회자나 소수의 몇몇 직분자들에 의해 움직여지는 곳이 아니라, 하나님의 말씀과 그리스도께서 보내신 성령의 인도하심에 따라 움직여지는 공동체이다. "우리가 이 같은 목적을 세우지 않는다면 우리의 열정은 하나님을 기쁘시게 하지 못할 것이다."[63] 몸과 머리를 분리시킬 수 없듯이, 그리스도와 풀 수 없는 끈으로 단단히 묶여져 있는 공동체의 지체들과 분리시킬 수 없다. 따라서 우리가 믿음으로 구성된 공동체를 돌보지 않는다면 그리스도와 분리된 결과를 초래할 뿐이다.64

심지어 칼빈은 교회의 일치를 자신의 '이중예정론'과 결부시킨다. 즉, 자발적으로 행하는 순종은 선택받은 자들이 보여주는 증거이다. 왜냐하면 교회를 하나로 묶는 율법이 그들에게 문자에 지나지 않는 것이 아니라, 교회의 머리되신 그리스도의 뜻을 따르겠다는 의지의 살아있는 표현이기 때문이다. "서로 힘을 다해 하나님을 섬기며 경외하는 마음을 갖게 해주는 거룩한 모임에 우리를 초대하는 것을 하나님의 특별한 은혜로 간주해야 한다."65

또한 교회법을 제정한 근본적인 목적은 범법자들을 판단하거나 심판하는 데 있는 것이 아니라 우리의 구원과 보다 나은 교회적 삶을 위해 도움의 역할을 감당하는 데 있다. 교회법과 이와 관련된 여타 다른 규칙들은 반드시 있어야만 한다. "교회법이 없다면 교회는 오래 지속될 수 없다."66 교회의 구성원들 모두가 하나님의 택한 백성은 아니다. 그것은 칼빈의 '가견적' 교회와 '불가견적' 교회사상에 잘 나타나 있다. 교회규범 혹은 교회법을 지킬 의무가 교회 구성원에게 주어진다. 교회는 그리스도의 몸이기 때문에 구성원 중 교회의 질서를 어지럽히거나 형제들에게 해를 끼칠 우려가 있을 경우나, 심지어 교회 자체를 파괴시키려는 의도를 가진 무리가 있다면 교회법에 의거해 강력한 제재조치를 취해야 한다. "교회의 경건은 외적인 설교(externa praedicatione)를 통해 일어나며, 거룩한 자들이 하나님께서 교회에 명하신 질서를 따르지 않는다면 그들은 교회 공동체에 속할 수 없다."67 그러나 교회법을 어겨 교회로부터 추방당한 자라 할지라도 그가 하나님의 선택된 백성이 아니라거나, 구원의 반열에서 벗어난 자로 여겨서는 안 된다. 왜냐하면 하나님의 은혜와 자비를 받아들일 수 있는 때, 즉, 복음적 소명(vocatio evangelica)의 때가 아직 이르지 않았기 때문이다.[68] 교회법은 심판하는 힘의 과시를 위해서가 아니라, 교회의 질서를 위해 하나님의 택한 자들을 보호하고 보존하기 위한 사랑에서 나온 것이다.

그리고 교회법의 기초는 교회의 머리이신 그리스도의 권위에 있으며, 목적은 교회의 경건이다. 불순종에도 벌을 가하지 않는 교회가 있다면 가장 큰 위험에 빠질 가능성이 농후한 교회이다. 따라서 교회법과 교회질서를 위한 다양한 규칙들을 무시하는 것은 교회를 무너뜨리려는 행위며, 교회 공동체에 있어서 예수 그리스도의 통치가 갖는 중요성을 알지 못한다는 증거이고, 그리고 죄와의 싸움을 포기하는 것을 의미한다.[69] 교회 존립을 위해 존재하는 각종 직분들, 예를 들면, 말씀선포와 권징을 행사하는 '가르치는' 장로(목사)와 '다스리는' 직에 해당하는 장로, 그리고 교사직과 구제와 돌봄을 주된 일로 삼는 집사직 등에 적용되는 교회법과 그 외 규정들은 순전히 인간의 생각이나 유익을 위해 정해진 것이 아니라, 교회 질서를 위해, 그리고 하나님의 구원의 역사를 이루기 위해 그리스도께서 직접 제정한 법이다.

칼빈이 주장한 교회의 주개념은 예수 그리스도와 그리스도를 주로 고백하는 모든 자와의 연합에 있다. 바로 그 연합이 우리 그리스도인의 삶에 결정적인 의미를 갖는다. 성도들 간에 이루어지는 사랑의 섬김은 그리스도를 주로 모시는 지체들이 당신께 경외심을 표하는 것이다.[70] "그리스도와의 일치가 어떤 상태를 말하는지, 그리고 어느 정도 거룩해야 하는지를 깊이 생각한다면, 우리는 교회에 속해 있는 섬기는 자로서 구성원 모두에게 신뢰를 보여주어야 할 정도로 친밀한 공동체를 형성시켜야 한다."[71]

전술한 바처럼 칼빈은 교회 공동체에 담겨 있는 윤리적 사상을 우리에게 물려주었다. 물론, 칼빈이 살았던 수 세기 전의 기독교적 상황과 오늘날의 환경은 많은 시대적 갭을 가지고 있는 것 또한 사실이다. 그러나 그럼에도 불구하고, 이러한 윤리적 사상이 수 세기의 시간이 흐른 오늘날에도 여전히 교회 공동체를 위한 준거점이며 잣대가 된다는 점에 이의를 제기할 사람은 아무도 없을 것이다.

제 3 부

그리스도인의 삶의 규범

그리스도인의 삶의 규범

1장
사랑

하나님의 본성을 가장 잘 드러낸 성경구절로는 요한일서 4장 8절 "… 하나님은 사랑이심이라"일 것이다. 하나님의 형상으로 지어진 우리는 요한일서 4장 7-8절 "…사랑하는 자마다 하나님으로부터 나서 하나님을 알고 사랑하지 아니하는 자는 하나님을 알지 못하나니"를 통해 사랑이 신인식의 요체임을 알게 되며, 요한일서 4장 12절 "어느 때나 하나님을 본 사람이 없으되 만일 우리가 서로 사랑하면 하나님이 우리 안에 거하시고 그의 사랑이 우리 안에 온전히 이루어지느니라"를 통해 사랑이 하나님과 우리 사이의 상호내주의 통로임을 알게 된다. 이뿐 아니라, 온 율법의 축약을 '하나님 사랑'과 '이웃 사랑'에서 찾을 수 있다(마 22:36-40). 하나님과 인간, 그리고 인간 간에 올바른 관계를 맺게 하며 소통하게 하는 근본적인 통로는 사랑에 있다. 때문에 사랑은 그리스도인의 삶에 있어서 최고의 규범이자 원리이다.

칼빈은 그리스도인의 삶의 변화의 토대이자 기본 전제로서 순종을 주장하면서, 하나님 사랑과 이로부터 분리한 채 생각할 수 없는 이웃 사랑에서 이루어지지 않은 모든 순종은 무익하다고 말한다. 하나님을 경외하고 율법을 지키라는 명령에 대한 순종은 사랑에서 입증되어야 한다. 그리스도는 구원받을 당신의 자녀들을 택하셔서 그들 마음에 사랑을 심어주셨다. 때문에 하나님은 사랑을 통한 자발적인 순종을 기뻐하시지, 강요된 순종을 원치 않으신다.[1] 이렇듯 칼빈은 그리스도인의 삶의 변화를 사랑과 순종의 관계 속에서 구체화시킨다. 하나님의 명령에 대한 순종은 단순히 입술로만이 아니라, 사랑에서 나오는 행위로 드러나야 한다. "하나님을 향한 마음이 사랑으로 가득 차 있지 않을 경우, 손과 발을 비롯해 전체 몸의 일이 무익하게 된다."[2]

선한 사역 내지 사랑의 사역을 위한 첫 번째 길은 우리가 주님께 속해 있다는 인식에 있다. "우리가 하나님을 인식할 수 있는 길로 들어서면 설수록 형제를 향한 사랑이 우리 안에서 점점 자라나게 된다."[3] 이웃 사랑은 하나님 사랑을 위한 시금석(probatio)으로서 의미를 지닌다.[4] 이로부터 우리는 더 이상 우리 자신을 위해 사는 것이 아니라 우리의 전 삶을 당신의 뜻인 하나님 사랑과 이웃 사랑에 맞추어 살아야 한다는 결론에 이르게 된다. "우리가 노력해야 하는 것은 우리의 삶과 죽음을 첫째로 하나님을 위해 다음으로 이웃을 위해 드려져야 한다는 사실이다." 하나님과 우리의 관계를 규정하는 핵심적 요소로는 바로 사랑에 있다. "우리의 관심사는 먼저 하나님께 온전히 속해 있다는 것이며, 다음으로 정직과 공의로 이웃을 대하는 것과 우리가 선을 베풀 수 있는 것을 이웃에게 증명해 보이는 것이다."[5]

칼빈은 자신의 교회 성도를 향해 다음의 사실 또한 가르쳤다. "우리는 하나님께 온전히 맡겨야 하며, 우리 자신을 부인해야 하고, 이웃과 더불어 순결함 속에서 변해야 한다."[6] 그러나 우리의 이웃 사랑이 단지 인간에 대한 편애(偏愛)로 나타나서는 안 된다. 잘생긴 자든, 못생긴 자든, 부유한 자든, 가난한 자든, 유식한 자든, 무식한 자든 모두다 하나님 앞에서는 동일한 인격과 가치를 지니고 있다. 이웃 사랑은 차별화된 사랑이 아니라 모두를 동일하게 여기는 사랑을 뜻한다. 이뿐 아니라, 칼빈에 따르면 그리스도께서 세운 교회에서만 섬기는 참된 사랑이 발원하며, 그런 사랑은 모든 사회적 사랑의 초석이 된다.

심지어 칼빈은 우리에게 값없이 베푸시는 하나님의 축복은 불의를 멀리하고 인류애의 의무를 다하며, 이웃을 위해 최선을 다하는 자들에게 임한다고 주장한다. 사회에서 일어나는 각종 혼란과 문제, 그리고 사람들의 내면에 평온이 결여된 상태는 자기 자신에만 관심을 갖고 이웃을 염두에 두지 않은 결과이다.[7]

이웃 사랑 없는 믿음은 참된 믿음이라 할 수 없으며 "이웃에 대해 불의를 행치 않는다 할지라도 하나님을 무시하는 것이다. 그리고 우리의 인간성조차 어떤 가치도 갖지 않게 된다."[8] 이웃 사랑 없는 하나님 사랑은 엄밀한 의미에서 하나님을 사랑한다 말할 수 없다. 하나님 사랑과 이웃 사랑은 톱니바퀴의 이가 맞물려 돌아가듯 함께 공존해야 한다. 우리는 하나님을 경외하라고 배웠는데, 이러한 배움 속에 담긴 뜻은 우리가 이웃에 대해 비인간적이거나 혹독하게 대해서는 안 된다는 것이다.

또한 경외심 없는 하나님 사랑은 참된 사랑이 아니며, 하나님 사랑 없는 경외심 역시 참된 경외심이 아니다. 하나님을 향한 우리의 사랑은 당신을 향한 경외심으로 나타나야 하며 당신을 향한 경외심은 이웃 사랑으로 증명되어야 한다.[9] 하나님께서 우리에게 명하신 계명과 율법은 우리를 향한 하나님의 사랑에서 나온 것이다. 전술한 바와 같이 율법은 죄를 드러내거나 저주를 내리기 위한 수단으로 사용되는 것이 아니라, 우리를 구원하시기 위한 하나님의 사랑의 발로이다.

이와 더불어서 칼빈이 베드로전서 3장 7절에 대한 주석에서 부부간의 사랑과 관련하여 강조한 바 있듯이, 우리는 평생의 반려자에 대한 경외심 또한 가져야 한다. 무엇보다 먼저 남편은 아내의 인격을 존중해야 한다. 상대방을 무시함으로 하나님께서 맺어준 결합을 깨뜨려서는 안 되기 때문이다. 사랑이 현실화되기 위해서는 경외심과 연결되어야 한다. 인간에 대한 사랑은 하나님께 대한 사랑과 경외심에서 출발하며, 역으로 하나님께 대한 사랑은 인간을 향한 사랑에서 입증되어야 한다. 즉, 하나님께 대한 사랑은 인간에 대한 사랑과 분리시켜 생각할 수 없다는 말이다.[10] 여기서 칼빈은 사랑에 대한 원리를 "모든 계명은 하나님 사랑과 이웃 사랑으로 표현될 수 있다"(마 22:37-40)는 성경말씀에 전적으로 일치시킨다.

칼빈은 교회 공동체를 위해 어떠한 질문도 다음과 같은 질문보다 더 중요하지 않다는 것을 깨닫는다. 하나님을 향한 사랑이 우리의 마음에서 어떻게 발견되고 느껴지는가? 이에 대한 답은 교회에 사랑이 충만하느냐, 그렇지 않느냐에 달려 있다. 교회에서 행해지는 예배가 단순히 형식적으로 드려지는 것이 아니라, 하나님과 성도, 그리고 성도 간에 사랑의 띠로 견고하게 묶여져 있음으로 드려질 때에야 비로소 그 예배를 하나님께서 기뻐 받으신다.[11] 따라서 칼빈은 하나님을 향한 우리의 사랑이 이웃을 향한 사랑으로 나타날 것을 강하게 주장한다. 하나님을 향한 신앙심과 열정은 단지 예배의식에서만 나타나는 것이 아니라, 우리의 삶 속에서 열매를 맺는 행위로 드러나야 한다.

칼빈은 본성적으로 우리 안에 사랑이 있다는 견해를 받아들이지 않는다. 사랑은 하나님 안에 있으며, 당신의 말씀과 부르심 안에 그 토대를 가진다. 사랑의 토대가 그러하기 때문에 사랑은 단순히 친절을 베푸는 행위나 도움의 손길을 필요로 하는 자들에게 도움을 제공하는 것으로 이해되는 것이 아니라 마음이 먼저 자리를 잡은 다음, 그 마음이 우리의 모든 행위를 이끌어간다. 때문에 우리의 사랑이 자발적인 마음에서 우러나와 이웃을 섬기며 돕지 않는다면 그 사랑은 진정한 사랑이라 할 수 없다. 그리스도인의 사랑은 단순히 친절로 베푸는 것에 그칠 것이 아니라 함께 영향을 주고받는 의지로서 표현되어야 한다. 하나님은 우리가 가진 재능이나 물질로 형제를 얼마나 잘 도울 수 있느냐 하는 마음과 행위에서 우리의 신앙심을 판단하신다. 순결한 마음은 반드시 삶을 통해 드러나기 때문이다.

사랑 없이 율법을 가르치거나 행하려 한다면, 이 땅에 어떤 선한 것도 의로운 행위도 존재할 수 없다. "사랑 없이 행하는 모든 것은 하나님께 무가치하며 당신을 불쾌하게 만들 뿐이다."[12] 올바른 사랑은 온갖 종류의 감언이설(甘言利說)과 아첨을 멀리하며 잘못된 열정으로 덧입혀져 사람에게 상처를 입히는 행위로부터 방어막의 역할을 한다. 칼빈이 동료인 마르틴 부처(M. Butzer)를 얼마나 진심으로 사랑했으며 존경했는지는 잘 알려져 있는 사실이다. 그는 불링거(Bullinger)에게 다음과 같은 글을 남긴다. "부처에 대한 나의 우정은, 비록 그의 의견과 차이를 보인다 할지라도 솔직하며 자유롭게 나의 의견을 밝힐 수 있다는 것에서 증명된다. 하나님께서 우리의 원수에게조차 선을 행할 것을 명하신다면, 그것은 그들을 벌하는 것에 우리의 동의를 구하거나 우리의 마음에 증오심으로 불타게 한 것이 아니라, 순결을 유지하라고 요청한 것을 뜻할 뿐이다."[13]

칼빈의 위대성은 말씀에 의거해 가르친 뛰어난 교리에만 있는 것이 아니라 하나님과의 실질적인 관계, 즉, 그의 교리와 삶이 일치함을 보여주는 실천적 행위에 있다. 그의 신학은 중세기의 사변적 사상이 아니라, 종국적으로 그리스도인의 삶을 지향하는 실천적 학문이다. 칼빈 당시, 프랑스의 종교개혁 운동에서 가장 박해를 일삼았던 자 중에 한 사람은 카롤리(P. Caroli)였는데, 그는 다양한 측면에서 교회개혁을 불가능하게 만들었던 장본인이었다. 그러나 그는 칼빈의 진심어린 간청에 의하여 교회 공동체에 받아들여졌다. 물론, 칼빈은 그에게 그리 큰 신뢰를 보내지 않았지만, 파렐에게 보낸 다음과 같은 글을 통해 그의 관용과 용서의 마음이 얼마나 큰지를 보여준다. "우리가 그를 다시 한 번 받아들인 후, 그를 붙들어 두어야 한다. 당신이 모든 친절을 동원해 그를 향한 공격을 멈춘다면 그것이 가능할 것이다."[14]

이처럼 칼빈은 자신의 종교개혁의 노력에 방해만 일삼는 자라 할지라도 비난을 퍼붓는 것이 아니라 사랑과 관용을 베풀었으며, 심지어 하나님의 일꾼으로 사용하기 위해 최선의 노력을 아끼지 않았다. "우리는 주님의 가르침을 멀리하지 않기 위해 하나님을 적대하는 자라 할지라도 자비를 베풀어야 한다."[15]

우리가 자비로운 마음과 인내와 사랑으로 충만해지려면, 삶 속에서 행위로 드러나야 한다.[16] 우리가 '온유한' 사람이 되기를 원한다면, 가난으로 고통을 겪는 이웃에게 위로와 격려의 말뿐 아니라, 물질적인 도움도 아끼지 말아야 한다. 어린아이들이 우유를 충분히 먹지만, 부드러운 사랑의 음식을 함께 섭취하지 않는다면 결코 잘 자랄 수 없다.[17]

칼빈은 하나님과 이웃뿐 아니라, 하나님께서 만드신 창조물, 그 중에서도 동물에 대한 사랑도 놓치지 않고 언급한다. 다시 말해, 우리 그리스도인은 동물에 대해서도 인간에게 하는 것처럼 사랑으로 대해야 한다. 그것이 하나님의 뜻이기 때문이다. "자신의 말과 소를 거칠게 다루는 자는 이웃을 돌보지 않는 것과 같다. 우리를 섬기기 위해 하나님께서 우리에게 허락하신 동물을 박해하거나 거칠게 다루는 자는 야만적인 인간이다."[18] 순수한 인간성과 형제사랑은 그리스도인의 삶을 풍성하게 만든다.

또한 칼빈은 '성만찬' 예식을 교회 공동체의 사랑을 강화시키는 것과 관련시킨다. 우리는 주님의 죽으심을 기념하는 성찬예식에서 주님의 살과 피를 상징하는 떡과 포도주를 먹고 마심으로 서로 간에 사랑으로 행해야 할 의무 또한 우리에게 주어졌음을 확인하는 자리이기 때문이다. 그 의무는 우리의 형제를 상하게 하거나 핍박하지 않게 하는 것이요, 형제가 어려움과 곤경에 처했을 때 모든 가능성을 동원해 그들에게 도움을 제공하는 것이다.[19] 사랑이 멀어져가는 곳에 하나님의 통치 또한 멀어져 간다. 사랑의 섬김으로 점철된 우리의 삶은 그리스도와 당신의 말씀에 연합된 삶이다.

2장
자유[1]

과거의 역사는 다음의 두 가지 차원에서 현재에 영향을 미친다. 하나는 후대에 계속해서 영향을 미치는 결과를 통해서, 다른 하나는 본래적인 증거(혹은 증언)들을 통해서이다. 종교개혁 역시 우리에게 직간접적으로 오늘의 시대를 규정하는 모든 것, 그 중에서도 교회, 신학, 경건, 에토스, 그리고 종교적이며 문화적이며 정치적이며 사회적인 삶 속에서 나타난 엄청난 발산과 변형, 심지어 붕괴를 초래하는 것을 통해 우리에게 영향을 끼쳤다. 그 당시 시대가 우리에게 들려주었던 소리에 귀 기울이려 한다면 종교개혁의 소리 또한 들을 수 있을 것이다.

종교개혁이 들려주는 가장 큰 소리 중 하나는 바로 '믿음으로부터 나온 자유'이다. 자유! 바로 이것이 종교개혁을 일으켰던 힘이며 유산이었다. 종교개혁은 단순히 전해 내려오는 과거로서가 아니라, 미래로 향하기 위해 현재를 위한 유산으로서 이해해야 함을 자명하게 한다. 그렇다면 어떤 의미에서 자유가 오늘날 우리에게 전해준 종교개혁의 결정적 유산 중 하나이며, 나아가 자유가 그리스도인의 삶에 중요한 여러 규범 중 하나인지를 고찰해 보는데 이 장의 목적이 있다. 그리스도인의 자유는 칼빈의 신학, 그 중에서도 윤리적 사상을 이해하는데 중요한 의미를 지닌다.[2]

독일의 대표적 극작가였던 괴테는 종교개혁에 대해 다음과 같은 말로 감사를 표했다. "우리는 영적인 우매함의 쇠사슬로부터 자유롭게 되었다." 헤겔 역시, 비록 유럽의 자유주의 신학에 많은 영향을 끼쳤지만 "정신과 자유의 내재적 존재의 동기와 자기 자신으로의 귀환의 동기"를 "종교개혁의 원리"로 규정했다.[3]

그러나 19세기 중반 이후 이러한 목소리는 점점 사라지게 되었다. 그 당시 신학은 종교개혁의 정신과는 점점 멀어져갔고 변질되어 갔다. 중세시대와 근대 사이에서 들려주는 종교개혁의 목소리는 흔들리고 있었다. 특히 계몽주의의 등장은 '믿음으로부터 자유'의 자리에 이성에 입각한 합리적인 자유의 목소리가 대신하게 되었다.[4] 그런 특징에 대해 사회학자이며 문화비평가인 알렉산드 뤼스토우(Alexander Rüstow)는 종교개혁 시대가 자유의 온전한 의미를 제한시켰다고 비판하며, 심지어 "가장 외적인 중세성으로의 떨어짐"과 "다시 암울함으로의 회귀"로 비판하면서, 진정한 자유는 르네상스와 계몽주의의 자유이해에 있다고 주장했다.[5] 그는 니체와 더불어 토마스 만(Thomas Mann)의 다음과 같은 주장을 상기시킨다. "종교개혁자들은 다시 돌아온 불행의 유형이며 사자(使者)로서 간주된다."[6]

어쨌든 지난 세기 자유이해의 가늠자의 역할을 할 정도로 종교개혁은 자유의 사상과 관련되어 있다 해도 과언이 아니다. 때문에 종교개혁의 유산에 대한 질문은 자유에 관한 논쟁으로 우리를 필연적으로 인도한다.

　오늘날 역시 종교개혁의 자유이해, 즉 "믿음으로부터 자유"의 목소리가 점점 사라져 가고 다르게 이해된 자유의 의미가 자리를 잡아가는 상황으로 변모해 간다. 한편으로 우리는 인간의 자유를 억누르는 경제적 이익과 사회적 메커니즘과 같은 시스템으로 인해 실질적으로는 비자유의 시대 속에 살고 있으며, 한편으로 과연 진정한 자유가 무엇인지, 어떻게 현존하는 자유를 이해해야 하며, 어떻게 그 자유를 유익하게 사용하는 지에 대해 올바른 답을 찾기 어려운 혼돈의 시대 속에 살고 있다.

　이런 상황에서 종교개혁 시대가 보여주었던 자유를 위한 투쟁에 대한 기억이 무슨 도움을 제공할 수 있을까? 더구나 "오직 믿음으로부터 자유"가 오늘날 우리들과 무슨 상관이 있단 말인가? 무엇보다 오늘의 시대에서 종교개혁의 자유의 의미를 되살림으로써 지난 세기 교회 밖의 사람들이 보여주었던 것처럼, 다시 손가락질 당하는 그런 일을 만드는 것은 아닐까? 또한 복음적인 자유를 어떻게 인식할 수 있으며 실천할 수 있을까? 그리고 16세기 종교개혁 시대의 자유이해를 오늘날 완전히 다르게 이해된 자유와 관련하여 어떻게 재현시킬 수 있을까? 이런 질문에 대한 답을 찾는다는 것은 오늘날 우리에게 어려운 과제임에 틀림이 없을 것이다. 왜냐하면 종교개혁 시대에 있어서 자유란 인간의 합리적인 이성의 능력으로 획득되거나 쟁취되는 것이 아니라, 오직 복음의 기쁜 소식을 의심 없이 받아들이는 믿음으로 말미암아 하늘로부터 우리에게 흘러들어오는 선물이기 때문이다.

　성경은 그리스도께서 우리를 자유하게 하신 자유의 주체임을 말한다. "그리스도께서 우리를 자유롭게 하려고 자유를 주셨으니 그러므로 굳건하게 서서 다시는 종의 멍에를 메지 말라"(갈 5:1). 자유는 기독교 전통에 있어서 복음에 관한 논리적인 전개가 자유에 관한 언급에서 그 결정체를 보여준다 해도 과언이 아닐 것이다. 자유는 예수 그리스도 안에서 보여준 하나님의 해방의 행위 안에 근거해 있다. 때문에 기독교의 자유는 인간을 구원시킨다는 의미에서 그 절정을 이룬다. 그래서 자유는 구원을 이루어 가시는 하나님과 관계하며, 하나님과 함께하는 삶에서 드러난다. 그것을 우리는 역사를 통해 발견할 수 있다.

자유가 어디에 존재하느냐 하는 질문은 수많은 사상가들이 주장했듯이, 인간의 본질을 암시하는 것에서 그 답을 찾을 수 있는 것이 아니다. 인간은 어떻게 자신을 규정할 수 있는 그런 자유를 확언할 수 있으며, 어떻게 그가 그런 자유를 보존할 수 있느냐 하는 질문과 필연적으로 연결된다. 이제 그런 질문에 대한 답을 종교개혁자인 칼빈을 통해 찾아보도록 하자.

1. 율법으로부터 자유

칼빈은 1536년 26세의 나이로 그의 첫 번째 『기독교 강요』에서 그리스도인의 신앙의 개괄적인 의미를 요약해서 기술한다. 먼저 '율법'의 전개로 시작하며, 그런 다음 '신앙'에 대해, 그리고 '기도'와 '성만찬'에 관해 이어지다가 끝에는 '그리스도인의 자유'(christiana libertas)를 다룬다. 마지막 부분에서 그는 양 나라, 즉, 그리스도의 나라와 선하고 악한 정부가 존재하는 세상 나라에서의 그리스도인의 삶을 다룬다.

이 장에서 칼빈은 먼저 인간의 원죄로부터 출발한다. "아담으로부터 태어난 우리 모두는 하나님의 앎과 경험 없이 잘못된 길을 걸어갔고, 그럼으로 멸망당할 수밖에 없고 선한 일을 할 수 없는 자들이다."[7] 창세기 1장과 3장에 의하면 인간은 영원한 축복을 향유할 수 있도록 창조되었지만, 타락으로 인해 자신의 본질을 상실해 버렸다. 때문에 인간은 하나님과는 '타자' 혹은 '이방인'이 되었다. 하지만 이런 상태로 계속해서 머물러 있지 않고 용서받을 수 있는 길이 인간에게 열렸다. "그럼에도 불구하고 우리의 의무가 소멸되지 않는다. 왜냐하면 우리는 하나님의 피조물이며 당신의 영광과 존귀를 위해 살아야 하며 계명에 따라 우리를 변화시켜야 하기 때문이다."[8] 이 짧은 문장에서 창조와 자유의지, 그리고 율법에 관한 칼빈의 주된 사상의 단초가 드러난다.

율법과 관련한 칼빈의 자유사상은 마르틴 루터와 큰 차이를 이루지 않는다. "그리스도인의 자유는 우리가 예수 그리스도의 은혜와 성령의 선물로서 율법의 강요로부터 자유함을 얻었다는 사실에 있다."[9] 위 문장에서 알 수 있듯이, 칼빈에게 있어서 그리스도인의 자유는 '율법으로부터 자유'를 뜻하며, 그리스도인은 자유롭기 때문에 율법이 명하는 모든 요구를 '자유롭게' 행할 수 있다.

칼빈은『기독교 강요』3권 19장 전체를 '그리스도인의 자유'에 관한 사상에 할애한다. 그는 이 장에서 자유를 칭의의 결과로 간주한다. 칭의의 그런 우선권은 신앙을 가진 우리에게 위로를 준다. "신자들의 죄가 아직도 소멸되지 않았고 의가 온전히 살아있지 않다는 것을 느낀다 할지라도 그것에 놀라거나 용기를 잃을 필요가 없다. 왜냐하면 그들은 은혜로 말미암아 율법으로부터 자유함을 얻어 자신들의 행위가 더 이상 율법의 척도에 따라 시험받지 않아도 되기 때문이다."[10] 그리스도인이 은혜로 말미암아 의롭게 되고 율법으로부터 자유함을 얻게 된 것을 깨닫는다면 양심의 평화가 찾아온다.

그러므로 율법으로부터 자유는 기쁨과 평화의 원천일 뿐만 아니라, 우리가 하나님의 창조물을 선하게 사용하도록 영향을 끼친다. "이제 우리는 그런 자유가 다음과 같은 사실을 목표로 하고 있음을 깨닫는다. 우리는 하나님께서 주신 선물을 우리의 가슴으로 양심껏 사용해야하며, 심지어 우리의 관습까지도 사용해도 된다. 그런 신뢰에서 우리의 영혼은 평화를 누리며 우리를 향한 당신의 관대하심을 깨닫게 한다."[11]

율법으로부터 자유를 축약한다면 다음과 같다. "그리스도께서 우리를 영원한 저주 아래 살지 않도록 하기 위해, 그리고 죄의 폭정으로부터 해방시키기 위해 율법의 고통으로부터 우리를 자유하게 하셨다. 정욕이 지배하는 곳에서는 그리스도인의 자유를 위한 그 어떤 공간도 주어지지 않았다."[12] 우리는 하나님의 자녀로 받아들여지기 위해 율법으로부터 자유함을 얻었다.

2. 은혜로 주어진 자유

칼빈은 철학자들이 말하는 "의지의 자유"와는 다른 입장을 취한다. 즉, 그는 믿음의 입장에서 의지의 자유를 거절한다. 그는 의지의 자유에서 행위를 통한 구원과 이로 인해 하나님의 영광을 가리는 위험성을 보며, 심지어 의지의 자유는 인간의 타락을 조장한다고 믿는다.

하지만 칼빈은 의지의 자유 자체를 부인하지 않는다. 자유는 인간의 의지가 아니라, 오로지 은혜 안에 그 근거를 가져야 한다는 것이 그의 입장이다. 이러한 자유의 본질과 기원은 예수 그리스도께 있다. 그리스도 안에서 "파괴되었던 본성의 회복으로부터 가장 잘 인식할 수 있는"[13] 흐려진 하나님의 형상이 되살아난다.

그리스도로 인해 선한 일을 행하게 하는 본래적 자유가 우리에게 다시 주어졌다. 그런 자유가 우리에게 선물로 주어졌으며, 이 자유가 믿음으로 얻는 "참된 자유"이다. 그러나 인간의 불순종으로 인해 이러한 자유로부터 멀어졌다. 본래적 자유를 다시 획득하기 위한 전제는 선택된 자들의 "거듭남"이다. 칼빈은 이렇게 자유를 근거 짓는 하나님의 형상의 상실과 회복, 그리고 그 속에 담겨 있는 의미에 대해 다음과 같이 설명한다. "하나님의 형상은 타락 전 아담 안에서 밝게 빛났던 인간 본성의 아주 뛰어난 상태였는데, 타락으로 인해 혼란스러운 것과 훼손된 것, 그리고 더렵혀진 것만이 남아있는 상태로 소멸되었다. 이제 이런 (더렵혀진) 형상이 성령으로 거듭난다면 선택받은 자들에게는 부분적으로 다시금 보이지만, 온전한 형상은 하늘에서 얻게 될 것이다."[14] 이처럼 이 땅에서 믿음을 통한 행위의 불완전성과 소망으로 가득 차 있는 미래의 하늘에서 일어나게 될 완성 사이에 존재하는 긴장이 이 문장에 잘 반영되어 있다. 이것은 믿음과 소망 사이에서의 긴장이며, 에온(영원한 시간)과 종말 사이, 즉, 이 땅에서의 불충분성과 저 하늘에서의 완전성 사이에서의 긴장이다. 달리 말해, 이 땅에 매어 있는 인간의 처지와 하나님으로부터 선물로 주어진 자유 사이에서의 긴장이다. 이러한 사실에 의거해서 보자면 하나님의 자녀에게 주어진 자유는 부분적이며 미완성의 자유로서 이 땅의 현실에 주어지게 되었다. 그러나 그런 자유는 결코 인간의 노력의 결과물이 아니라, 오직 은혜의 선물로 주어졌을 뿐이다. 칼빈에게 있어서 "그리스도인의 자유"의 온전한 성취는 종말에 이루어지며, 오로지 선택받은 자에게만 주어지게 될 하나님의 선물이다.[15]

구원과 관련하여 은혜로서 그리스도인에게 주어진 그런 자유의 종교 개혁적 이해로부터 칼빈은 행위를 통한 공로를 거절한다. 인간의 공로에 신뢰를 보내는 "의지의 자유"에 대해 칼빈은 다음과 같이 옳게 지적한다. "덕과 부덕이 인간의 자유로운 의지의 결정으로부터 나왔더라면 사람들이 벌과 보상을 내리는 것은 옳지 않았을 것이다."[16] 칼빈은 벌을 정당한 의로 묘사한다. 인간은 의지적인 욕망으로 인해 죄를 범했다. 이에 반해 보상은 하나님의 선하심의 표현이다. 예를 들면, 디모데후서 4장 8절에 기록된 대로 "의의 면류관"이 신자들에게 약속되었다면, 그것은 다만, 한 가지 근거, 즉, 그리스도인이 자신의 노력과는 상관없이 선택되었고 영광의 자리에 앉게 하신 "하나님의 자비"의 근거만을 칼빈은 인정할 뿐이다. 의지의 자유를 따르게 되면 인간의 공로에 대한 믿음이 정당화될 뿐이다. 따라서 칼빈은 고린도전서 4장 7절과 관련하여 다음과 같은 주장을 펼친다. "공로에게 더 이상 자리를 내어 주지 않기 위해 우리의 모든 의지의 자유는 명백하게 박탈당했다."[17]

오직 은혜로 우리에게 주어진 자유는 다음과 같은 세 가지 질문에 잘 나타나 있다. 첫째, 무엇으로부터 자유인가? 둘째, 무엇을 통한 자유인가? 셋째, 무엇을 위한 자유인가? 이러한 질문에 다음과 같이 짧게 답할 수 있다. 세상이 주는 두려움과 죽음이 주는 두려움으로부터 자유, 우리의 중보자 되신 예수 그리스도를 통한 자유, 그리고 하나님의 자녀 됨과 하나님을 전적으로 의지하기 위한 자유이다.[18]

3. 예정과 자유

칼빈에게 있어서 예정과 자유는 하나님과 인간 사이에서 펼쳐지는 극단적 긴장관계를 다루고 있다는 점을 암시한다. 그에 따르면 하나님은 세상을 지으신 주인으로서 예정의 섭리를 통해 모든 것을 통치하시고 규정하시며, 특히 인간의 생사화복을 주관하시는 분이다. 이를 바탕삼아 그는 "예정과 자유"를 동일하게 여기지 않고 자유가 예정에 귀속된, 즉, 예정의 영향 하에 자유가 존재하는 종속적 개념으로 이해한다. 구원은 행위가 아니라 하나님의 무조건적인 은혜와 사랑에 기인한다는 종교 개혁적 근본사상은 자유의 그런 하위개념에서 울려 퍼져 나갔다. 선택사상과 관련하여 하나님의 자비에 근거를 둔 구원론은 이미 어거스틴에서 발견된다. "하나님의 은혜는 모든 인간에게 주어지지 않았으며, 그리고 행위의 공로와 의지의 공로에 따라 주어진 것이 아니라, 은혜 위에 은혜(gratuita gratia)로 주어졌다."[19] 칼빈은 종교개혁적 사상을 가장 명확하게 보여주는 이런 요약을 발렌틴(Valentin)에게 보낸 어거스틴의 편지를 다음과 같은 제목과 연결시킨다. "징벌과 은혜에 관하여", 이 장에서 칼빈은 "인간의 의지는 자유의 힘으로 은혜에 도달한 것이 아니라, 은혜의 힘으로 자유에 도달한다"고 주장한다.[20]

이와 더불어 "회개" 역시 인간의 노력의 결과물이 아니라, 하나님의 의지에 그 근거를 가진다. 회개가 인간의 노력의 결과라면 인간 자신의 공로사상이 지지를 받아야 한다. 구원에 있어서 의지의 자유를 긍정함으로 나온 공로사상의 위험성과 자기 의를 신뢰하는 로마 가톨릭의 잘못된 사상을 지적하기 위하여 칼빈은 다음과 같은 주장을 펼친다. "인간의 의지가 선을 향하며 그것에 따라 선을 행하는 것은 오로지 하나님의 의지에 의한 것이지 자신의 공로에 의한 것이 아니다."[21] 철학자들은 "자유"를 인간의지의 자율권이라는 의미에서 "신으로부터 인간의 벗어남"으로 이해한다.

　이에 반해 칼빈은 그리스도인의 자유는 하나님의 예정의 섭리와 연관시켜야 한다고 역설한다. 하나님의 예정과 인간의 자유 사이에는 믿는 자의 선택이 자리하고 있다. 하나님으로부터 정해진 그런 자유의 중보자는 구속 사역을 통해 죄의 종 됨으로부터 하나님의 자녀 됨으로 높이신 예수 그리스도이다. 하나님을 "아버지"로 부를 수 있도록 부여된 특권은 바로 이러한 자유로부터 만들어졌다. 우리는 이러한 자유를 '내적' 혹은 '영적' 자유라 일컬으며, 이것은 오로지 하나님을 전적으로 신뢰하는 믿음 안에서 생성된다. 그러나 그리스도를 통해 중재된 자유의 온전한 성취는 종말이 이루어질 때까지 유보되어 있다. '여기서, 그리고 지금(here and now)' 하나님께서 우리에게 선물로 주신 자유에 참여할 수 있다면, 이것은 신약성경이 전하는 바대로 성령의 중재를 통해 일어난다. "주는 영이시니 주의 영이 계신 곳에는 자유함이 있느니라"(고후 3:17).

　신학적 진술에 있어서 하나님의 뛰어나심과 위대성을 표현하는 것 중 '예정'교리 만큼 더 잘 묘사한 것은 없을 것이다. 하나님의 예정하심은 당신의 전지전능의 표현이며 결과물이다. 예정이 하나님의 전지와 전능에 관한 사상임을 밝힌 것은 칼빈의 공로라 할 수 있다. 칼빈의 일관성과 비타협성은 특히 예정과 자유와의 관계 규정에서 명확히 드러난다.

　칼빈은 무엇보다 하나님의 존엄성과 (절대)주권을 중요시한다. 하나님은 능력이 많으시며, 인간의 이성으로는 도저히 파악할 수 없는 분으로서 모든 것을 규정하시고, 조종하시며, 지배하시는 분이기 때문에 공간과 시간에 제약을 받는 연약한 인간이 "자유"의 이름으로 그에 맞서려 한다면 그것은 오만과 불손이다. 그러므로 그리스도인의 자유는 하나님의 예정하심 속에서만 존재할 뿐이다. 철학이 인간의 자율적 고유성의 의미에서 자유를 가르치며, 신의 통치에 마주한 인간의 독립성으로서 이해하려 한다면, 그것은 심각한 자기기만에 해당된다.

철학자들이 말하는 자유와는 다르게 그리스도인에게 있어서 참된 자유란, 하나님의 예정하심에 매여 있는 속박의 의미를 지닌다. 때문에 우리는 속박과 자유 사이에서의 선택이 아니라 다만, 속박과 속박 사이에서의 선택, 즉, 우리가 속박되고 싶어 하는 선택만을 가지고 있을 뿐이다. 인간은 항상 하나님과 사탄 사이에서 결정의 기로에 서 있다. 내가 나를 하나님을 위한 결정에 내맡긴다면 자유롭게 되지만, 사탄이 원하는 결정에 나를 내맡긴다면 하나님으로부터 멀어져 죄의 노예상태로 빠지게 되며, 결국 자유하지 못함 속에 살아가게 된다. 예정과 자유는 양자택일의 개념으로 서로 대립된 것이 아니라, 종속적 관계 안에 있다. 그리스도인의 자유는 항상 하나님의 예정의 섭리 속에 있다는 말이다. 하나님의 의지만이 절대적으로 자유롭다. 인간은 자신의 소망을 하나님의 높으신 의지와 일치할 경우, 그런 자유에 참여할 뿐이다. 이러한 사실로부터 참된 신앙을 소유한 자가 참된 자유를 소유한 자라는 결과가 도출된다.

이에 따라 예정과 자유는 상호대립적 관계가 아니라, 자유는 예정에서 그 근거를 찾으며 예정에서 도출되는 관계 안에 존재한다. 칼빈에게 있어서 의지의 자유가 중요한 것이 아니라, 하나님의 예정하심에 대한 믿음 안에서 그리스도를 통해 주어진 자유가 중요하다. 그것은 의지를 통해 획득되는 자유가 아니라, 오히려 자신의 의지로부터 벗어나는 자유이다. 이러한 자유는 결코 인간의 업적이 아니다. 그리스도인은 이 땅의 모든 사슬과 얽매임, 세상의 두려움, 죽음과 사탄의 권세로부터 오는 두려움으로부터 자유로우며, 만물을 주관하시는 주 되신 하나님께 복종을 통해 자유로워진다. 이러한 자유는 하나님과 우리 사이에 평화를 초래하며 자유에 대한 모든 인간의 동경을 만족시키기에 충분하며, 그리스도가 전 인류를 위해 성취하셨던 하나님과의 화평의 가장 지고(地高)한 형태임을 증거 한다. "이것을 너희에게 이름은 너희로 내 안에서 평안을 누리게 하려 함이라 세상에서는 너희가 환난을 당하나 담대하라 내가 세상을 이기었노라 하시니라"(요 16:33).

예정이 내포된 자유의 의미는 그리스도의 죽음에 대한 승리의 약속을 통해 더욱더 고양된다. "진실로 진실로 너희에게 이르노니 사람이 내 말을 지키면 죽음을 영원히 보지 아니하리라"(요 8:51). 이런 주님의 선포는 그리스도를 통해 중재되며, 믿음으로 획득되고, 하나님의 예정의 섭리에 기인하는 그리스도인의 자유에 관한 기쁜 소식이다. 하나님의 예정하심에 근거를 갖는 그리스도인의 자유이해는 요한복음의 다음과 같은 기록에서 보다 명확해진다. "그러므로 아들이 너희를 자유케 하면 너희가 참으로 자유하리라"(요 8:36).

4. 자유의 사용

칼빈의 주요 관심사는 철학이나 조직신학이 아니라, 믿음에 상응하는 실천에 있다는 것에 주목해야 한다. 종교개혁의 도화선이 되었던 루터의 "그리스도인의 자유에 관하여(Von der Freihiet eines

Christenmenschen)"라는 소논문과 유사한 입장을 취하는 칼빈은 베드로전서 2장 16절에 대한 주석에서 다음과 같이 말한다. "우리의 자유는 자유로운 섬김(libera servitus)이며 섬기는 자유(serva libertas)이다." 칼빈에게 있어서 그리스도인의 자유가 얼마나 중요했는지 니젤(W. Niesel)이 잘 묘사해 준다. "칼빈에 따르면 그리스도인의 자유를 지적하지 않고서는 그리스도인의 삶을 언급할 수 없다."[22]

그리스도인의 자유와 더불어 우리가 빠뜨릴 수 없는 개념은 "자유의 사용"이다. 자유의 사용은 인간의 자의성이나 임의성에 의해서가 아니라, 하나님과의 관계 안에서 행해져야 한다. 우리의 모든 결정은 그리스도와 관계해야만 하며, 이해 타산적 행위가 되어서는 안 된다. 자유로 부름 받은 그리스도인은 자유로운 복종 안에 있어야 하며 자유 안에서 행위로 나타나야 한다. 주되신 그리스도와 우리의 연합함은 삶의 이념으로서 의미를 지닌 자율적 인격성을 배제시켜야 한다. 그러나 결코 잊어서는 안 될 점은 그리스도인의 자유는 조건 지어진 자유이며 창조자의 의존 안에 있는 자유이다.

칼빈에 의하면 이 땅의 것의 소유와 향락은 그리스도인에게 금지되어 있진 않지만, 그 사용은 순수한 양심을 가지고 행해져야 한다. 우리에게 허락된 행위가 약한 자들을 괴롭히거나 병들게 한다면, 그것은 자유의 오용에 해당된다. "확실히 상아와 금, 그리고 부는 하나님께서 우리 인간에게 사용하도록 허가한 선한 것이며 선한 사용을 위한 하나님의 섭리에 해당된다. 또한 어떤 곳에서도 웃거나 배부르게 먹는 것을 금하지 않을 뿐 아니라, 유산으로 받은 소유를 금하지 않으며, 음악을 즐기는 것 또한 금하지 않았다. 모두는 자신의 위치에 따라 분수에 만족해하거나 멋진 삶을 영위해 나갈 수 있다. 하나님이 모두를 배불리 먹게 하시지만, 그러나 너무 많이 먹는 포식은 고려해 보아야 한다."[23] 만약, 우리가 자유를 주장해야 할 필요가 있다면 그것은 온전한 주의(summa cautione)와 더불어 약한 자를 염려 하는 것에서 행해져야 한다. 형제들을 노함으로 대한다면, 그런 자유는 양심의 폭력성을 가진 혁명가의 사랑 없는 자유에 해당되며, "자유의 외투를 걸치고 하나님께 순종을 잊어버리고 제어되지 않는 임의성에 바탕을 둔 것이다."[24]

칼빈이 말한 자유는 자발성이 아니라 한 주인과의 연합에 있다. "그런 자유는 그 자리를 양심에서 가지며 하나님과 관련시킨다. 그러나 그런 자유의 사용은 외적인 삶에서 행해지며, 하나님뿐만이 아니라 인간과도 관계를 맺으며, 그런 사용에 사랑이 지배해야 한다."[25] 칼빈이 주장하는 그리스도인의 자유는 하나님으로부터 잘 훈련된 역동적인 자유이며, 욕구에 따라 자신을 보호하려는 그런 자유가 아니다. 물론, 하나님께서 사치와 그와 유사한 종류의 것을 철저하게 금하지 않았지만, 절제된 모습으로 자유를 사용해야 한다.

또한 칼빈은 자유의 사용을 위한 최고의 규준을 '사랑', 그 중에서도 '이웃'에 대한 사랑에 두었다. 이에 대해 사도 바울은 다음과 같이 말한다. "모든 것이 가하나 모든 것이 유익한 것은 아니요 모든 것이 가하나 모든 것이 덕을 세우는 것은 아니니 누구든지 자기의 유익을 구하지 말고 남의 유익을 구하라"(고전 10:23-24). 자유를 사용함에 있어서 지켜야 할 분명한 원칙은 이웃에게 덕을 세우는 것이다. 그렇지 않을 경우 자유를 사용치 말아야 하며 절제해야 한다. 외적인 일에 자유를 누릴 권리가 우리에게 주어진 것은 사랑의 의무를 실천하도록 하기 위함이다. 그러나 그런 의무들을 남김없이 다 행했다 하더라도 사랑의 마음에서 나온 것이 아니라면 아무 소용이 없다. 아무리 지체 높고 부유한 사람이라 할지라도 스스로 이웃에게 빚을 지고 있다고 생각해야 한다. 그리하여 힘이 닿는 한 끝까지 이웃을 도와야 한다.

칼빈은 그리스도인의 자유를 '믿음 안에서의 자유'라는 새로운 관점에서 이해했다. 믿음 안에서의 자유는 세상의 많은 사상가들이 주장하는 자유와는 다른 특별한 의미를 갖는다. 즉, 일반적 의미와는 다르게 자유란 인간의 노력이나 의지에 의한 획득이나 쟁취에 있는 것이 아니라, 오직 예수 그리스도를 구주로 믿는 믿음을 통해 우리의 외부에서(extra nos) 일방적으로 주어진다. 달리 말해, 믿음을 통한 자유의 주체는 이성을 가진 우리 인간이 아니라, 우리를 자유하게 하신 예수 그리스도께 있는 것이다.

그리고 그리스도에 대한 믿음을 통해 획득된 자유는 이웃을 사랑하는 철저한 실천 안에서 삶의 형태로 나타나야 한다. 자유를 얻은 자들의 삶의 형태는 이웃을 향한 사랑에서 드러나야 하는 것이다. 때문에 칼빈에게 있어서 자유란 보편적인 주체성(subjectivity)의 자유가 아니라, 이웃과의 만남 안에서 보여지는 실천 지향적 자유이다. 특히 칼빈의 신학에서 발견된 자유의 실재성(reality)은 인간 외부에 있으며, 그리고 자유의 근거는 자유의 구원론적인 측면, 즉, 하나님의 구원하시는 행위와 관련되어 있다. 이것이 칼빈의 신학에서 나타난 그리스도인의 자유의 특징이다.

환언하면, 칼빈에게 있어서 자유란 믿음의 자유이며 믿음으로부터 생겨난 자유를 말한다. 그러나 믿음을 통한 자유는 인간을 게으름이나 악의 자리에 서지 않게 하며, 우리의 의와 구원을 위하여 율법에 의거한 공로를 필요치 않게 한다. 그러나 우리가 오직 믿음을 통해서 의에 이르고 자유를 누릴 수 있다 해서 율법의 행위를 무시하는 것은 결코 아님을 칼빈은 주장하면서 자유와 율법의 관계를 언급한다. 그에 따르면 율법은 자기 자신을 돌아보게 하고, 이 세상 속에서 어떻게 살아야 하는지를 가르쳐 주는 하나의 행위지침서의 역할을 한다. 우리가 믿음을 통해 전적으로 내적이고 영적인 사람이 된다면, 우리에게는 율법이나 공적이 필요 없을 것이다. 그러나 이 세상에서 살아가는 한, 믿음을 가졌으나 완전한 믿음이 아니며, 영적인 것에 속했으나 완전히 영적인 사람이 아니기 때문에, 우리에게 율법이 필요한 것이다. 그러나 율법 자체가 우리를 하나님 앞에서 의롭게 만들지는 못한다.

그래서 칼빈은 믿음에 의해 선택된 사람이 선을 행하는 것이지, 그러한 선행이 그를 더욱더 거룩하게 하거나 그리스도인이 되게 하지는 못한다고 주장한다. 즉, 선한 행위가 선한 사람을 만드는 것이 아니라, 선한 사람이 선한 일을 행할 수 있다. 따라서 언제나 선한 행동이 있을 수 있기 전에 먼저 본질 혹은 사람 자체가 선해야 하며, 또한 선한 행위는 선한 사람을 따르고 그에게서 나와야 한다. "좋은 나무가 나쁜 열매를 맺을 수 없고 못된 나무가 아름다운 열매를 맺을 수 없느니라" (마 7:18).

갈라디아서 5장 13-14절의 말씀 "형제들아 너희가 자유를 위하여 부르심을 입었으나 그러나 그 자유로 육체의 기회를 삼지 말고 오직 사랑으로 서로 종노릇하라. 온 율법은 네 이웃 사랑 하기를 네 몸 같이 하라 하신 말씀에 이루었나니"는 그리스도인의 자유를 사랑과 연결시킨다. 비록 그리스도인이 믿음을 통해 모든 것으로부터 해방되었으나, 자유 가운데서 자신을 비워야 하고 스스로 종의 모양을 취해야 하며 섬기고 도우며, 그리고 모든 방법을 동원해 자신의 이웃을 사랑으로 대해야 한다. 우리에게 값없이 오직 은혜로 주어진 자유를 우리 자신의 영광과 명예와 육체의 정욕을 위해 누리는 것이 아니라, 하나님께서 그리스도 안에서 값없이 우리를 도우신 것과 같이 우리 역시 값없이 우리의 몸으로 이웃을 도와야 한다.

그리스도인의 자유는 영적이고 참된 자유이며 모든 죄와 율법과 계명에서 우리의 마음을 해방시켜주는 자유이다. 하늘이 땅보다 더 뛰어난 것과 같이 그런 자유는 외적인 다른 모든 자유보다 더 뛰어난 것이다. 내 자신을 위한 삶이 아니라, 내 이웃을 위해 낮아져서 종의 모습으로 사랑으로 봉사하며 섬기며 살아 갈 때에, 여기에 진정한 자유가 있다고 칼빈은 주장한다. 그런 사랑을 통한 자유가 '자유 함'과 '종 됨'의 변증법적 관계의 본질을 이룬다.

전술한 자유에 관한 칼빈의 사상은 믿음만을 강조하고 믿음을 통한 그리스인의 삶, 즉, 행위를 간과하고 있는 한국교회 현실에 많은 것을 생각하게 해준다. 칼빈의 신학에서 보여준 자유에 대한 사상이 비록 과거 수 세기 전에 나온 것이라 할지라도, 여전히 오늘과 내일의 그리스도인의 자유를 가늠하는 잣대의 역할을 한다는 사실에 아무도 이의를 제기할 수 없을 것이다.

3장
양심

　인간은 자신의 행위를 판단할 잣대 혹은 근거를 자신 안에서 찾을 수 있는가? 달리 말해, 도덕적 판단을 내릴 수 있는 근거가 무엇이냐는 것이다. 이 질문에 대한 답을 인간이 태어날 때부터 선천적으로 주어진 '양심'에서 찾을 수 있다. 양심의 일반적인 뜻은 선악을 판단하고 선을 명령하며 악을 물리치는 도덕의식이다. 서양에서 양심(conseinece)이라는 말은 원래 "함께(con) 안다(science)"라는 뜻으로, 나의 모든 생각과 행동을 내 마음속의 또 다른 내가 보고 있고, 모든 것을 함께 알고 있다는 의미이다. '양심'에 관한 이런 정의는 일반적인 의미에서이다. 그렇다면 칼빈은 그리스도인의 삶과 관련해 양심을 어떻게 이해하고 있을까?
　사람들이 칼빈을 '양심의 신학자'로 부르지 않았음에도 그의 글에서 양심에 대한 언급을 종종 발견할 수 있다. 그러나 칼빈은 세상의 사상가들이 주장한 것처럼 양심을 선과 악으로 판단하며 인간의 삶에 유익을 가져다주는 모든 일의 원근거로 여기지 않는다. 또한 도덕적 행위를 위한 근본적인 척도로 양심을 내세우는 것에도 동의하지 않았다.

인간에게 두 가지 종류의 정부가 있는데, 하나는 영적이며 하나님을 잘 섬기고 경건한 삶을 영위할 수 있도록 양심을 다스리게 하는 정부이며, 하나는 시민적이며 인간이 보편적으로 지켜야 할 의무와 한 국가의 시민으로서 따라야 할 의무를 가르치는 정부이다. 여기서 "양심이란 무엇인가?"라는 질문이 제기될 수 있다. 이 개념을 바르게 이해하기 위해서는 먼저 언어적 뿌리에서 찾아야 한다. 인간은 정신(mente) 혹은 성향과 통찰(intelligentia)을 통해 사물을 인식한다. 이를 통해 인간은 이것저것을 알게 되며 이로부터 학문이라는 단어가 생성된다. 또한 인간은 자신의 죄를 숨기려하지만 그렇게 하지 못하게 하고, 오히려 잘못을 저지른 자로서 하나님의 심판대 앞에 서서 증인을 통해 심판을 받게 된다는 정도의 지각력을 가지고 있다. 이러한 지각력을 양심이라 부른다.

양심은 하나님과 우리 사이에서 중심에 자리 잡은 무엇이다. 왜냐하면 양심은 인간이 고의로 저지른 잘못된 행동에 대해 자신 속에 묻어두려는 성향을 허용하는 것이 아니라, 하나님 앞에서 잘못을 시인할 때까지, 그를 안절부절 못하게 하고 압박하게 하기 때문이다. "인간을 하나님의 심판대 앞에 세우게 하는 이런 지각력은 모든 비밀을 들여다보기 위해 항상 그들에게 밀착해서 지켜보는 파수꾼 같으며, 어둠 속에 숨겨져 있는 모든 것을 알고 있는데, 다음과 같은 옛날 속담이 이 사실을 잘 드러내 준다. 양심은 천명의 증인들과 같다."[1] "게다가 선한 양심의 열매는 인간을 유용하게 만든다. 하지만 양심은 하나님과 함께 있을 때에만 열매를 맺을 수 있다."[2]

이뿐 아니라, 양심은 하나님과 인간 사이에 이중적 관계를 맺게 한다. 먼저 양심은 하나님과 관계하며, 이런 관계는 결국 우리가 사람들과의 관계에서 보여주는 신뢰와 순수성이 자라나게 한다.[3] 이렇게 우리 안에 하나님과의 관계가 명확해지면서 하나님의 법(계명)을 또렷이 인지하며 따르게 한다. 하지만 그러지 못할 경우 양심으로부터 하나님에 대한 잘못된 인식에 이르며, 결국 인간의 자율성에서 나온 도덕적 판단력에 의존하게 하는 우를 범하게 한다.[4] 인간의 양심은 반드시 하나님과 관계를 맺어야 한다. 선한 양심이란 하나님 앞에서 마음을 바로 세우는 것과 다른 무엇이 아니기 때문이다. "양심은 하나님을 경외하게 하는 살아있는 기질이며, 경건하고 거룩한 삶을 향한 순수한 열정이다."[5] "자신의 태도에 있어서 단정치 못한 자는 형제들에게 나쁜 선례를 남김으로 죄를 범하며, 하나님 앞에 잘못을 범할 수 있는 양심을 가진 자이다. 결국 불신앙이 나쁜 양심을 낳는다."[6]

인간의식의 현상으로서 혹은 영혼에 관한 형이상학에 대한 문제로서 양심에 관한 사상은 칼빈의 신학에는 나타나 있지 않다. 그는 양심을 종교적이며 도덕적인 실존의 요소로 이해하지 않았다. 그에게 양심은 다만, 하나님과의 관계에서만, 그리고 하나님의 말씀과 함께 이해된다. 그러므로 양심을 비의존적이며 독립적으로 존재하는 것으로 이해하는 '양심의 신학'을 칼빈은 받아들이지 않았다.[7] 종교개혁자들은 양심을 도덕적 자율권의 원리와 연관시키려거나 관념론적 사상에서 보여주듯 도덕적 삶의 뿌리로 이해하지 않았다. 즉, 말씀을 벗어난 어떠한 양심에 관한 이해도 받아들이지 않았다. 그들은 오직 하나님과 함께, 그리고 당신의 말씀으로부터 살아 움직이는 양심을 보았을 뿐이다.

종교개혁자들은 양심이 그 자체로 온전한 도덕적 통찰에 이를 수 있는 능력을 가지고 있다는 사실에 이의를 제기한다. 이와 관련하여 문병호 박사는 양심을 일반계시의 관점에서 다음과 같이 규정한다. "양심은 하나님의 어떠하심을 알게 되는 '의의 씨앗(semen justitiae)' 이라고 불린다. 하나님의 형상으로서 인류는 일반계시의 빛에 의해 진리를 알고 선을 행하며 아름다움을 발현한다. 뿐만 아니라, 일반계시를 통하여서 윤리와 법의식을 알게 된다. 즉, 양심으로 말미암아 의(justitia)라는 관념을 가져서 하나님 앞에서 선과 악을 구별하고 판단한다."[8]

인간은 양심을 묶거나 풀 수 없으며, 우리가 판단하는 이상의 것으로, 오직 하나님만이 양심에 관한 규정을 정할 수 있다.[9] 양심은 아무도 지나쳐 버릴 수 없는 필연적인 것이며, 인간 내부에 존재하는 한 도구와 같은 것이다. "우리가 양심을 거역해 역주행 한다면 우리를 파멸의 길로 빠지게 할 것이다. 따라서 양심이 불확실하거나 심지어 양심에 거역한다면 우리를 아주 비참한 존재로 만들어 버리는 악이 얼마나 큰지를 보라."[10]

죄 중에서도 악한 죄, 소위 죄질이 나쁜 죄는 양심이 잠자는 것이다.[11] 무신론자들을 향한 칼빈의 가장 가혹한 비난 중 하나는 그들의 양심이 잠잔다는 것이다.[12] 우리는 의심과 불확실성으로 가득 찬 양심을 갖지 않도록 주의해야 한다. 우리가 선한 양심에 의거해 살아간다면 우리의 삶은 풍성해질 것이며 유익한 장이 펼쳐질 것이다. 우리가 일생동안 우리의 양심이 평화롭다면 죽음이 찾아올 때까지 기쁨과 즐거움으로 가득 찬 삶이 될 것이다.[13]

또한 양심은 고정되어 있는 것이 아니라 언제나 변할 수 있는 개연성을 지닌다. "양심은 하나님의 형상을 담고 있으며, 의로운 행위를 하게 하는 증거를 인간에게 제공하고, 하나님과 연합을 이루게 한다"[14]는 코케이우스(Coccejus)의 주장에 칼빈은 전적으로 동의하지 않았다. 하나님과의 연합과 신뢰에 관한 모든 증거는 인간의 양심에 의해 고백되지 않는다. "양심이 하나님의 말씀으로부터 떠나게 되면, 그 양심은 이 땅에 떠돌아다니는 구슬과 같은 것"이라 주장하는 루터와 마찬가지로, 양심 속에 들어 있는 내용은 하나님의 말씀으로 채워져야 한다고 칼빈은 말한다. 따라서 양심은 인간의 방식과 생각으로 하나님의 계명에 담긴 뜻을 변화시키려는 시도에 경고의 메시지를 보낸다.

그리스도인의 양심은 인간적 사상의 척도에 따라 판단할 수 있는 것이 아니라, 하나님의 말씀을 판단의 기준으로 삼아야 한다. 하나님 없는 양심은 재판관 없는 법정과 같은 것이다. 즉, 우리의 양심은 하나님의 말씀과 연결되어야 한다. 그래야만 우리의 양심이 역동적인 힘을 발휘하게 되며, 평화롭고 자유가 지배하는 삶이 가능해진다.[15]

이에 따라 종교개혁자들은 양심을 그리스도인의 거룩한 삶을 위한 중요한 기능적 요소로 여겼지만, 그것은 우리 자신으로부터 세워진 양심이 아니라, 하나님의 말씀과 연결된 양심을 말하는 것이었다. 인문주의자들이 양심을 인간의 내적 우주의 중심을 지배하는 기관으로 간주했던 반면, 종교개혁자들에게 양심은 어떤 독립적인 힘을 지니지 않았다. 따라서 "양심은 기독교 윤리학을 위해 도움을 줄 수 있는 준거점이 될 수 없다. 왜냐하면 자연법을 지각할 수 있게 하는 양심은 하나님 앞에서 바른 변화를 보여줄 정도의 충분한 교훈을 우리에게 제공해 주지 못하기 때문이다."[16] 양심 자체로는 생산적인 기능을 감당하지 못한다는 말이다.

칼빈이 이해한 양심은 잘못 혹은 악을 의식하는 기능을 갖고 있다. 양심에 깊이 은닉되어 있는 자극이 우리의 죄를 건드려 기억나게 한다면, 하나님께서 우리에게 말을 걸고 계시다는 사실을 깨달아야 한다. "하나님께서 우리의 양심에 침을 놓으신다면, 그것은 당신께서 비밀경찰들을 거느리고 계신다는 것을 뜻한다. 이를 통해 우리는 우리가 행했던 불의를 내적으로 지각하게 된다."[17] "법에 입각한 벌이 없다 할지라도 하나님께서는 당신의 약속과 경고를 통해 양심을 심판대 앞으로 부르고 계신다."[18]

칼빈은 우리가 믿음을 소유하기 전에도 선한 양심을 가질 수 있다는 생각을 받아들이지 않는다. 하나님의 의가 은혜의 선물로서 우리에게 주어졌다면, 우리의 양심은 고요함과 평안함으로 가득 채워진다. "그리스도께서 양심에서 생성되는 모든 동요를 잠재우시기 때문에 평화의 주인이 되신다."[19] 자기 자신을 의지하는 양심은 연약한 양심에 지나지 않을 뿐이며, 윤리성의 목적에 도달할 수 없는 무익한 양심에 불과하다.

칼빈은 자신의 양심에 하나님의 진리로 가득 채웠다. "우리의 죄에 대한 용서를 인식하지 않고서는 우리의 양심은 어떤 고요함도 가질 수 없다."[20] "우리의 양심이 하나님의 자비하심에 의존해 있지 않다면, 양심은 결코 잠잠하지 않을 것이다."[21] "평화는 양심의 고요함을 뜻하며, 그 양심은 바리새인들의 확실성과는 다르게 하나님께서 우리와 화해하셨다는 확신으로부터 자라난다."[22] 이에 비해 "악한 양심은 하나님의 심판 앞에서 달아나려 하며 어둠 속으로 숨으려 한다."[23] 이처럼 칼빈은 악한 양심의 위험성과 파멸성에 경고의 메시지를 보낸다. "자신의 양심이 오염된 자는 마음이 점점 어두워져 실수와 거짓말을 낳으며, 결국 자신을 악의 구렁텅이로 몰고 갈 것이다."[24]

칼빈은 양심이 무엇인지를 무엇보다 하나님과의 관계에서 생각했기 때문에 철학자들이 말한 소위 '양심의 형이상학'을 받아들이지 않았다. 칼빈에게 양심이란, 우리의 교만한 마음을 던져 버리게 하고, 우리가 하나님의 뜻에 복종하는 마음을 불러일으키게 하는, 우리의 가장 깊은 곳에 자리 잡은 한 기관으로서의 의미를 지닌다. 그러므로 자율적이며 비의존적인 양심에 관한 이해는 칼빈에게는 낯선 사상이다. 오히려 그는 행위의 척도로 양심이 아니라, 하나님의 계명과 언약을 제시했다.

제 4 부

그리스도인의
삶의 다양한 주제들

그리스도인의 삶의 다양한 주제들

1장
가화만사성(家和萬事成)

1. 부부

　가화만사성의 첫째 조건은 부부에 있다. 한 가정의 흥망성쇠(興亡盛衰)는 부부에 있다 해도 과언이 아니기 때문이다. 그런데 칼빈에 의하면 부부는 남편의 사랑이나 혹은 다른 남성적 동기가 아니라, 하나님의 창조질서와 구원론에 근거해 있다. "하나님은 전 인류의 구원을 위해 부부를 제정하셨다."[1] 하나님께서 이루신 부부연분(緣分)의 궁극적인 목적은 구원에 있다.[2] "부부란 인간의 삶과 관계의 총체며 끊을 수 없는 공동체를 말한다. 때문에 부부의 연분에 해를 입히는 것은 하나님 앞에서 엄청난 잘못을 범하는 것이다."[3]

　또한 부부는 단순히 로맨틱한 사랑으로 맺어진 것이 아니라, 인간의 불결함과 불순종을 막기 위해 하나님께서 제정하신 계명에 그 기반을 두고 있다.[4] 칼빈은 부부의 현실성에 대해 모른 체 하지 않았으며, 교회 성도들에게 장밋빛 환상에 젖게 하는 판타스틱한 그림으로도 표현하지 않았다. "아내가 남편의 잘못과 실수를 발견할 수 있듯이 남편 역시 아내에게서 실수를 발견할 수 있다."[5] 그렇다고 그런 실수가 하나님께서 맺어준 연을 끊게 하는 근거가 되어서는 안 된다. "최상의 상태를 보여주는 가족이라도 때로 불화를 겪기도 한다."[6] 부부 간에 맺어진 관계성을 가장 잘 나타내는 묘사를 다음과 같은 말에서 찾을 수 있다. "남편과 아내, 그 누구도 특별한 장점을 갖지 않는 하나님의 자녀이며 그리스도의 지체들이다."[7]

그들이 비록 성격이 다르고 배움의 정도와 살아온 환경이 다를지라도 예수 그리스도 안에서 하나로 연합되어 있다. 부부는 하나님께서 세우신 거룩한 공동체이다. 때문에 부부의 개념 속에 담겨 있는 심오한 뜻을 신앙에서만 깨달을 수 있다. 그리스도께서 친히 부부의 주인이 되신다. 남편이 아내를 죽을 때까지 인도할 책임과 의무를 하나님께서 주셨으며, 아내는 그런 하나님의 뜻에 순종해야 한다. 따라서 남편과 아내가 비록 죄로 얼룩져 있다 할지라도 최선을 다해 하나님께 온전히 드려지는 삶을 살아야 한다. "부부가 불행해지는 원인은 그들이 하나님을 생각지 않는다는 사실에 있다."[8] 따라서 부부는 늘 하나님의 말씀에 귀 기울어야 한다.

우리가 부부의 관계를 단순히 자연의 질서라는 관점에서만 이해한다면 우리의 자제력과 절제는 제 기능을 다하지 못하게 될 것이다. 달리 말해, 부부는 일종의 일반적인 계약으로 성립된 것이 아니라 변하기 쉬우며 욕망으로 가득 찬 인간적인 것을 넘어선 '하나님의 질서'로 인식되어야 하며, 그러할 때에야 비로소 부부에 대한 바른 태도가 가능해지는 것이다. 하나님께서 남편에게 자신의 아내를 억압하거나 전제 군주적 통치를 행사할 무소불위의 권력을 주시지 않았다는 사실 또한 주지되어야 한다. "남편은 아내의 머리이지 군주가 아니며, 아내는 겸손으로 순종할 태도를 취해야 한다."[9] 부부는 하나님의 말씀에 순종해야 하며 부부 중 어느 누구도 자신의 유익을 구해서는 안 된다.

또한 칼빈은 부부간의 인격을 매우 중요시했기 때문에 남편이 아내에게 심한 모욕적인 언사 행하는 것을 금했다. 가령, "아내가 필요악"이라든가, "사탄에게 저주 받으라"든가, "하나님의 거룩한 질서를 무너뜨리는 일에 기여 한다"는 말로 아내의 인격을 무시하는 태도를 금했다.[10] 오히려 남편은 아내에게 위로와 격려의 말을 아끼지 말아야 한다. 가령, "남자에게 홀로 지내는 것은 좋지 않기 때문에 여자는 남자에게 없어서는 안 될 인생의 반려자"라는 말로 격려를 아끼지 말아야 한다. 칼빈은 서로 간의 사랑과 행복이 부부를 연합시킨다는 전제하에서 남편은 아내에 대해 우선권을 가질 수 있다고 말한다. 그러나 남편은 주 안에서 한 몸을 이루는 동일한 인격체로서 아내에게 신뢰감을 주어야 한다.[11]

부부의 개념 속에 본질적으로 담겨 있는 거룩성으로 인해 하나님께서 허락한 경우를 제외하고 부부는 헤어져서는 안 된다. "인간의 끈 중에 가장 거룩한 끈인 부부의 끈이 끊어진다면 모든 인간의 공동체는 혼란 속에 빠지게 될 것이다."[12] 나병(癩病)이 이혼의 근거가 되느냐는 질문에 칼빈은 다음과 같이 답한다. "나는 나병이 부부의 이혼을 위해 정당하다고 생각지 않는다. 오히려 부부는 그 고통을 함께 짊어져야 한다."[13] 남편으로 인해 고통을 겪는 신앙을 가진 여인에게 다음과 같은 말이 적합할 것이다. "나는 그녀가 남편을 떠날 그 어떤 근거도 알지 못한다. 그러나 생명의 위험이 닥칠 정도라면 이혼에 대한 정당성을 가질 수 있다."[14]

칼빈은 또한 부부관계의 절제를 비정상적인 것으로 여기며, 하나님의 창조질서를 깨뜨리는 불손이며 도덕적 위험으로까지 간주한다. 그는 홀로 사는 삶의 형태가 높이 평가받는 시대에 "독신생활이 비록 제삼의 하늘에까지 고양된다 할지라도 하나님의 특별한 선물로 받아들여질 경우에만 참된 것으로 여길 수 있다"고 말한다.[15] 이렇듯, 부부공동체에 관한 질문은 그 답을 하나님의 계명의 빛 속에서 찾을 수 있다. 전술한 바와 같이, 우리는 "그리스도인의 윤리적 토대는 하나님의 말씀이다"는 사실을 칼빈의 가정관에서도 발견할 수 있다. 하나님의 말씀을 거역하는 결의는 우리 그리스도인에게 허락되지 않는다는 말이다. 칼빈은 교회의 원로들 앞에서 모든 경의를 표하면서도 독신의 특별한 가치에 대한 질문에서는 대담하게 그들과 뜻을 같이 하지 않았다. 그 문제에 있어서만큼은 하나님의 말씀에 분명히 벗어나 있었기 때문이다. "우리는 정욕적인 절제에 지나친 요구를 가지고 그리스도께 무익한 간청을 하게 되는 꼴이 될 것이다."[16]

어느 한 교회로부터 자신의 직을 수행하기 위해 결혼하지 않은 목사가 더 적합한지에 대한 질문이 칼빈에게 제기되었다. 이에 대한 그의 판단은 다음과 같다. 결혼하지 않는다 해서 결혼한 자보다 자신의 직을 더 잘 수행할 수 있다는 어떤 성경적 근거를 찾을 수 없다. 독신은 바울이 기록한 디모데전서 3장이나 디도서 1장에서도 직분을 수행하기 위한 필연성으로 언급되지 않았다.[17] 다만, 두 가지 경우에만 예외적으로 독신이 허용될 뿐이다. 첫째 육체적인 결함이 있을 경우, 둘째 하나님의 나라를 위한 사역을 감당하는 데 있어서 방해받지 않을 정도로 유혹을 견뎌낼 수 있을 경우에만 허용될 수 있다. 이런 두 경우는 하나님으로부터 절제의 은사를 받았다고 볼 수 있다. 이 외에 어떤 경우도 독신으로 산다는 것 자체는 미덕이 아니며, 칭찬을 받을 만한 것도 못된다.

결혼은 외적인 화려함이 아니라, 하나님의 인도하심과 서로 간의 신뢰가 바탕을 이루어야 한다.[18] 미(美)를 동경하는 것 자체는 죄가 아니지만, 아내의 깊은 곳에 거하는 아름다운 영혼 대신에 외적인 미와 화려함만을 구한다면 그것은 죄에 해당된다.[19] 칼빈은 자신의 결혼과 아내를 상고하면서 동료 파렐에게 다음의 글을 남긴다. "그것(결혼)은 나를 매혹시킨 유일한 아름다움이었다. 그녀는 정숙한 여인이었고 교만하지 않았으며 검소하며 인내심이 많았으며 나의 건강을 항상 염려했던 여인이었다."[20] 또한 칼빈은 결혼하려는 한 친구에게 다음의 말을 전했다. "나는 아내를 구하려는 당신에게 아내와 함께 그리스도를 따를 준비가 되어있는지를 조언해 줄 수 있을 뿐이다."[21] 뿐만 아니라, 그는 바르게 세워진 가정을 일컬어 멋진 화음을 선사하는 '사랑스러운 심포니(suavis symphonia)'로 표현했다.[22]

칼빈은 가장으로서 남편의 역할과 위치에 대해서도 언급한다. 가장은 자신의 가정을 돌보고 관리해야 할 의무와 책임을 갖고 있다. 남편은 가정을 위해 일하는 수고를 해야 하며, 집에서는 아내를 보조하며 격려하고 아이들을 돌봐야 한다. "이 모든 것들을 감내하는 것이 하나님께서 받으실 만한 것임을 기억해야 할 것이다. 칼빈은 가정에서 아버지의 다스림을 '사랑으로 종노릇 하는 것'으로 보았다."[23] 그런 가장의 역할이 과소평가 되어서는 안 된다.

심지어 칼빈은 가정을 '교회의 모형'으로 비유하며, 가장을 네 개의 벽으로 둘러싸인 작은 건물에서 목회자로서의 직분을 감당하는 자로 표현한다.[24] 남편이 자신의 집을 하나님의 성전으로 간주하여 깨끗이 유지하지 않는다면, 그는 자신의 집에 저주를 불러오는 것과 같은 것이다.[25] "우리는 하나님께서 우리의 가정에 최고의 주인으로서 살고 계시다는 사실을 결코 잊어서는 안 된다."[26] 가정에 휴머니즘에 바탕을 둔 교육이 아니라, 하나님과의 관계가 최고의 원리가 되어야 한다. "하나님께서 우리 가정에 주인이 아니라면, 과연 우리 가정에 축복이 임할 수 있으리라 생각하는가?"[27] 교회와 학교에서 행하는 어떤 일도 가정교회의 일을 대신할 수 없다.

이뿐 아니라, 칼빈은 가정주부로서 역할과 영향에 대해서도 기록을 남겼다. 그는 여성문화에 대해서는 어떤 기록도 남기지 않았지만 그가 살았던 당시, 특히 르네상스 시대에 있어서 일상적이었던 여성을 차별화하고 무시하는 행위에 대해서는 침묵을 지키지 않았다. 자녀를 교육시킬 첫 번째 책임이 한 가정의 가장인 남편에게 있지만, 어머니에게도 어느 정도 있다. 따라서 어머니의 역할과 중요성을 하찮게 여겨서는 안 된다. "어머니는 아버지 곁에 있기 때문에 어머니의 말씀에 순종치 않는 자는 특별히 하찮은 존재로 간주되어야 한다."[28] 아내는 평생 남편의 인생반려자이기 때문에 남편은 아내를 무시하거나 차별화해서는 안 되며, 하나님 앞에서 같은 인격을 소유한 자로서 따뜻한 가슴으로 품어주어야 한다.[29] 남편은 아내를 무시할 아무런 이유가 없다. "왜냐하면 남편이 어떤 일에 주저하며 망설일 때 아내가 더 현명하며 용기를 보여주는 면이 많기 때문이다."[30] 무엇보다 부부 사이에 금기시되어야 할 요소 중 하나는 '불신'이다. 불신은 자연의 질서를 깨뜨리는 동기 중 으뜸가는 동기이다. 모든 계약은 신뢰를 바탕 삼는다. 거룩한 품격과 가치를 지닌 부부의 연을 맺게 하는 것은 서로 간의 존경과 신뢰이다.[31]

가족적 삶의 영역이라 할 수 있는 부부와 자녀의 공동체에 세상적인 법이나 제도가 아니라, 살아계신 주님이 지배하도록 해야 한다. 모든 것에 주님의 자비와 사랑이 가득 차고 넘쳐나게 해야 한다. 종교개혁 운동은 단순히 교회의 영역에만 그친 것이 아니라, 기독교 가정의 삶의 갱신에 이르기까지 영향을 미쳤다. 그 영향력은 당시 유행하고 지배했던 그 어떤 문화적 영향보다 훨씬 더 컸다. 부모와 자녀를 포함한 가정적 삶의 영역을 지배하는 규준은 어떤 세상의 이데올로기나 도덕적 사상에 있는 것이 아니라, 역사와 시간 속에 들어와 간섭하시고 인도하시는 하나님의 내재성과 현실성에 있다.[32]

2. 자녀

요즘 많은 가정에서 부모들이 자녀교육 문제로 골머리를 앓고 있다. 부모 말에 잘 순종하고 음식도 골고루 잘 섭취해 건강하게 잘 자라고 이왕이면 공부도 잘해 장래에 좋은 직장가지기를 바라는 마음이 모든 부모의 공통적인 바람일 것이다. 그런데 뜻대로 잘 되지 않는다. 심지어 급변하는 시대적 흐름 속에 자녀들의 문화와 사고에 따라가지 못하는, 소위 세대 차이를 경험하기도 한다. 특히 웹 세상에 익숙한 자녀 세대와 점점 거리가 멀어져 심각한 갈등을 겪기도 한다. 결국 소통의 부재로 부모와 자녀 간의 관계에 심각한 위기가 도래했다 해도 과언이 아닐 것이다. 그러나 아무리 부모와 자녀 간에 세대 차이가 크다 할지라도 불변의 진리가 존재한다. 그런 불변의 진리를 칼빈의 목소리를 통해 들어보기로 하자.

칼빈에 따르면 부모는 자녀들에게 신앙심을 북돋게 해주며, 지혜롭게 잘 자랄 수 있도록 교육할 의무와 책임을 갖고 있다. 그의 다음의 말에서 자녀와 자녀교육의 중요성을 깨닫게 된다. "하나님을 섬기는 자는 자신들이 배웠던 모든 것을 후손들에게 계속해서 물려주는 데 힘써야 한다."[33] "부모는 자녀들에게 허락하신 하나님의 은사를 알아

채야 한다. 그것이 하나님의 선하심의 표시이기 때문이다."[34] "자녀는 이 땅에서 누리는 하나님의 축복이다. 따라서 부모는 주신 자녀에 대해 하나님께 감사해야 한다. 그러나 당신께서 우리에게 자녀를 허락지 않으신다면 그것은 우리의 교만해지려는 마음을 꺾기 위한 것으로 깨달아야 한다."[35]

자녀를 보호하고 벌주는 것 또한 부모의 의무에 속한다. 하나님께서 선물로 허락하신 자녀들은 자신이 낳은 자녀라 할지라도 자신의 소유가 아니라, 하나님께서 이 땅에서 당신의 뜻을 실현시키며 이로부터 기쁨을 얻고자 위탁한 것으로 간주해야 한다. 이러한 하나님의 뜻에 부합하기 위해 자녀들을 잘 교육하고 훈련시킬 의무와 책임이 부모에게 주어진다.[36] 만약, 자녀의 행실이 나쁘다면 눈먼 사랑으로 자녀를 대했거나, 하나님을 망각한 채 교육시킨 결과로서 그 책임은 부모에게 있다.

또한 "하나님께서 남편에게 권위를 허락하신 것은 단순히 그 권위만을 위한 것이 아니라, 부성애로 자녀들을 다스리고 모범을 보이며 하나님을 경외하고 그리스도인으로서 삶을 유지하기 위한 것이다."[37] 칼빈은 부모가 잘못된 사랑으로 나무라거나, 반대로 아예 벌을 가하지 않는 행위에 대해 다음과 같이 강력한 경고의 메시지를 보낸다. "자녀를 벌하지 않는 부모는 자녀를 교수형에 보내는 것과 같은 것이며",[38] 그리고 "자녀들이 불의를 행한다면 그 사실에 대해 화를 내는 정도로는 부족하며 올바른 길로 들어서게 하기 위해 벌을 마땅히 내려야 한다."[39] 사랑이라는 명분이 약함으로 변질되게 해서는 안 된다.

부모는 자녀를 단순히 학교에 보내는 것으로 만족해서도 안 된다. 학교교육은 지식을 축적하는데 초점이 맞춰져 있으며, 인격형성은 학교교육을 통해서는 충분치 못하기 때문이다. 인격도야와 풍성한 감성

배양은 학교보다 가정에서 더 중요한 역할을 할 수 있다. 칼빈은 말씀에 바탕을 둔 윤리적 교훈 없이 교육시키는 것을 악한 행위를 저지르게 할 수 있는 위험천만한 시도로 간주한다. 그러나 보다 중요한 것은 자녀를 위한 기도이다. 기도로 이루어지는 교육이 그리스도인의 자녀 교육을 위해 무엇보다 중요하다. 하나님께서는 자녀를 위한 부모의 열정적인 기도를 원하신다.[40]

칼빈은 특히 돈 많은 부자들 자녀의 교육의 위험성에 대해서도 지적한다. 왜냐하면 부자들의 자녀는 노동을 가볍게 여길 수 있으며, 이마에 땀을 흘려야 살 수 있다는 하나님께서 허락하신 자연의 질서와 노동의 가치를 쉽게 망각할 수 있기 때문이다.[41] 우리들이 먹고 마시는 즐거움을 누릴 수 있게 된 것은 하나님께서 축복으로 허락하신 것이라는 사실을 자녀들에게 교육시키지 않는다면 그것은 감사할 줄 모르는 자로 양육하는 꼴이 되는 셈이다.[42]

여기서 칼빈은 부모의 '유산' 문제까지도 언급하며, 성경말씀에 입각한 방향을 구체적으로 제시한다. "아버지가 자신의 의무를 다하려 한다면 무엇보다 유산을 자녀들에게 어떻게 남길 것인지를 고려해야 한다. 아버지가 이 땅의 재물을 자녀들에게 축적하게 하고 고삐를 느슨하게 하여 세상의 방법으로 그 재물을 사용하게 한다면, 그들의 하는 일들은 구원으로부터 점점 멀어지게 하는 일이 될 것이다."[43] 반면에 자녀들이 하나님을 경외하며 두려워한다면 부모는 그와 같은 일을 최고의 기쁨으로 여겨야 할 것이다.

하나님께서 우리에게 자녀를 허락하신 이유는 우리의 단순한 즐거움과 만족을 위한 것이 아니라, 신앙 안에서 잘 교육하라고 우리에게 위탁하신 것에 있다. 부모는 자녀들을 때로는 엄격하게 다루기도 하며 때로는 사랑으로 감싸주기도 하는, 소위 당근과 채찍을 함께 사용해야 한다. 자녀들을 마냥 사랑으로만 교육시킨다면 그들에 대한 통제력을 잃게 되어 하나님을 떠나 악의 길로 들어서게 하는 결과를 낳는 꼴이 되기 십상이다. 그러나 "어린자녀의 성향에 따라 엄격함보다 부드러움이 악을 피하는데 유용하다는 나의 판단이 잘못되지 않았다면 부드러움과 친절로 보다 더 잘 양육할 수 있을 것이다."[44] 칼빈은 고대 로마인의 법, 그 중에서도 자녀의 삶과 죽음을 결정할 수도 있는 아버지의 절대적 권한에 강한 비판을 가했다.[45]

여기서 우리의 흥미를 끌게 하는 질문은 부모가 자녀에게 결혼을 강요할 수 있느냐와 자식이 부모의 동의 없이 결혼할 수 있느냐이다. 칼빈은 이에 대해 다음과 같은 입장을 표명한다. 부모는 자신의 자녀라 할지라도 결혼을 강요해서는 안 된다. 그것은 공의와 법에 어긋나며 심지어 하나님과 자연의 질서에 거역하여 죄를 짓는 것이다.[46] 그런 공의는 부모의 동의 없이 사랑에 빠지는 자녀들에게도 동일하게 적용된다. 즉, 부모의 동의 없이 그들 마음대로 결혼할 수 없다는 것이다. "결혼은 인간의 삶에 있어서 중요한 부분을 차지하기 때문에 자식들은 결혼을 반드시 부모의 뜻과 조언을 따라야 한다."[47] 그러나 딸의 의사를 무시하고 결혼시키는 관습은 칼빈에게 있어서 폐단에 속한다. "물론, 부모는 자신의 딸을 결혼시킬 권리를 갖고 있다. 하지만 자신의 딸에게 행사하는 전제 군주적 지배는 허락되지 않는다. 따라서 원치 않는 미래의 남편에게 묻지도 않고 결혼시켜서는 안 된다."[48] 이처럼 자식에게 순종을 요구할 부모의 권리가 훼손되어서는 안 된다.

칼빈에게 있어서 부모를 무시하는 행위 역시 하나님을 무시하는 것에 해당된다. 비록 부모가 악을 행한다 할지라도 영구적인 자연의 법이 깨어져서는 안 된다. 정부의 지시와 명령에 따라야 할 의무가 계명에 기록되어 있듯이, 부모에 대한 자녀의 순종 역시 하나님의 계명이 그 준거점이다. "하나님은 이 땅의 모든 아버지와 아들의 주인이시다."[49] 부모가 가진 권리와 권한은 보다 높은 지혜와 지식에 있는 것이 아니라, 그리스도의 명령에 있다. 가령, 세례는 기독교 가정에 있어서 의무로 부과된 것이다. "만약, 우리의 자녀들이 태어날 때부터 세례를 통해 하나님의 자녀로서 인정받게 해야 한다는 것을 고려한다면, 그것은 자녀들에게 하나님을 두려워하게 하며 당신의 계명을 지키도록 교육시키기 위해 상당히 고무적인 일이라 할 수 있다."[50] 칼빈은 세례에 관한 기독교의 가르침에서 자녀들을 교훈하고 교육할 의무가 주어져 있음을 보았다. 그는 신앙 없는 학교교육을 그 어떤 성공도 기대할 수 없는 무익한 것으로 여겼고, 아브라함 카이퍼가 표현한 대로 머리만 크고 가슴은 메말라 있는 것과 같은 이치로 간주했다.[51]

이뿐 아니라, 칼빈은 부모와 자식 간에 갖는 상호관계성을 그의 교리학에 기록으로 남겼을 정도로 중요하게 여겼으며, 신앙적 수업을 위해 다음과 같은 훌륭한 교훈 또한 남겼다. 약 10세에 해당되는 자녀들이 신앙고백을 배우는 것을 구상해 볼 수 있다. 이를 위한 구체적인 실례로, 자녀들이 신앙고백의 개개 항목의 질문을 받다가 이해할 수 없는 내용이 나온다면 이해될 때까지 계속해서 교육받아야 한다. "그렇게 한다면 많은 그리스도인이 믿음 안에서 조화와 일치를 이룰 수 있으며, 새롭고 낯선 가르침으로부터 종종 생각 없이 마음을 빼앗기게 하지 않을 수 있다."[52]

2장
'경제적 영역'에서 펼치는 그리스도인의 삶

　사회적 삶과 마찬가지로 경제적 영역에서 전개되는 그리스도인의 삶을 위해 칼빈은 분수에 맞는 절제된 삶과 검소를 요구했다. 불필요한 낭비는 칼빈에게 허용되지 않았다. "하나님은 우리가 아침에 일어나 기도한 후 하루를 보낼 수 있는 고요함을 제공해 주시며, 당신의 보호하심에 우리 자신을 내맡기고 저녁 잠자리에 들며 당신께서 우리를 다스리신다는 사실에 감사할 수 있다면, 우리는 그런 소박한 삶 자체에 만족할 줄 알아야 한다."[1] 그런 단출한 일상에서 찾아오는 만족은 단순히 소시민적인 사람에게만 제한된 것은 아니다. 지배적인 위치에 있는 사람들 역시 깨끗한 양심을 가지고 하나님 앞에서 바르게 살며, 맡겨진 일에 선한 마음으로 임하며 그 일에 책임감을 가지고 최선의 노력을 다한다면, 그들 또한 평화롭고 고요한 삶을 영위할 수 있다. 그러나 적은 소유물을 가지고도 오직 여호와로 인해 기뻐하고 즐거워하는, 소위 자족하는 삶을 살 수 있다면 그런 자가 더 행복한 자이다.[2]

그렇다고 칼빈이 소유의 많음과 높은 위치에 부정적 시각을 갖고 바라본 것은 아니었다. 세상에서 높은 위치를 점하고 있는 자들에게 경의를 표한 것은 인간의 공동체적 삶을 위해 지켜야 할 의무에 속한다. 다만, 허락되지 않는 것은, 거만하고 자신의 위치를 자랑하려는 자들이 맡은 직분을 이용해 질서를 세우는 것이 아니라 무너뜨리려는 의도로 행해지는 사악한 짓이다.[3] 이제 이러한 이해와 더불어 칼빈의 경제적 영역, 그 중에서도 '직업', '노동', '부와 가난', 그리고 '이자'의 영역을 중심으로 그의 폭넓은 사상을 보다 구체적으로 알아보자.

1. 직업

그리스도인이 누리는 삶의 영역은 비그리스도인과 구분시키기 위해 어떤 특정한 삶의 영역에만 제한되지 않는다. 모든 인간이 공통적으로 누리는 삶의 영역 중 하나는 직업의 영역이다. 비그리스도인뿐 아니라 그리스도인 모두가 가진 직업은 가정과 교회의 테두리를 벗어나 삶의 보람과 기쁨을 가져다주기도 하며, 무엇보다 생계를 이어가게 하는 순기능적인 면도 있지만, 삶의 고통과 각종 갈등을 낳게 하는 수많은 문제점 또한 지닌 영역이기도 하다.

세상과의 소통을 가능하게 하며 성화와 회개, 그리고 십자가의 삶이 구체적으로 펼쳐지는 장을 우리는 어디서 찾을 수 있는가? 칼빈은 이 질문에 대한 답을 데살로니가전서 4장 11절에 대한 주석에서 제시한다. "평온한 삶을 가능하게 하는 최상의 방법은 자신에게 주어진 직업의 장에서 하나님께서 명령하신 일에 최선을 다하는 것이다. 농부는 자신의 경작지에서 일하며, 수공업자는 수공업의 일을 하듯이, 모두가 주어진 일에 최선을 다해야 한다. 인간의 삶을 황폐하게 만드는 것 중 게으름이 제일 크다. 그것은 자신뿐 아니라 다른 사람에게도 유익을 주지 못하며 다만, 먹고 마시기 위해 이 세상에 태어난 사람처럼 보일 뿐이다." 각자에게 주어진 직업을 등한시하는 그리스도인은 결코 자신의 삶을 바르게 산다고 볼 수 없다. 직업 없이 무위도식(無爲徒食)하려는 자는 게으른 자이며, 자신뿐 아니라 다른 사람에게 짐을 지우게 해, 자신이 속해 있는 사회에 불안만을 초래할 뿐이다.

이러한 직업에 대한 이해는 종교개혁자들 모두에게 적용된다. 특히 칼빈은 직업에 담겨 있는 의미를 부각시키기 위해 'vocatio(소명)'라는 용어와 함께 군사적 표현인 'statio(직분 혹은 위치)'라는 용어를 즐겨 사용했다. 'vocatio'에 담긴 뜻은 우리의 구원을 위한 '부르심'을 나타내기도 하고, 우리 각자의 직업적인 일에 부르심을 받았다는 뜻을 나타내기도 한다. 결국 '부르심'은 우리가 방황하지 않기 위해 하나님께서 우리에게 명하신 확고부동한 위치 내지 직분을 나타내며, 동시에 하나님과 인간 사이에 펼쳐지는 살아있는 관계를 드러내기도 한다.

한국교회에서 통용되는 '소명의식' 내지 '사명의식'은 주로 영적 영역에 종사하는 분들, 가령, 목회자나 선교사에게 적용되는 개념으로 이해하지만, 루터를 비롯해 칼빈은 이 땅에 존재하는 모든 직업에 적용했다. 독일어로 직업을 가리키는 대표적인 단어는 'Beruf'인데 뜻은 '부르심', '소명', 그리고 '직업'이다. 즉, 세상에 존재하는 모든 건전한 직업은 하나님이 당신의 뜻을 펼치기 위해 각자에게 허락한 삶의 터로서 신앙적인 의미가 내포된 단어이다. 따라서 목회자나 선교사뿐만 아니라, 모든 직업에 종사하는 그리스도인에게 특별한 소명의식과 사명의식이 따라야 한다. 다시 말해, 영적 영역뿐만 아니라 세속적 영역에서의 모든 직업에 동일하게 소명의식과 사명의식이 주어져야 한다는 말이다. 이것이 종교개혁을 일으킨 주요 신학적 사상(만인 제사장) 중 하나이다. 하지만 칼빈이 세속적 직업과는 다르게 목회자를 '성직'이라 일컫는 이유는 차별성과 특권의식을 위한 것이 아니라, 역할과 기능적인 면에서 평신도와 구별하기 위해서이다. 이를 수행하기 위해 무엇보다 성직자에게 견고한 신앙과 뛰어난 리더십과 지적 능력, 그리고 높은 수준의 도덕의식을 요한다.

엄청난 고난과 인내를 요하는 금욕적 수행이 아니라, 일상 속에 주어진 일에 최선을 다하는 것, 이것이 복음과 일치하는 그리스도인의 삶의 태도이다. 우리가 믿는 자라 할지라도 세상과 영적으로만 관계를 맺을 수 없다. 우리에게 주어진 직업적 일에 최선을 다하며 살아야 한다. "하나님의 부르심이 우리의 삶을 지배한다는 믿음이 전제되지 않는다면, 우리의 삶은 혼동 속에 빠지게 될 것이다."[4] 칼빈은 십계명의 해석과 관련하여 다음의 주장을 펼친다. 하나님은 모두가 자신이 가진 직업에 섬기는 마음으로 최선을 다하기를 원하신다. 백성들은 자신들이 속한 정부에 존경을 표해야 하며, 정부가 내린 명령에 복종해야 한다. 반면에 정부는 백성들을 염려해야 하며, 그들에게 의를 행하며, 평화를 지켜주며, 악을 벌해야 한다. 물론, 칼빈이 살았던 시대적 상황에서의 사회구조와 정치형태는 오늘날과 많은 차이를 보인다.

칼빈은 하나님의 일하심을 우리의 구체적인 삶의 현장과 경험 속에서 깨달아야 한다고 가르쳤다. 다시 말해, 우리가 가진 직업은 우리가 임의적으로 선택한 것이 아니라, 하나님께서 창조질서를 유지하고 보존키 위해 우리에게 주신 삶의 장으로서의 의미를 갖는다. 직업 자체는 의롭고 선한 것으로, 여러 과제를 수행해 가면서 윤리적인 활동(성화)이 전개되는 장이며, 이를 통해 하나님의 나라가 확장·발전되며, 더구나 우리의 믿음이 검증되는 시험대의 의미 또한 지닌다는 사실이 종교개혁자들의 공통된 관심사였다.[5] "루터는 구원의 확실성이라는 내적 증거와 함께 다음의 사실을 외적 증거로 제시한다. 직업과 관련하여 믿음 안에서 우리의 의무를 다하는 것과 도움의 손길을 필요로 하는 형제를 돕는 것, 그리고 슬픈 자를 위로해 주는 것."[6]

그런데 칼빈은 이 땅에 존재하는 모든 직업을 하나님의 통치라는 관점에서 보았다. 즉, 하나님은 우리를 직업을 떠나 살 수 없는 존재로 정하셨다는 것이다. 하나님은 축복해 주시려고 우리를 부르셨는데, 그 축복의 장이 바로 우리의 삶이 펼쳐지는 직업의 장이다. 때문에 하나님께서 우리를 불러 세우신 직업의 현장 속에서 우리에게 맡겨진 일을 잘 감당해야 한다.[7] 사회적 삶이 형성되는 직업의 현장에서 그리스도를 섬기는 자세로 사역이 이루어져야 한다.

'vocatio'는 하나님으로부터 정해졌으며, 당신의 말씀 속에 기반을 둔 삶의 상태를 뜻한다. "주의 부르심(vocatio Domini)은 모든 의로운 행위의 출발점이자 토대이다. 그 부르심에 초점을 맞추지 않는 자는 자신에게 주어진 의무를 감당할 수 없으며, 의로운 길을 걷지도 못할 것이다."[8] 우리에게 주어진 직업의 그런 토대 없이는 우리의 집을 공중에 세우는 셈이다.[9] 따라서 우리가 행하는 행위의 가치판단 역시 그 결과에 달린 것이 아니라, 우리에게 주어진 의무에 최선을 다했느냐와 하나님의 명령의 준행 여부, 그리고 우리의 직업의 현장에서 설정된 한계를 넘어서지 않기 위해 최선을 다했느냐에 달려 있다.

윤리적 계명은 먼저 우리의 일상적인 일과 세상의 직업에서 찾아볼 수 있다. 하나님은 특정한 사람에게 특정한 직업을 수행할 것을 명하셨다. 그러므로 하나님의 영향력과 우리 각자에게 주어진 일은 서로 관련되어 있다. 우리는 그리스도인으로서 삶을 가정에서 뿐만 아니라 일상적인 직업의 장에서도 펼친다. 그러나 우리는 그 일을 임의적인 선택에 따라 수행하는 것이 아니라, 하나님의 명(命)에 의한 것이다. 그런 명을 지키기 위해서는 엄청난 자제력과 인내를 요한다.

하나님께서 친히 우리에게 직업을 배분해 주셨기 때문에, 모든 직업은 하나님께 대한 섬김과 봉사하는 마음으로 행함으로써 그 가치를 가지며, 율법적인 도식주의에서 벗어나 온 힘을 다해 그 직을 감당해야 한다. 또한 무엇을 행해야 할지를 알기 위해서 우리는 하나님의 특별한 부르심을 기다리는 것이 아니라, 각자가 처한 일상적 삶 속에서, 그리고 말씀 안에서 발견해야 한다. 우리가 행하는 아주 작은 일이라 할지라도 경건에서 비롯되어야 하며, 하나님으로부터 거룩하고 순전한 희생물로 인정받기를 원할 때, 우리는 우리가 가진 직업을 통해 아름답게 변화될 수 있는 계기가 마련된다. "세상에 쓸모없는 일이란 존재하지 않기 때문에 우리가 가진 직업에 순종으로 행한다면, 그것이 바로 하나님을 경외하는 것이다."[10]

공무를 맡은 자들 또한 자원하는 마음으로 자신들의 직을 행해야 하며, 비록 고되고 많은 힘을 요하는 일일지라도 참고 견디는 마음으로 그 일을 꿋꿋이 행해야 한다. 자신에게 너무 과하고 무거운 짐이라는 느낌이 든다 할지라도 그 일은 하나님께서 맡기신 것이라 여겨야 하며, 심지어 그 일로 인해 불안과 염려와 불편함이 있다 할지라도 최선을 다하며 헌신하는 마음으로 감당해야 한다. 우리에게 허락된 직업은 하나님께로부터 주어졌기 때문이다. 환언하면, 칼빈에게 직업이란 그리스도인이 자신의 정체성을 드러내는 중요한 장이며, 이기심과 자기신뢰의 포기를 증명해 보일 수 있는 장이다.[11]

칼빈은 우리가 가진 직업에서 하나님을 섬기도록 독려하면서 직업을 바꾸는 일을 금하지 않았다. 심지어 믿음을 지키기 위해 조국과 직업을 떠나는 것조차 허락하였다. 인생의 평온한 항구를 찾고 싶어 직업을 변경할 자유를 가질 수 있다. 각자의 직업에 주어진 의무가 때로 우리에게 족쇄가 된다면 그 일로부터 벗어나는 것이 훨씬 낳은 편이다. 가령, 상인이 자신의 직에 큰 부담을 느껴 농부로 전환하기를 원한다면 얼마든지 가능한 일이다.[12]

또한 칼빈은 직업을 '순종의 학교'로 표현했으며, 직업을 수행하는 데 많은 어려움과 시련이 찾아온다 할지라도 그것은 하나님의 계획과 섭리 속에 우리에게 허락된 것으로 여겨야 한다고 주장했다.[13] 즉, 직업은 하나님께로 부여된 의무로 간주해야 한다. "우리가 어떤 직(職)에 부름을 받았지만, 그 일로 다른 사람들로부터 감사의 표현을 듣지 못한다 할지라도, 하나님을 섬기며 선한 양심을 보존할 견고한 의지를 가져야 한다."[14]

우리가 직업을 가지고 일을 할 때, 가져야 할 직업관으로서 '하나님의 인도하심'이라는 의식이 중요하다. 마음으로 우리가 계획을 세웠으나 그 길을 인도하시는 분은 하나님이시다(잠 16:9). 우리의 의지와 계획에 의해 직업이 정해질 수 있으나, 그 직업을 수행해 나가는 과정에 하나님의 인도하심이 계시다는 말이다. 직업은 선한 것이며 우리뿐 아니라 이웃의 행복을 위해 유익한 것이다. 이뿐 아니라, 자녀들이 이 땅에서 풍족한 삶을 누릴 수 있는 직업을 선택하게 하는 것 자체가 잘못된 생각에 해당되는 것은 아니다.[15]

칼빈은 '목회자의 소명'에 대해서도 언급한다. 목회자가 될 자들은 '부르심'에 대한 질문에 진지하게 생각해야 한다. 그 직을 수행할 명확한 부르심, 즉, 소명의식이 부족하다고 판단되는 자는 목사직을 감당해서는 안 된다. 그러나 그것만으로 충분한 것은 아니다. 목회자가 되기 위해서 탁월한 학식을 갖추어야 한다거나, 화려한 화술을 구사할 수 있는 뛰어난 웅변가라야 한다는 점은 그리 중요하지 않으며, 필수적으로 갖추어야 할 요소 또한 아니다. 그러나 중요한 요소는 "목회자로서 교회 공동체에서 인정받기를 원하는 자는 젊은 시절 생각지 않았던 것들을 찾아 다시 살리려고 노력해야 하며, 만신창이가 된 자를 치료하기에 힘써야 하고, 건강하고 바르게 살게 하기 위해 꼴을 먹이는 일에 힘써야 할 것이다. 강퍅한 마음과 향락을 즐기려는 성향과 탐욕으로 가득 찬 마음과 권력욕에 사로잡힌 마음이 목회자들에게 발견되지 않아야 한다."[16] 일반적으로 목회자로서 자격을 갖추려면 인격뿐 아니라 여러 가지 자질, 가령, 지적인 능력이라든지, 교회 구성원들을 잘 이끌 수 있는 지도력(leadership) 등이 잘 구비되어 있어야 한다. 양들에게 꼴을 잘 먹이는 목회자가 되기 위해서는 영적인 능력뿐 아니라, 일반적인 자질 또한 잘 갖추어져야 하는 것이다.

칼빈은 인간의 직업적 삶과 시민적 삶의 다양성에 만족을 표했다. 존경할 만한 직업이 세상의 눈으로 보면 동일한 것은 아니지만, 하나님 앞에서는 동일하며 거룩한 것이다. 그가 특별히 농부와 수공업자들을 귀한 직업으로 여기는데, 그렇다고 그 외의 직업들, 가령, 상인이나 공무원, 그리고 교사들을 상대적으로 덜 귀한 것으로 여기지 않았다. 직업에 귀천을 두지 않았다는 말이다.

또한 칼빈은 이런저런 직업에 따라올 수 있는 위험성, 가령, 상인으로서 직업에 자주 일어날 수 있는 기만과 부정직함에 주의를 기울이는 것에 소홀히 하지 않았다. 그러나 이러한 위험성이 상인들에게 일어날 수 있다고 해서 세상 사람들로부터 비난받을 수 있는 직업이라 할 수 없으며, 하나님의 계명에 순종하며 정직한 태도로 주어진 일에 최선을 다할 때 상인의 직업이라도 전혀 문제 되지 않는다. 마찬가지로 선박과 관련된 직업 역시 수출과 수입에서 막대한 이익을 내며 사람들의 교통을 책임지는 중요한 역할과 기능을 감당하는 직종에 해당되지만, 이로부터 얻은 수입을 사치스럽게 자기를 꾸미는 일에 낭비하거나 자신만의 욕구충족을 위해 사용해서는 안 된다.[17] 우리가 어떤 특정한 직종에서 반드시 지켜야 하는 것은 우리에게 주어진 의무와 책임에 최선을 다하며 그 일로부터 정당한 수입을 내는 것이다. 수공업자들 역시 자신들의 일이 다른 자들을 위한 것이라는 의식을 갖고 일해야 한다. "나는 동료에게 방해를 가하지 말아야 하며 귀중한 시간을 빼앗아서도 안 된다. 우리는 우리를 고소하는 원인을 제공해서도 안 된다."[18] 상거래에 있어서도 다음과 같은 규칙이 중요하다. 우리는 사람들로부터 정직하지 못하고 이익에만 눈이 어두워져 있다는 비난에 직면하지 않도록 항상 정직하고 바르게 거래할 수 있어야 한다.[19] 또한 우리가 종사하는 직종에서 취해야 할 태도로, 어떤 경우에도 조약에 따르는 규정이나, 경제이론 혹은 그 밖의 권위 있는 진술에 근거한 규칙이 아니라 하나님의 계명, 그 중에서도 하나님 사랑과 이웃 사랑의 법칙에 초점을 맞춰야 한다.

이처럼 칼빈의 윤리학은 원리에만 머물러 있는 추상적이거나 관념적 윤리학이 아니라, 실천적 기여를 지향한다. 좀 더 구체적으로 말하면, 그의 윤리적 사상은 이론 지향적인 수준에 머물러 있는 것이 아니라, 그가 살았던 당시의 실질적이고 현실적인 상황을 반영한 특성을 지니며, 실천적 삶에 방향을 제시해 주는 사상이라 할 수 있다. 보다 중요한 점은 그의 윤리학이 하나님의 말씀에 입각해서 인간의 사회적 삶과 직업적 삶을 위한 기본 방향을 제시해 준다는 것이다.

사실 칼빈은 직업에 관한 자신의 신학적 입장을 분명한 어조로 말하고 있지만, 상대적으로 다른 영역에 비해 많지 않은 내용을 담고 있으며, 어느 정도 원리적 차원에서만 표명했을 뿐이다.[20] 지금까지 우리는 제네바의 종교개혁자 칼빈의 신학사상으로부터 날마다 지속되는 우리의 삶이 회개로부터 출발해야 하며, 이를 통해 옛 사람이 죽고 새 사람으로 다시 태어나며 완전을 향한 끊임없는 전진과 십자가 앞에서의 삶, 세상과 이웃과의 소통 속에서 올바른 관계를 정립하는 것과 하나님의 뜻을 구체적으로 실현시키는 장으로서 의미를 지닌 직업에 대해 배웠다.

2. 노동

칼빈은 "일하다(arbeiten)"라는 단어로부터 인간에게 고통과 스트레스를 제공하는 부정적 의미로나 인간의 삶에 기쁨을 앗아가는 것으로 이해한 것이 아니라, 일상적 삶 속에서 열정과 자긍심을 낳는 긍정적 요소로 이해한다. 노동은 하나님의 선물이기 때문이다. 비록 인간이 타락하여 이마에 땀을 흘려야 하는 수고와 고통이 따른다는 의미가 노동의 개념에 내포되어 있다 할지라도 노동에는 여전히 긍정적이며 적극적인 의미가 들어있다. 이는 하나님의 일하심이 인간의 노동과 관련하여 수행되기 때문이다. 하나님은 노동을 통해 인간의 공동의 삶을 보존하며 모든 사람의 유익과 선을 창출해 내기도 하신다.

하지만 인간의 노동은 죄로 인해 오염되었고 왜곡되었으며, 고통과 부정의와 억압의 근거가 되고 말았다. 노동이 선하기 위해서는 인간 공동체에 유익해야 하며, 공공의 이익을 제공해야 하지만, 현실은 이와 대립된 현상으로 나타나게 되었다. 따라서 인간의 노동은 적합한 조건으로 재구성해서 이루어져야 한다. 다시 말해, 하나님의 말씀에 비추어 노동이 수행되어야 한다는 말이다. 이에 따라 인간의 노동에 착취가 허용되어서는 안 된다. 노동에 대한 정당한 대가를 보상하지 않고 가난한 자들을 착취하는 자는 하나님께서 반드시 벌하신다.

칼빈의 눈에 소박한 농부의 삶이 자연의 질서와 상응하는 삶을 꾸려가는 것처럼 비쳐졌다. "우리의 삶을 꾸려가게 하는 다양한 가능성 중에 농사를 짓는 일이 나에게 순박하고 자연스럽게 보였다."[21] 그렇다고 그가 농사짓는 일 외의 일을 무시하거나 경멸한 것은 아니다. 우리에게 주어진 노동은 하나님과 더불어 생각해야 한다. 우리의 생계를 유지해 가는 것이 우리가 노동을 해야 하는 주된 이유 중 하나이다. 날기 위해 새가 창조되었듯이 노동을 위해 인간이 창조되었다고 가르쳤던 츠빙글리처럼, 제네바에 있는 교회 단상에서 칼빈의 다음의 말을 듣게 된다. "일을 하지 않으려는 자는 자신과 다른 사람에게 해를 끼치는 짓이다."[22] 그리스도인은 게으름뱅이가 되어서는 안 된다. 게으름은 하나님으로부터 받은 저주의 결과이며, 노동에 대한 의무는 우리의 삶의 질서에 해당된다. 우리는 하나님의 축복에 대한 희망과 선한 양심을 가지고 이마에 땀을 흘릴 정도로 일해야 한다.

칼빈은 욥기서를 설교하면서 순박하고 단순한 노동에 대해 다음과 같이 찬양했다. "평화로우면서도 고요히 자신의 일만을 수행하는 수공업자들이 당신들 곁에 있습니다. 그들은 하나님을 찬양하면서 적은 소유에도 만족해하고 기뻐합니다. 하나님께서 자신들에게 자녀를 선물로 주신다면 기쁨으로 돌보며 양육합니다. 그들은 없으면서도 외적으로 있는 체 하지 않습니다. 그들은 소박한 위치에서 이웃의 어려움에 어떤 식으로든지 도움을 제공하려 애씁니다. 하나님께서는 아주 적은 소유물에도 이웃을 도울 수 있도록 그들에게 자비의 손길을 펼치십니다. 자신들에게 주어진 작은 샘에도 불평하거나 원망하지 않는 자들이 당신들 곁에 있습니다."[23] 칼빈은 이처럼 근면과 검소를 생활화하였지만, 결코 인색하지 않았던 노동자들을 높이 평가했다.[24]

또한 노동이 본연의 모습을 유지하기 위해서는 주기적으로 휴식이 주어져야 한다. 안식일의 의미가 바로 이와 관련된다. 안식일은 노동을 거룩하게 하는 성화적인 의미를 갖는다. 인간의 노동은 안식일과 관련하여 중요한 하나님의 계명에 속하며, 휴식을 통해 인간은 이웃과의 바른 사회적 관계를 맺기도 한다. "안식일을 기억하여 거룩히 지키라"는 계명은 안식일과 노동의 관계를 적절히 표현한다. 이러한 하나님의 계명을 따를 때, 비로소 인간의 노동은 창조적일 수 있고 인간의 삶에 모든 억압과 고통을 차단해 주는 해방적 기능을 갖는다.[25]

칼빈의 경제관은 주로 주석과 서신, 그리고 설교 등 전 작품에 산발적으로 나타나 있다. 그 중에서도 그의 대표적 작품인 『기독교 강요』에서는 3권 10장에 집중적으로 다루어져 있는데, 이 장에서 우리가 물질을 어떻게 사용해야 하는지를 다룬다. 칼빈의 경제관의 근본원리는 하나님의 계명에 대한 순종에 있다. 칼빈은 자신이 살았던 당시의 경제적 문제들을 보면서 경제적 영역은 그 자체로 중립적일 수 없다는 사실을 깨달았다. 다시 말해, 인간이 세상에서 갖는 직업이나 사업은 반드시 하나님의 역사하심과 섭리와 관련되어 있다는 것이었다.

이에 대해 한상화 박사는 칼빈의 경제윤리를 세속적 경제윤리와 엄격하게 구분시키면서, 다음과 같이 신학적으로 정립시킨다. "칼빈의 경제관은 세속주의적 경제학과는 근본적으로 그 출발점과 목적을 달리하고 있다. 후자가 단순히 이윤을 목적으로 하는 과학(a profit-oriented science)이라면, 전자는 봉사를 목적으로 하는 과학(a servie-oriented science)으로서 그 중심에 하나님에 대한 사랑과 이웃에 대한 사랑이라는 보다 근본적이고 숭고한 계명이 자리 잡고 있다. 또한 칼빈의 경제윤리는 창조, 타락, 구속이라는 커다란 신학적 틀 속에서 그 참된 의미를 지닌다. 즉, 인간의 경제활동은 물질세계와 관계된 하나님의 창조명령 수행이라는 하나님 앞에서의 청지기적 사명이 기초가 되나, 그 수행자인 인간이 타락함으로 말미암아 오히려 하나님의 영광을 가리고 이웃을 자신의 탐욕으로 이용하는 경제적 불균형과 부정의가 초래되었다. 그리하여 그의 경제윤리는 구원론의 배경 속에서 다루어지고 있다. 그것은 한마디로 경제생활에서 그리스도인이 마땅히 따라야 하는 성경적 원리들을 제시하고 있는 것이라 할 수 있다. 또한 그는 구원받은 그리스도 공동체의 유기체적 결속이라는 사회적 개념을 강조하는데, 그것은 물질에 있어서의 나눔과 직업에 있어서 공동체에 대한 봉사의 측면을 더욱더 부각시킨다."[26]

칼빈이 자신이 살았던 시대의 그리스도인에게 경제적 삶에 있어서 양심을 유난히 강조했다는 것은 그들의 직업적 삶에 적극적으로 관여했다는 사실을 보여준다. 그리고 그리스도인에게 노동이 필연적으로 주어졌다는 결정적인 증거를 복음서를 통해 보여주려 했다는 사실은 칼빈의 여러 작품에서 발견할 수 있다. 우리는 경제적 영역, 그 중에서도 노동과 직업의 영역에 대한 칼빈의 입장을 통해 그가 얼마나 개인주의적인 사상을 멀리했는지 알 수 있다.

3. 부와 가난

막스 베버(Max Weber)가 자본주의의 원천을 칼빈에게서 찾았지만, 그러나 칼빈의 신학사상을 자세히 들여다보면 자본주의의 이데올로기와는 거리가 멀다. 오히려 칼빈은 자본주의의 방향으로 가려는 경향에 반대를 표명했다.[27] 홀(K. Holl)의 견해에 따르면 "칼빈주의를 표방했던 교회만큼 자본주의에 반기를 든 교회는 존재하지 않았다."[28]

하나님의 계명은 경제의 영역에도 영향력을 발휘한다. 부자와 높은 위치를 점하고 있는 자들은 기득권층으로부터 무시당하며 소외된 자들에게도 예외 없이 하나님께서 자비를 베푸셨다는 사실을 인지해야 한다. 그리고 그들이 누리는 여건과 환경이 자신들의 공로에 의한 것이 아니라, 하나님의 선하신 뜻으로 말미암았다는 사실을 깨달아야 하며, 동시에 육적 소유물로 인해 영적 소유물이 해를 입을 수 있는 위험성 또한 깨달아야 한다.[29] 하나님을 따르고 섬기는 일에 부 자체가 방해를 일으키는 것이 아니라, 넘치는 생활을 함으로써 인간의 욕심이 실수와 잘못을 초래할 수 있다. "하나님은 부자라 해서 천국에서 제외시키지 않으셨지만, 잘못된 덫에 빠지며 이 땅의 것에 소망을 두고 하늘나라의 문을 닫으려는 시도에 대해서는 경고의 메시지를 보내신다."[30] 부를 축적하는 것 자체가 불의를 행하는 것은 아니지만, 엄청난 재물을 미래의 두려움으로 인해 자신의 곳간에 쌓거나 넘치는 소유물을 하나님보다 더 사랑하고 자랑스럽게 생각하는 것이 불의를 행하는 것이다.[31]

가난한 자에게 마음으로 뿐만 아니라 물질적으로 도움을 제공하는 것이 하나님의 뜻이라면, 부자는 기꺼이 그 뜻을 수용할 준비를 갖춰야 한다. 하나님께서 우리에게 부를 제공해 주신다면 그것은 우리에게 새로운 의무감과 책임감을 갖게 하며, 우리를 가난하게도 하시고 부하게도 만드시는, 즉, 우리의 삶의 주인 되신 하나님께서 우리에게 맡겨주신 소유물을 이웃을 위해 기꺼이 도와줄 수 있는지 우리의 사랑을 시험해 볼 수 있는 기회로 여겨야 한다. "칼빈은 부자들이 가난한 자들에게 베푼 자선이야말로 하나님께서 세우신 공동체의 사회적, 경제적 생활을 위해 중요한 요소가 된다고 생각했다."[32]

또한 하나님은 부자의 검소함을 시험하듯, 가난한자에게 인내심을 시험하신다.33 가난한자와 부자, 모두 하나님의 계명을 지켜야 하며, 자신들의 이기심과 욕망을 자제할 수 있는 능력을 키워야 한다. 부자는 자신의 부의 일부를 가난한 자들과 나누고, 도와야 하는 경제적 사명을 갖고 있다. 가난한 자들은 하나님에 의해 부자들에게 보내졌고, 부자들의 동료 이웃으로 보내졌다. 하나님은 부자들이 이기심을 없애고 경제적 욕심에서 해방되길 원하신다. 한 사회에서 부의 정당한 분배를 통해 부자는 경제적 이기심에서 해방되며, 가난한 자들은 노예와 같은 비참한 생활에서 자유로워지는 것이 칼빈이 그리스도인의 경제 영역에서 말하려는 주된 내용이었다.

여기서 칼빈은 죄로 물든 인간의 본성을 잘 지적해 준다. 즉, 인간이란 자신의 유익만을 구하는 간교한 본성을 갖고 있어서 가난한 자는 자신의 처지를 비관하며 가난에서 벗어나기 위해 온갖 수단을 강구하려 하고, 부자는 자신이 소유한 풍성한 재물에 만족하지 않고 더 많은 소유를 가지려는 끝없는 탐욕을 드러내며, 자신을 뽐내며 없는 자들을 무시하려는 잘못된 경향을 보이는 자들이다.34

칼빈은 무엇보다 불의한 수단을 동원해 획득한 모든 이익은 비난받아 마땅하다고 역설한다. "부자가 전쟁의 어려운 시기와 배고픔이 지배하는 상황에서 자신의 유익만을 취한다면, 그것은 엄청난 잘못을 범하는 것이다. 또한 상인이 전쟁 중에 부를 축적하고 수단과 방법을 가리지 않고 노획물을 취하려 한다면, 그것은 의도를 가지고 하나님께 도전하는 것을 뜻한다."35 상인의 독점적인 상행위와 품질을 저하시키는 행위 역시 칼빈이 진노한 이유였다.36 또한 노동자에게 정당하지 못한 급료나 급료의 지불을 미루는 일은 신성모독에 속한다. 가난한 사람으로부터 노동을 착취하고 그의 피를 빨아먹는 자들은 결국 낯선 사람을 상해하는 행위보다 더 잔인한 일이다. 칼빈에게 급료란

고용주나 노동자에게 속한 것이 아니라 하나님께 속한 것이기 때문에, 고용주와 노동자 사이의 정당한 급료의 결정은 매우 중요하다. 신명기 24장 14절에 관한 설교에서 칼빈은 다음의 사실을 명백히 밝힌다. "얼마나 자주 부자는 가난한 자의 급료의 절반을 착취하는 데 심혈을 기울였는가? 가난한 자는 자신이 어떤 조건으로 고용되었는지조차 모르고 있다. 사실 이들은 자신의 생명을 보증 받고 그저 생존하기 위해 생계를 요구할 뿐이다."

"참된 신자는 사적인 소유물을 가질 수 없다"는 극단적 사상을 가진 자들과는 거리를 두면서 칼빈은 주장하기를, 소유물에 담겨 있는 원칙은 하나님이 소유자이시며, 우리는 그 소유물을 위탁받은 자에 불과하다는 것이다.[37] 물질과 동물에 대한 우리의 소유권과 지배권은 우리에게 그것을 배분해 주신 하나님께 있다. 따라서 "자신에 속한 소유물은 자신을 지배하는 주인의 것"이라는 고대 로마적 소유개념에 맞서, 칼빈은 우리가 가진 모든 소유물의 참된 주인은 하나님이며, 우리는 단지 당신께서 우리에게 맡기신 것을 관리하고 돌보는 책임만을 가진, 소위 소작농에 불과하다는 성경적 소유개념을 소개한다. "칼빈은 지나친 물욕을 금하면서도 필요 이상의 소유를 인정하는 한편, 물질의 소유는 하나님의 위탁물이라고 말한다. 즉, 하나님께서 우리에게 주신 그 많은 귀한 선물은 우리 이웃의 이익을 위하여 사용해야 한다는 조건으로 우리에게 위탁하신 하나님의 위탁물이다. 우리는 그것을 사치로 남용할 것이 아니라 이웃에 나눠 줄 '관리인'이며, 올바른 분여의 법은 '사랑의 법'이라 했다."[38] 그러나 우리가 위탁자임에도 불구하고 소유물에 대한 권한 자체는 적용된다. "우리가 소유물에 주의를 기울이지 않아 도둑질당하며 노획된다면 그 소유물에 대한 권리와 정당성은 즉시 사라지게 될 것이다."[39] 또한 어떤 자가 사적 소유물에 비난을 가한다면, 그것은 불확실한 양심을 형성케 하는 행위이며, 시민적 질서를 파괴하는 행위에 해당된다.[40] "영적이며 육적인 능력을 가지면 가질수록 더 많은 자산을 늘려야 한다."[41]

다양한 계층의 사람 사이에 벌어지는 차별화는 예나 지금이나 이 땅에 존속해 오고 있다. 그러나 하나님 앞에서는 높은 권력을 가진 자나, 그렇지 못한 자 사이에 차이가 존재하지 않는다. 예수 그리스도는 그런 질서를 깨뜨리기 위해 이 세상에 오신 것이 아니라, 오히려 세우기 위해 오셨다. 예수님은 당시 유대 사회에 존재했던 계층 간의 차별화, 특히 유대종교 지도자들이 행사하는 막강한 권력과 부와 명예에 대해 신랄하게 비판하시며, 그들로부터 소외되고 공식적으로 죄인 취급받았던 가난한 자와 고아, 그리고 과부와 세리의 편에 서서 그들과 함께 밥상 공동체를 형성하시고 친구로 사귐을 가지셨다. 칼빈은 이러한 예수님의 행동과 사상을 물려받았으며 자신이 살았던 당시 그런 차별화가 폐지되지 않고 지속되었던 부당함을 들추어내어 예수님 정신으로 다시 회복하고자 노력했음을 그의 활동과 책을 통해 발견할 수 있다.

그러나 칼빈은 인간의 인격과 가치에 있어서는 하나님 앞에서 어느 누구도 차별됨이 없이 동등함을 주장했지만, 외적인 역할과 기능에 있어서는 대등한 관계로 규정하지 않았다. 그것은 질서와 평화를 유지하기 위한 필연적인 고려이다. "모든 차이를 부정하는 자는 일반적인 혼란만 초래할 뿐이다."[42]

역사적으로 늘 그래왔듯이, 인간사회에 가난은 항상 존재했었다. 하나님은 우리에게 선한 행위를 일깨우기 위해 가난한 자들을 우리 가운데 세우셨다. 따라서 우리가 부자와 가난한 자를 본다면 그들이 처한 상황을 운명이나 우연으로 돌릴 것이 아니라, 하나님께서 그렇리가 하나님의 뜻에 복종하는 마음을 불러일으키게 하는, 우리의 가장 깊은 곳에 자리 잡은 한 기관으로서의 의미를 지닌다. 그러므로 자율적이며 비의존적인 양심에 관한 이해는 칼빈에게는 낯선 사상이다. 오히려 그는 행위의 척도로 양심이 아니라, 하나님의 계명과 언약을 제시했다.

제 4 부

그리스도인의
삶의 다양한 주제들

그리스도인의 삶의 다양한 주제들

1장
가화만사성(家和萬事成)

1. 부부

가화만사성의 첫째 조건은 부부에 있다. 한 가정의 흥망성쇠(興亡盛衰)는 부부에 있다 해도 과언이 아니기 때문이다. 그런데 칼빈에 의하면 부부는 남편의 사랑이나 혹은 다른 남성적 동기가 아니라, 하나님의 창조질서와 구원론에 근거해 있다. "하나님은 전 인류의 구원을 위해 부부를 제정하셨다."[1] 하나님께서 이루신 부부연분(緣分)의 궁극적인 목적은 구원에 있다.[2] "부부란 인간의 삶과 관계의 총체며 끊을 수 없는 공동체를 말한다. 때문에 부부의 연분에 해를 입히는 것은 하나님 앞에서 엄청난 잘못을 범하는 것이다."[3]

또한 부부는 단순히 로맨틱한 사랑으로 맺어진 것이 아니라, 인간의 불결함과 불순종을 막기 위해 하나님께서 제정하신 계명에 그 기반을 두고 있다.[4] 칼빈은 부부의 현실성에 대해 모른 체 하지 않았으

1장. 가화만사성(家和萬事成) 213

며, 교회 성도들에게 장밋빛 환상에 젖게 하는 판타스틱한 그림으로도 표현하지 않았다. "아내가 남편의 잘못과 실수를 발견할 수 있듯이 남편 역시 아내에게서 실수를 발견할 수 있다."[5] 그렇다고 그런 실수가 하나님께서 맺어준 연을 끊게 하는 근거가 되어서는 안 된다. "최상의 상태를 보여주는 가족이라도 때로 불화를 겪기도 한다."[6] 부부 간에 맺어진 관계성을 가장 잘 나타내는 묘사를 다음과 같은 말에서 찾을 수 있다. "남편과 아내, 그 누구도 특별한 장점을 갖지 않는 하나님의 자녀이며 그리스도의 지체들이다."[7]

그들이 비록 성격이 다르고 배움의 정도와 살아온 환경이 다를지라도 예수 그리스도 안에서 하나로 연합되어 있다. 부부는 하나님께서 세우신 거룩한 공동체이다. 때문에 부부의 개념 속에 담겨 있는 심오한 뜻을 신앙에서만 깨달을 수 있다. 그리스도께서 친히 부부의 주인이 되신다. 남편이 아내를 죽을 때까지 인도할 책임과 의무를 하나님께서 주셨으며, 아내는 그런 하나님의 뜻에 순종해야 한다. 따라서 남편과 아내가 비록 죄로 얼룩져 있다 할지라도 최선을 다해 하나님께 온전히 드려지는 삶을 살아야 한다. "부부가 불행해지는 원인은 그들이 하나님을 생각지 않는다는 사실에 있다."[8] 따라서 부부는 늘 하나님의 말씀에 귀 기울어야 한다.

우리가 부부의 관계를 단순히 자연의 질서라는 관점에서만 이해한다면 우리의 자제력과 절제는 제 기능을 다하지 못하게 될 것이다. 달리 말해, 부부는 일종의 일반적인 계약으로 성립된 것이 아니라 변하기 쉬우며 욕망으로 가득 찬 인간적인 것을 넘어선 '하나님의 질서'로 인식되어야 하며, 그러할 때에야 비로소 부부에 대한 바른 태도가 가능해지는 것이다. 하나님께서 남편에게 자신의 아내를 억압하거나 전제 군주적 통치를 행사할 무소불위의 권력을 주시지 않았다는 사실 또한 주지되어야 한다. "남편은 아내의 머리이지 군주가 아니며, 아내는 겸손으로 순종할 태도를 취해야 한다."[9] 부부는 하나님의 말씀에 순종해야 하며 부부 중 어느 누구도 자신의 유익을 구해서는 안 된다.

또한 칼빈은 부부간의 인격을 매우 중요시했기 때문에 남편이 아내에게 심한 모욕적인 언사 행하는 것을 금했다. 가령, "아내가 필요악"이라는가, "사탄에게 저주 받으라"든가, "하나님의 거룩한 질서를 무너뜨리는 일에 기여 한다"는 말로 아내의 인격을 무시하는 태도를 금했다.[10] 오히려 남편은 아내에게 위로와 격려의 말을 아끼지 말아야 한다. 가령, "남자에게 홀로 지내는 것은 좋지 않기 때문에 여자는 남자에게 없어서는 안 될 인생의 반려자"라는 말로 격려를 아끼지 말아야 한다. 칼빈은 서로 간의 사랑과 행복이 부부를 연합시킨다는 전제 하에서 남편은 아내에 대해 우선권을 가질 수 있다고 말한다. 그러나 남편은 주 안에서 한 몸을 이루는 동일한 인격체로서 아내에게 신뢰감을 주어야 한다.[11]

부부의 개념 속에 본질적으로 담겨 있는 거룩성으로 인해 하나님께서 허락한 경우를 제외하고 부부는 헤어져서는 안 된다. "인간의 끈 중에 가장 거룩한 끈인 부부의 끈이 끊어진다면 모든 인간의 공동체는 혼란 속에 빠지게 될 것이다."[12] 나병(癩病)이 이혼의 근거가 되느냐는 질문에 칼빈은 다음과 같이 답한다. "나는 나병이 부부의 이혼을 위해 정당하다고 생각지 않는다. 오히려 부부는 그 고통을 함께 짊어져야 한다."[13] 남편으로 인해 고통을 겪는 신앙을 가진 여인에게 다음과 같은 말이 적합할 것이다. "나는 그녀가 남편을 떠날 그 어떤 근거도 알지 못한다. 그러나 생명의 위험이 닥칠 정도라면 이혼에 대한 정당성을 가질 수 있다."[14]

칼빈은 또한 부부관계의 절제를 비정상적인 것으로 여기며, 하나님의 창조질서를 깨뜨리는 불손이며 도덕적 위험으로까지 간주한다. 그는 홀로 사는 삶의 형태가 높이 평가받는 시대에 "독신생활이 비록 제삼의 하늘에까지 고양된다 할지라도 하나님의 특별한 선물로 받아들여질 경우에만 참된 것으로 여길 수 있다"고 말한다.[15] 이렇듯, 부부공동체에 관한 질문은 그 답을 하나님의 계명의 빛 속에서 찾을 수 있다. 전술한 바와 같이, 우리는 "그리스도인의 윤리적 토대는 하나님의 말씀이다"는 사실을 칼빈의 가정관에서도 발견할 수 있다. 하나님의 말씀을 거역하는 결의는 우리 그리스도인에게 허락되지 않는다는 말이다. 칼빈은 교회의 원로들 앞에서 모든 경의를 표하면서도 독신의 특별한 가치에 대한 질문에서는 대담하게 그들과 뜻을 같이 하지 않았다. 그 문제에 있어서만큼은 하나님의 말씀에 분명히 벗어나 있었기 때문이다. "우리는 정욕적인 절제에 지나친 요구를 가지고 그리스도께 무익한 간청을 하게 되는 꼴이 될 것이다."[16]

어느 한 교회로부터 자신의 직을 수행하기 위해 결혼하지 않은 목사가 더 적합한지에 대한 질문이 칼빈에게 제기되었다. 이에 대한 그의 판단은 다음과 같다. 결혼하지 않는다 해서 결혼한 자보다 자신의 직을 더 잘 수행할 수 있다는 어떤 성경적 근거를 찾을 수 없다. 독신은 바울이 기록한 디모데전서 3장이나 디도서 1장에서도 직분을 수행하기 위한 필연성으로 언급되지 않았다.[17] 다만, 두 가지 경우에만 예외적으로 독신이 허용될 뿐이다. 첫째 육체적인 결함이 있을 경우, 둘째 하나님의 나라를 위한 사역을 감당하는 데 있어서 방해받지 않을 정도로 유혹을 견뎌낼 수 있을 경우에만 허용될 수 있다. 이런 두 경우는 하나님으로부터 절제의 은사를 받았다고 볼 수 있다. 이 외에 어떤 경우도 독신으로 산다는 것 자체는 미덕이 아니며, 칭찬을 받을 만한 것도 못된다.

결혼은 외적인 화려함이 아니라, 하나님의 인도하심과 서로 간의 신뢰가 바탕을 이루어야 한다.[18] 미(美)를 동경하는 것 자체는 죄가 아니지만, 아내의 깊은 곳에 거하는 아름다운 영혼 대신에 외적인 미와 화려함만을 구한다면 그것은 죄에 해당된다.[19] 칼빈은 자신의 결혼과 아내를 상고하면서 동료 파렐에게 다음의 글을 남긴다. "그것(결혼)은 나를 매혹시킨 유일한 아름다움이었다. 그녀는 정숙한 여인이었고 교만하지 않았으며 검소하며 인내심이 많았으며 나의 건강을 항상 염려했던 여인이었다."[20] 또한 칼빈은 결혼하려는 한 친구에게 다음의 말을 전했다. "나는 아내를 구하려는 당신에게 아내와 함께 그리스도를 따를 준비가 되어있는지를 조언해 줄 수 있을 뿐이다."[21] 뿐만 아니라, 그는 바르게 세워진 가정을 일컬어 멋진 화음을 선사하는 '사랑스러운 심포니(suavis symphonia)'로 표현했다.[22]

칼빈은 가장으로서 남편의 역할과 위치에 대해서도 언급한다. 가장은 자신의 가정을 돌보고 관리해야 할 의무와 책임을 갖고 있다. 남편은 가정을 위해 일하는 수고를 해야 하며, 집에서는 아내를 보조하며 격려하고 아이들을 돌봐야 한다. "이 모든 것들을 감내하는 것이 하나님께서 받으실 만한 것임을 기억해야 할 것이다. 칼빈은 가정에서 아버지의 다스림을 '사랑으로 종노릇 하는 것'으로 보았다."[23] 그런 가장의 역할이 과소평가 되어서는 안 된다.

심지어 칼빈은 가정을 '교회의 모형'으로 비유하며, 가장을 네 개의 벽으로 둘러싸인 작은 건물에서 목회자로서의 직분을 감당하는 자로 표현한다.[24] 남편이 자신의 집을 하나님의 성전으로 간주하여 깨끗이 유지하지 않는다면, 그는 자신의 집에 저주를 불러오는 것과 같은 것이다.[25] "우리는 하나님께서 우리의 가정에 최고의 주인으로서 살고 계시다는 사실을 결코 잊어서는 안 된다."[26] 가정에 휴머니즘에 바탕을 둔 교육이 아니라, 하나님과의 관계가 최고의 원리가 되어야 한다. "하나님께서 우리 가정에 주인이 아니라면, 과연 우리 가정에 축복이 임할 수 있으리라 생각하는가?"[27] 교회와 학교에서 행하는 어떤 일도 가정교회의 일을 대신할 수 없다.

이뿐 아니라, 칼빈은 가정주부로서 역할과 영향에 대해서도 기록을 남겼다. 그는 여성문화에 대해서는 어떤 기록도 남기지 않았지만 그가 살았던 당시, 특히 르네상스 시대에 있어서 일상적이었던 여성을 차별화하고 무시하는 행위에 대해서는 침묵을 지키지 않았다. 자녀를 교육시킬 첫 번째 책임이 한 가정의 가장인 남편에게 있지만, 어머니에게도 어느 정도 있다. 따라서 어머니의 역할과 중요성을 하찮게 여겨서는 안 된다. "어머니는 아버지 곁에 있기 때문에 어머니의 말씀에 순종치 않는 자는 특별히 하찮은 존재로 간주되어야 한다."[28] 아내는 평생 남편의 인생반려자이기 때문에 남편은 아내를 무시하거나 차별화해서는 안 되며, 하나님 앞에서 같은 인격을 소유한 자로서 따뜻한 가슴으로 품어주어야 한다.[29] 남편은 아내를 무시할 아무런 이유가 없다. "왜냐하면 남편이 어떤 일에 주저하며 망설일 때 아내가 더 현명하며 용기를 보여주는 면이 많기 때문이다."[30] 무엇보다 부부 사이에 금기시되어야 할 요소 중 하나는 '불신'이다. 불신은 자연의 질서를 깨뜨리는 동기 중 으뜸가는 동기이다. 모든 계약은 신뢰를 바탕 삼는다. 거룩한 품격과 가치를 지닌 부부의 연을 맺게 하는 것은 서로 간의 존경과 신뢰이다.[31]

가족적 삶의 영역이라 할 수 있는 부부와 자녀의 공동체에 세상적인 법이나 제도가 아니라, 살아계신 주님이 지배하도록 해야 한다. 모든 것에 주님의 자비와 사랑이 가득 차고 넘쳐나게 해야 한다. 종교개혁 운동은 단순히 교회의 영역에만 그친 것이 아니라, 기독교 가정의 삶의 갱신에 이르기까지 영향을 미쳤다. 그 영향력은 당시 유행하고 지배했던 그 어떤 문화적 영향보다 훨씬 더 컸다. 부모와 자녀를 포함한 가정적 삶의 영역을 지배하는 규준은 어떤 세상의 이데올로기나 도덕적 사상에 있는 것이 아니라, 역사와 시간 속에 들어와 간섭하시고 인도하시는 하나님의 내재성과 현실성에 있다.[32]

2. 자녀

요즘 많은 가정에서 부모들이 자녀교육 문제로 골머리를 앓고 있다. 부모 말에 잘 순종하고 음식도 골고루 잘 섭취해 건강하게 잘 자라고 이왕이면 공부도 잘해 장래에 좋은 직장가지기를 바라는 마음이 모든 부모의 공통적인 바람일 것이다. 그런데 뜻대로 잘 되지 않는다. 심지어 급변하는 시대적 흐름 속에 자녀들의 문화와 사고에 따라가지 못하는, 소위 세대 차이를 경험하기도 한다. 특히 웹 세상에 익숙한 자녀 세대와 점점 거리가 멀어져 심각한 갈등을 겪기도 한다. 결국 소통의 부재로 부모와 자녀 간의 관계에 심각한 위기가 도래했다 해도 과언이 아닐 것이다. 그러나 아무리 부모와 자녀 간에 세대 차이가 크다 할지라도 불변의 진리가 존재한다. 그런 불변의 진리를 칼빈의 목소리를 통해 들어보기로 하자.

칼빈에 따르면 부모는 자녀들에게 신앙심을 북돋게 해주며, 지혜롭게 잘 자랄 수 있도록 교육할 의무와 책임을 갖고 있다. 그의 다음의 말에서 자녀와 자녀교육의 중요성을 깨닫게 된다. "하나님을 섬기는 자는 자신들이 배웠던 모든 것을 후손들에게 계속해서 물려주는 데 힘써야 한다."[33] "부모는 자녀들에게 허락하신 하나님의 은사를 알아

채야 한다. 그것이 하나님의 선하심의 표시이기 때문이다."[34] "자녀는 이 땅에서 누리는 하나님의 축복이다. 따라서 부모는 주신 자녀에 대해 하나님께 감사해야 한다. 그러나 당신께서 우리에게 자녀를 허락지 않으신다면 그것은 우리의 교만해지려는 마음을 꺾기 위한 것으로 깨달아야 한다."[35]

자녀를 보호하고 벌주는 것 또한 부모의 의무에 속한다. 하나님께서 선물로 허락하신 자녀들은 자신이 낳은 자녀라 할지라도 자신의 소유가 아니라, 하나님께서 이 땅에서 당신의 뜻을 실현시키며 이로부터 기쁨을 얻고자 위탁한 것으로 간주해야 한다. 이러한 하나님의 뜻에 부합하기 위해 자녀들을 잘 교육하고 훈련시킬 의무와 책임이 부모에게 주어진다.[36] 만약, 자녀의 행실이 나쁘다면 눈먼 사랑으로 자녀를 대했거나, 하나님을 망각한 채 교육시킨 결과로서 그 책임은 부모에게 있다.

또한 "하나님께서 남편에게 권위를 허락하신 것은 단순히 그 권위만을 위한 것이 아니라, 부성애로 자녀들을 다스리고 모범을 보이며 하나님을 경외하고 그리스도인으로서 삶을 유지하기 위한 것이다."[37] 칼빈은 부모가 잘못된 사랑으로 나무라거나, 반대로 아예 벌을 가하지 않는 행위에 대해 다음과 같이 강력한 경고의 메시지를 보낸다. "자녀를 벌하지 않는 부모는 자녀를 교수형에 보내는 것과 같은 것이며",[38] 그리고 "자녀들이 불의를 행한다면 그 사실에 대해 화를 내는 정도로는 부족하며 올바른 길로 들어서게 하기 위해 벌을 마땅히 내려야 한다."[39] 사랑이라는 명분이 약함으로 변질되게 해서는 안 된다.

부모는 자녀를 단순히 학교에 보내는 것으로 만족해서도 안 된다. 학교교육은 지식을 축적하는데 초점이 맞춰져 있으며, 인격형성은 학교교육을 통해서는 충분치 못하기 때문이다. 인격도야와 풍성한 감성

배양은 학교보다 가정에서 더 중요한 역할을 할 수 있다. 칼빈은 말씀에 바탕을 둔 윤리적 교훈 없이 교육시키는 것을 악한 행위를 저지르게 할 수 있는 위험천만한 시도로 간주한다. 그러나 보다 중요한 것은 자녀를 위한 기도이다. 기도로 이루어지는 교육이 그리스도인의 자녀교육을 위해 무엇보다 중요하다. 하나님께서는 자녀를 위한 부모의 열정적인 기도를 원하신다.[40]

칼빈은 특히 돈 많은 부자들 자녀의 교육의 위험성에 대해서도 지적한다. 왜냐하면 부자들의 자녀는 노동을 가볍게 여길 수 있으며, 이마에 땀을 흘려야 살 수 있다는 하나님께서 허락하신 자연의 질서와 노동의 가치를 쉽게 망각할 수 있기 때문이다.[41] 우리들이 먹고 마시는 즐거움을 누릴 수 있게 된 것은 하나님께서 축복으로 허락하신 것이라는 사실을 자녀들에게 교육시키지 않는다면 그것은 감사할 줄 모르는 자로 양육하는 꼴이 되는 셈이다.[42]

여기서 칼빈은 부모의 '유산' 문제까지도 언급하며, 성경말씀에 입각한 방향을 구체적으로 제시한다. "아버지가 자신의 의무를 다하려 한다면 무엇보다 유산을 자녀들에게 어떻게 남길 것인지를 고려해야 한다. 아버지가 이 땅의 재물을 자녀들에게 축적하게 하고 고삐를 느슨하게 하여 세상의 방법으로 그 재물을 사용하게 한다면, 그들의 하는 일들은 구원으로부터 점점 멀어지게 하는 일이 될 것이다."[43] 반면에 자녀들이 하나님을 경외하며 두려워한다면 부모는 그와 같은 일을 최고의 기쁨으로 여겨야 할 것이다.

하나님께서 우리에게 자녀를 허락하신 이유는 우리의 단순한 즐거움과 만족을 위한 것이 아니라, 신앙 안에서 잘 교육하라고 우리에게 위탁하신 것에 있다. 부모는 자녀들을 때로는 엄격하게 다루기도 하며 때로는 사랑으로 감싸주기도 하는, 소위 당근과 채찍을 함께 사용해야 한다. 자녀들을 마냥 사랑으로만 교육시킨다면 그들에 대한 통제력을 잃게 되어 하나님을 떠나 악의 길로 들어서게 하는 결과를 낳는 꼴이 되기 십상이다. 그러나 "어린자녀의 성향에 따라 엄격함보다 부드러움이 악을 피하는데 유용하다는 나의 판단이 잘못되지 않았다면 부드러움과 친절로 보다 더 잘 양육할 수 있을 것이다."[44] 칼빈은 고대 로마인의 법, 그 중에서도 자녀의 삶과 죽음을 결정할 수도 있는 아버지의 절대적 권한에 강한 비판을 가했다.[45]

여기서 우리의 흥미를 끌게 하는 질문은 부모가 자녀에게 결혼을 강요할 수 있느냐와 자식이 부모의 동의 없이 결혼할 수 있느냐이다. 칼빈은 이에 대해 다음과 같은 입장을 표명한다. 부모는 자신의 자녀라 할지라도 결혼을 강요해서는 안 된다. 그것은 공의와 법에 어긋나며 심지어 하나님과 자연의 질서에 거역하여 죄를 짓는 것이다.[46] 그런 공의는 부모의 동의 없이 사랑에 빠지는 자녀들에게도 동일하게 적용된다. 즉, 부모의 동의 없이 그들 마음대로 결혼할 수 없다는 것이다. "결혼은 인간의 삶에 있어서 중요한 부분을 차지하기 때문에 자식들은 결혼을 반드시 부모의 뜻과 조언을 따라야 한다."[47] 그러나 딸의 의사를 무시하고 결혼시키는 관습은 칼빈에게 있어서 폐단에 속한다. "물론, 부모는 자신의 딸을 결혼시킬 권리를 갖고 있다. 하지만 자신의 딸에게 행사하는 전제 군주적 지배는 허락되지 않는다. 따라서 원치 않는 미래의 남편에게 묻지도 않고 결혼시켜서는 안 된다."[48] 이처럼 자식에게 순종을 요구할 부모의 권리가 훼손되어서는 안 된다.

칼빈에게 있어서 부모를 무시하는 행위 역시 하나님을 무시하는 것에 해당된다. 비록 부모가 악을 행한다 할지라도 영구적인 자연의 법이 깨어져서는 안 된다. 정부의 지시와 명령에 따라야 할 의무가 계명에 기록되어 있듯이, 부모에 대한 자녀의 순종 역시 하나님의 계명이 그 준거점이다. "하나님은 이 땅의 모든 아버지와 아들의 주인이시다."[49] 부모가 가진 권리와 권한은 보다 높은 지혜와 지식에 있는 것이 아니라, 그리스도의 명령에 있다. 가령, 세례는 기독교 가정에 있어서 의무로 부과된 것이다. "만약, 우리의 자녀들이 태어날 때부터 세례를 통해 하나님의 자녀로서 인정받게 해야 한다는 것을 고려한다면, 그것은 자녀들에게 하나님을 두려워하게 하며 당신의 계명을 지키도록 교육시키기 위해 상당히 고무적인 일이라 할 수 있다."[50] 칼빈은 세례에 관한 기독교의 가르침에서 자녀들을 교훈하고 교육할 의무가 주어져 있음을 보았다. 그는 신앙 없는 학교교육을 그 어떤 성공도 기대할 수 없는 무익한 것으로 여겼고, 아브라함 카이퍼가 표현한 대로 머리만 크고 가슴은 메말라 있는 것과 같은 이치로 간주했다.[51]

이뿐 아니라, 칼빈은 부모와 자식 간에 갖는 상호관계성을 그의 교리학에 기록으로 남겼을 정도로 중요하게 여겼으며, 신앙적 수업을 위해 다음과 같은 훌륭한 교훈 또한 남겼다. 약 10세에 해당되는 자녀들이 신앙고백을 배우는 것을 구상해 볼 수 있다. 이를 위한 구체적인 실례로, 자녀들이 신앙고백의 개개 항목의 질문을 받다가 이해할 수 없는 내용이 나온다면 이해될 때까지 계속해서 교육받아야 한다. "그렇게 한다면 많은 그리스도인이 믿음 안에서 조화와 일치를 이룰 수 있으며, 새롭고 낯선 가르침으로부터 종종 생각 없이 마음을 빼앗기게 하지 않을 수 있다."[52]

2장
'경제적 영역'에서 펼치는 그리스도인의 삶

사회적 삶과 마찬가지로 경제적 영역에서 전개되는 그리스도인의 삶을 위해 칼빈은 분수에 맞는 절제된 삶과 검소를 요구했다. 불필요한 낭비는 칼빈에게 허용되지 않았다. "하나님은 우리가 아침에 일어나 기도한 후 하루를 보낼 수 있는 고요함을 제공해 주시며, 당신의 보호하심에 우리 자신을 내맡기고 저녁 잠자리에 들며 당신께서 우리를 다스리신다는 사실에 감사할 수 있다면, 우리는 그런 소박한 삶 자체에 만족할 줄 알아야 한다."[1] 그런 단출한 일상에서 찾아오는 만족은 단순히 소시민적인 사람에게만 제한된 것은 아니다. 지배적인 위치에 있는 사람들 역시 깨끗한 양심을 가지고 하나님 앞에서 바르게 살며, 맡겨진 일에 선한 마음으로 임하며 그 일에 책임감을 가지고 최선의 노력을 다한다면, 그들 또한 평화롭고 고요한 삶을 영위할 수 있다. 그러나 적은 소유물을 가지고도 오직 여호와로 인해 기뻐하고 즐거워하는, 소위 자족하는 삶을 살 수 있다면 그런 자가 더 행복한 자이다.[2]

게 정하셨으며 당신의 선한 뜻을 이루기 위한 것임을 깨달아야 한다. "우리에게 선한 일을 행할 수 있는 기회를 주시기 위한 것 이외에, 하나님께서 이 세상에 가난이 있게 한 또 다른 이유가 있을까? 그리하여 우리는 부유나 가난을 행 또는 불행으로 연결시키지 말아야 한다. 하나님은 이 세상의 덧없는 물질을 불균등하게 분배하셨는데, 그것은 바로 인간의 선한 의지를 알아보시기 위함이다. 당신께서 인간을 시험해(examining) 보고 있는 것이다."[43] 심지어 칼빈은 부자를 '가난한 자의 목회자'요, 가난한 자를 '하나님을 영접한 자' 또는 '그리스도의 대리자'로 간주했다.

4. 이자

그리스도인의 상행위에 있어서 다른 어떤 문제보다 민감한 사안이며 첨예한 요소를 지닌 것은 '이자'에 관한 문제일 것이다. 다시 말해, 상행위에 있어서 그리스도인에게 적용될 수 있는 이자의 정당성에 관한 문제이다. 알려진 대로 중세기 교회는 이자 거둬들이는 행위를 금했으며, 그런 금지는 온갖 종류의 불법수단을 양산케 했다.[44] 종교개혁 당시 루터에게 있어서도 이자는 윤리적으로 정당하지 않았으며, 특히 그리스도인에게 이자 문제는 비난받아 마땅한 것으로 여겨졌다.

이에 반해 칼빈은 그 문제에 대한 판단에 있어서 상당한 주의를 보였지만, 다음과 같은 명확한 입장을 표명했다. "가장 좋은 것은 이자 거둬들이는 관례가 완전히 사라지는 것이지만, 그러나 상행위에 있어서 필연적인 요소이기 때문에 이 부분에 있어서 무엇이 허용되어야 하는지, 그리고 어느 정도의 범위가 통용될 수 있는지를 주의 깊게 살펴보아야 한다."⁴⁵ 우리가 이자를 완전히 금한다면, 그것은 우리의 양심을 더 좁게 붙들어 매는 것이다.⁴⁶

유대인에게 이자 거둬들이는 행위를 금한 사실을 암시하는 신명기 23장 20절은 오늘날 우리와는 관련 없는 그들에게만 해당되는 국가법이다.⁴⁷ 이자가 존재하지 않았더라면 하는 것이 우리의 바람일지 모른다. "왜냐하면 채권자가 자신의 형제에게 짐을 지우게 한다는 것은 부인하기 어려운 명확한 사실이기 때문이다."⁴⁸ 그러나 이자의 짐으로부터 완전하게 벗어나는 것은 불가능하기 때문에, 그것에 대한 보편적인 원칙과 관례를 만들어야 한다. 즉, 공의와 사랑의 법칙을 깨뜨리지 않는 범위에서 어느 정도 허용해야 한다는 것이다. 이자에 대해서는 공의의 원칙에 따라 판단해야지, 구약에서 볼 수 있듯 어떤 특정한 시대와 상황에만 적용될 수 있는 특별한 진술에 의거해서는 안 된다. "허락되지 않은 이자라는 개념 하에서 채권자가 채무자에게 어떤 해를 끼치지 않고서 이익을 낼 수 있다고는 나는 생각지 않는다."⁴⁹ 칼빈은 이자에 대해 보다 조심스러운 태도를 취하면서 말하기를, "나는 이자 거둬들이는 행위를 추천할 정도로 적극적 태도를 취하지 않으며, '이자'라는 단어가 사라질 수 있다면 굳이 반대할 이유가 없다고 생각한다. 그러나 이자 거둬들이는 행위가 공의와 형제적 공동체를 깨뜨릴 정도라면, 이자가 허용되어서는 안 된다는 하나님의 말씀 외에 나는 더 이상 언급할 필요를 느끼지 않는다."⁵⁰

요약해서 말하자면, 궁핍한 자에게 빌려 준 대부금에 이자를 정하는 것은 성경적 관점에서 금지되지만, 생산자금은 별개의 영역에 속한다. 다시 말해, 이자가 금지되는 것은 가난한 자에게만 국한되는 것으로, 정상적인 경제활동을 영위하는 일반 시민 사이에서는 이자가 자유롭게 허용될 수 있다는 것이다.⁵¹

최소한 목회자에게는 이자가 금지되어야 하느냐는 질문이 칼빈에게 제기된 적이 있었다. 그 질문에 답하기를, 목사가 이자를 생각한다면 이에 대한 비방으로부터 자유로울 수 없을 것이다. 목사로서 취해야 할 최상의 방법은 그와 같은 일에 관여하지 않는 것이며, 그와 같은 일을 통해 이익을 얻지 않는 것이다. 그러나 그와 관련하여 법으로 금지하지는 않았지만, 우리 그리스도인의 경제적 삶에 있어서 가장 중요한 원리라 할 수 있는 '사랑의 법칙'이 핵심적인 판단기준으로 작용되어야 한다.[52]

칼빈 전문가인 파리 출신의 Lecerf는 사회적 삶과 경제적 삶에 대한 칼빈의 영향을 다음과 같이 요약해서 잘 설명해 준다. "그(칼빈)에게 사회적 구성은 삶을 즐기며 향유하는 여유와 평온함을 가능하게 하는 것만을 추구하는 귀족 정치적 조직체가 아니라, 자신에게 주어진 고유한 노동의 영역과 그것의 특별한 목적을 하나님 경외라는 공동의 목적과 함께하는 조직체로 존재케 하며, 그리고 개개 지체들이 전 조직체를 위해 존재하는 그런 조직적 구성을 말한다. 칼빈은 품격과 의, 그리고 가치로 획득한 복지에 대한 의식을 그리스도인에게 선사했다."[53] 기독교 윤리학자인 신원하 박사 역시 이와 유사한 맥락에서 칼빈의 경제윤리 사상을 다음과 같이 잘 요약해서 표현한다. "칼빈은 사회적이고 경제적인 법령을 무엇보다 사랑의 법, 즉, 하나님 형상으로 지음 받은 인간에 대한 사랑과 연결하여 집행하려고 한 대표적인 신학자요, 역사적인 인물로 높이 평가해야 할 것이다. 하나님 형상으로 창조된 피조물로서 인간들의 결속관계에 대한 강조와 이웃 사랑의 표현으로서 나타나고 확립해야 할 기독교 사회윤리와 경제윤리에 대한 칼빈의 주장을 생각해 볼 때, 칼빈주의는 단순히 개인의 성결과 성화의 삶에 대해서만 강조하는 사상과 신학이 아니다. 오히려 교회와 국가를 재구성하고 인간 삶의 모든 영역에 깊이 파고 들어가 사회를 개혁시키고 새롭게 함으로 교회와 국가를 재구성하고자 하는 능동적이고 실제적인 신학이요, 사상이요, 윤리운동임을 깨달을 수 있다."[54]

칼빈이 희구했던 그리스도인의 삶은 일상적으로 경험하기 어려운 영역에 속한 것이었지만, 통치자의 통치영역을 벗어날 수 있는 그런 영역은 아니었다. 사람들은 그런 삶을 위험한 요소를 내포하는 모험으로 지칭할 수도 있을 것이다. 칼빈이 말한 그리스도인은 자신과 세상의 유익을 구하는 자가 아니라, 첫째는 하나님이며 다음으로 이웃의 유익을 구하는 군병을 의미한다. 비록 그들이 가진 무기는 시대에 뒤떨어지는 낡고 보잘 것 없는 것이지만, 하나님의 의를 이루기 위해, 그리고 사랑의 공동체를 만들기 위해 하나님의 이름으로 목숨을 걸고 싸우는 그런 군병이다. 그리스도인은 비록 하나님과 예수를 알지 못하는 비그리스도인보다 사업에서 더 많은 이익을 내지 못하고, 때로는 정직함으로 인해 손실을 본다 할지라도 오직 하나님의 영광과 이웃의 유익을 위해 일하며, 공의와 사랑의 아름다운 법칙을 깨뜨리지 않아야 하는 자이다.

3장
'정치적 영역'에서 펼치는 그리스도인의 삶

아리스토텔레스는 "인간은 정치적 동물이다"라고 정의했다. 이것은 존재론적 규정이다. 즉, 인간이 의도하든, 그렇지 않든 인간의 존재 자체가 어떤 식으로든 정치에 참여되어 있다는 뜻이다. 세상의 빛과 소금으로서의 그리스도인 역시 마찬가지이다. 빛과 소금에 걸 맞는 역할을 해야 그리스도인이 되는 것이 아니라, 그리스도인이기 때문에 세상에 빛과 소금의 역할을 할 수 있다는 것이다. 즉, 그리스도인의 진정성은 빛과 소금의 역할로 드러난다는 말이다. 마태복음 5장에 보면 예수께서 "너희는 세상에 빛이며 소금이다"라며 존재론적으로 선언하셨지, "너희는 세상에 빛과 소금이 되어라"고 말씀하시지 않았기 때문이다(마 5:13-16). 마찬가지로 "인간은 정치적 동물이다"라는 규정 속에 인간의 존재가 정치적 존재라는 뜻이 들어있다.[1]

그렇다. 인간에게 '천상천하 유아독존'이란 있을 수 없다. 인간은 반드시 공동체 속에서 동료와 더불어 관계를 형성하며 살아가는 '관계적 존재'이다. 이런 공동체를 건강하게 유지시키기 위해서는 선을 장려하고 악을 벌하는 권선징악(勸善懲惡)을 통한 질서가 바로 서야 한다. 이 질서를 바로 서게 하는 것이 정치이다. 따라서 정치는 인간에게 선택사항이 아니라, 필수적이라 할 수 있다. 때문에 조직사회에서 살아가는 인간의 행·불행은 정치에 달려 있다 해도 과언이 아닐 것이다.

그런데 칼빈은 정치적 동물로서 그리스도인 역시 정치에 관망하는 소극적 자세가 아니라, 적극적으로 참여할 것을 권한다. 그리스도인은 하늘의 시민이면서 동시에 이 땅의 한 국가의 시민으로서 역할과 의무를 다해야 하기 때문이다. 이와 같은 칼빈의 목소리를 좀 더 자세히 알아보도록 하자.

신앙공동체로서 교회는 지상에 존재하는 공동체 중 가장 거룩한 모임이며, 가족 공동체나 민족 공동체보다 더 고귀한 모임이다. 그러나 이런 성격 규정은 신앙공동체와 세속적 공동체를 이원화해서 차별화시킬 것을 의도하려 한 것이 아니다. 또한 교회 공동체를 세상의 단체들과 구분시켜 활동의 범위를 오직 종교적인 영역에만 국한시키거나, 중립적인 성격을 가진 단체로 규정하려는 것도 아니다. 달리 말해, 교회는 영적인 삶을 지향하는 영역에만 한정시킨 것이 아니라 인간의 전 실존영역, 즉, 개별적 존재로서, 한 국가의 시민으로서, 그리고 공적 임무를 수행하는 국민으로서의 영역을 포괄한다. 칼빈은 신앙의 열정 때문에 그런 영역으로부터 벗어나야 한다고 생각지 않았다. 그는 민족과 국가를 자연과 역사의 단순한 결과물로 간주하지 않았으며, 민족의 개념을 개체화된 개별체로서도 이해하지 않았다. 그리스도인은 공동체적 삶을 위해 하나님께서 제정하신 세상질서에 지속적으로 참여해야 한다. 동시에 민족이 지켜야 할 규범과 민족성에 대해서도 신앙적 안경을 쓰고 성찰해 봐야 한다.[2] 그리스도인이라 해서 세상과 등진 채 소극적인 자세로 삶에 임해서는 안 된다는 말이다. 물론,

자신이 행해야 하는 근본적인 삶의 기준은 하나님의 계명에서 찾아야 한다. "하나님은 정치적 덕(politicas virtutes)을 사랑하시는데, 그것은 그 덕이 은혜를 가져오기 때문이 아니라, 하나님을 기쁘시게 하는 목적을 갖기 때문이다."[3]

따라서 칼빈은 그리스도인에게 정치적인 영역에서 떠나라고 요구하지 않았다. 그리스도인이 정치영역에서 중립을 지키거나 떠날 것을 권하는 글을 그의 어떤 기록물에서도 발견할 수 없다. 칼빈은 개인적인 영혼구원만을 염려하는 '신앙적' 이기주의에 대해 비판을 가한다.[4] 정치적인 일에 수동적이거나 중립을 지키려는 것은 그리스도인의 삶의 태도가 아니다. 이제 그리스도인의 삶에 있어서 정치적 태도를 바로 정립하기 위해 '국가의 통치 권력과 그 기원', '정부 관료의 자세와 임무', '재판관의 직과 공의', '저항권', '교회와 국가의 관계' 설정과 '전쟁'에 이르기까지 다양한 주제를 칼빈의 신학사상을 중심으로 살펴보도록 하자.

1. 국가통치 권력의 기원

하나님의 말씀선포는 단순히 개인적인 일에만 국한된 것이 아니라, 전 민족을 아우르는 선포여야 하며, 그리고 개인구원만을 향한 것이 아니라, 사회구원 역시 포괄하는 선포여야 한다는 것이 칼빈의 확신이었다. 그것이 하나님의 뜻이기 때문이다. 우리가 믿는 그리스도는 도처에서 벌어지는 사탄의 통치를 멸할 수 있는 능력을 가진 분이기에 그리스도의 지체로서 우리는 사탄이 우리에게 다가와 싸움을 걸때에 자신만의 안전을 위해 개인적인 삶 속으로 도피해서는 안 된다.

이렇듯 칼빈은 그리스도인으로서 개별성만이 아니라, 전체를 아우르는 공동체성을 강조한 종교개혁자이다. "국가의 질서 없이 사는 것보다 사나운 맹수가 되어 사는 것이 차라리 나을 지도 모른다."[5] 따라서 그리스도인은 국가에 무관심을 표명해서는 안 된다. 여기서 칼빈의 국가관이 명확하게 드러나는데, 그의 국가관은 특히 『기독교 강요』 1559년 판 4권 20장에 나타나 있고, 그 외에 여러 성경주석과 설교에도 나타나 있다.[6]

칼빈에 따르면 그리스도인은 가정과 교회에서 뿐만 아니라, 한 국가의 백성으로서 자신에게 주어진 위치와 직업에 따라 책임성을 지닌다. 국가나 사회에서 "그리스도의 현존을 측량할 수 있는 길은 그 국가의 도덕적 문화에 있다."[7] 칼빈은 한 나라의 법에 율법과 일맥상통하는 점이 있음을 인정했다. 이와 더불어 그는 그리스도인이라면 자신의 왕이 누구인지를 잊어서는 안 된다고 강변한다.

칼빈이 시민적이며 세상적인 질서에 인간의 자율성을 인정했느냐 하는 질문에 부정적인 답이 도출된다. 왜냐하면 한 국가에 하나님의 법의 권위가 세워져야 한다는 것과 세상통치의 영향이 직접적인 것보다 간접적이어야 한다는 주장을 루터보다 칼빈이 더 강하게 주장했기 때문이다.[8] 이에 덧붙여 이은선 박사는 칼빈의 통치영역을 두 가지 영역, 즉, 영적 영역과 국가 영역으로 구별하여 다음과 같이 소개한다. "칼빈은 로마 카톨릭, 절대 왕권, 그리고 재세례파의 주창자들의 잘못된 주장을 반박하기 위하여 영적 통치와 국가의 통치를 명확하게 구별하였다. 사람은 이중의 통치하에 있는데, 영적 통치는 양심이 경건과 하나님을 경외하는 일을 배우는 내면적 통치이고, 국가의 통치는 시민들의 외면적인 삶을 법으로 규제하는 정치적 통치이다(Inst. III. 19.15). 이런 두 종류의 통치는 하나님이 모두 인정하신 것으로 서로 반대되는 것이 아니라 조화되는 것이므로, 모든 사람들은 이중적인 통치하에 있다는 사실을 인식하고 두 개의 통치에 복종해야 한다."[9]

칼빈에 의하면 국가의 공적인 삶을 배제시키는 교회는 세상을 향한 사명과 역할을 스스로 포기하는 것과 같은 이치이다. 정부 관료는 자신의 직에 충실히 의무를 다해야 할 뿐만 아니라, 하나님의 권위를 자신에게 이양하지 않았음을 명심해야 한다.[10]

칼빈은 세속정부 역시 하나님께 속해 있다는 입장이다. 세속정부에 하나님의 통치하심이 깃들어 있음을 인정해야 한다는 말이다. "하나님께서 어떤 특정한 자를 높이 세우면 세울수록 그는 하나님께 순종해야 할 의무가 더 중해진다."[11] 왜냐하면 세속통치를 행사하는 권세자 역시 온 세상을 주관하시고 다스리시는 하나님의 통치에 사용되는 도구에 불과하기 때문이다. "관청에 속한 자들은 하나님을 대변하는 대리인이며 그분의 자비로 임명된 자들이다."[12] 우리의 요구에 부응하기 때문에 정부에 복종하는 것이 아니라, 하나님께서 원하시기 때문에 복종하는 것이다. "그러므로 시민 정부의 권력은 한계를 가질 수밖에 없고 그리스도가 하나님의 진정한 형상을 대변하는 한, 그리스도의 지배 아래 있어야 한다. 여기서 칼빈은 자신의 정치윤리를 그리스도의 왕권(Herrschaft Christi)이라는 관점에서 전개한다."[13] 중세기의 국가철학은 '인간의 본성'을 국가적 일치의 최종적 근거로 삼았던 반면, 칼빈은 '하나님의 명령'을 그 근거로 삼았다.

아직도 여전히 영향력을 행사하는 헤겔의 정의, "국가가 도덕적 이념의 실현"이라는 정의와 아담 뮐러의 사상, "국가가 인간이 행하는 모든 일의 총체"라는 규정이나 혹은 "국가만이 국민에게 복종할 것을 의무화할 수 있는 권리를 가질 수 있다"고 주장하는 루덴도르프의 규정에 맞서, 칼빈은 국가를 하나님께서 당신의 의지가 실현되는 것을 보기를 원하시는 당신의 선물로 규정한다.

세속정부 역시 하나님의 섭리와 계획 속에 세워졌기 때문에 그리스도인은 국가를 위해 자신에게 지어진 의무를 다해야 한다. 손봉호 박사는 칼빈이 주장한 국가존립의 목적을 다음과 같이 잘 요약해서 설명한다. "칼빈은 하나님께서 국가를 세우신 것은 하나님께 드리는 공적 예배를 보호하고, 경건의 건전한 교리와 위상을 수호하며, 우리의 삶을 인간사회에 적응하게 하고, 우리의 행동방식을 시민이 가져야 할 공의에 맞도록 형성하며, 인간 상호간에 화목이 있게 하고, 일반적인 평화와 안정을 강화하기 위한 것이라 했으며, 하나님 앞에 거룩하고 합법적일 뿐 아니라, 유한한 인간의 삶 전체에서 인간이 받을 수 있는 모든 소명 가운데 가장 신성하고 명예로운 것이라고까지 국가의 권위와 위치를 옹호하였다. 그러므로 지상의 통치자는 바로 하나님의 대리자(vicar)인 것이다."[14] 이에 덧붙여 칼빈은 다음과 같은 메시지를 전한다. "우리는 우리를 다스리는 정부의 높은 자리에 앉은 자로부터 낮은 자리에 이르기까지 경의를 표해야 하며 경건한 자세로 의무를 다해야 한다."[15]

이러한 사상과 더불어 칼빈은 무오류성의 교리를 통해 시민적 삶의 가치를 깎아내리려는 교황청뿐만 아니라, 교회의 절대성의 주장과 이단종파의 개인주의적 무법성(無法性)의 주장에도 등을 돌린다. "법 자체로 경외심을 받을 만하며, 그 법의 대표자에게 존경을 표하도록 우리에게 요청된다."[16] 시민적 권력은 의심의 여지없이 하나님께로부터 나온 것으로 하나님의 뜻에 일치해야 하며, 그리고 모든 소명 중에서 최고의 존경을 받을 만하다.[17]

시민적 법은 하나님의 선하심의 증거이며 인류를 보존하기 위한 수단이다. 따라서 "하나님은 그 법의 근원자로서 인정받기를 원하시며 찬양받기를 원하신다."[18] 때문에 시민적 법이 우리 가운데 효력을 발휘하지 못한다면, 인간이 하나님을 두려워하지 않을 뿐 아니라, 의로운 삶도 가능하지 않게 된다. 이 같은 사실은 칼빈의 베드로전서 2장 17절과 디도서 3장 1절의 주석에서 더욱 명확하게 나타난다. "정부의 구속이나 속박을 제거시키려는 자는 의와 겸손과 모든 인간성의 적으로 간주된다."

이와 더불어 칼빈은 시편 127편에 대한 주석에서 루터와 유사한 입장을 취한다. "정부는 하나님께서 친히 세우셨으며, 국가에 속한 모든 국민은 하나님의 뜻에 따라 자신들에게 부과된 국민으로서의 의무를 다해야 함에 확고한 의지를 보여야 한다." 세상법과 검을 우리는 인정해야 하며, 그것은 하나님의 뜻으로부터 동시에 세상의 질서로부터 나온 것임을 의심하지 말아야 한다. 우리가 법을 지키고, 세금을 내며, 공적인 직을 감당하고, 그리고 세속 정부가 우리에게 맡겨준 일에 최선을 다해야 함은 하나님께서 우리에게 의무로 부과하신 복종에 해당된다. "나는 또한 사적인 사람이 공적인 삶에서 강요되는 운명론에 뒤섞이지 않으려고 자제력을 보이는 자를 이해한다. 그러나 그는 정부에 복종해야 하는 일에 성실히 임함으로써 그런 불필요한 일에 휘말리지 않도록 해야 한다."[19]

2. 정부 관료의 자세와 임무

칼빈은 정부에서 일하는 관료들을 하나님의 일을 행하는 대리자로 간주했다. 관료적 일에 부름 받은 자들은 이 땅에서 행하시는 하나님의 일을 대신하는 대리인으로 봉사하는 자라는 말이다.[20] 이것은 국가가 최고선이며 최종적 목표라는 고대의 국가이념이나, 국가에서 인간 윤리성의 완성을 보았던 헤겔의 국가관을 의미하는 것이 아닙니다. 칼빈이 주창한 국가는 일반적인 의미에서처럼 국가적 힘의 절대성과 고유성을 그 본질로 삼은 것이 아니라, 하나님 나라와 관련된다. 하나님께서 세속정부에 부과한 특성은 인간의 자율성이나 권위가 아니라, 하나님의 절대주권에서 찾아야 한다. 하나님의 주권을 강조한 것은 정부가 주권을 가진 백성에게 종처럼 낮아져야 한다거나, 역으로 백성이 막강한 권력을 가진 국가에게 종처럼 낮아져야 한다는 것이 아닙니다. 개개인 모두가 국가를 위해 희생해야 한다는 것 또한 아니다. 칼빈은 마음을 다해 자신의 민족을 사랑했지만, 민족주의적인 사상에 빠져 민족주의에 일종의 종교성, 즉, 절대성을 부여하는 것에 반대했다. 그는 폭력에 의지하거나 도덕적 규범에서 벗어난 국가이념을 받아들이지 않았다. 정부와 백성은 절대적 주권을 행사하시는 하나님께서 당신의 이름을 높이기 위하여 부여한 특별한 의무와 권리를 가질 뿐이다.[21]

그러므로 통치자의 권력은 선천적으로 부여된 고유한 권력이 아니다. "하나님께서 왕의 권력을 복종케 하셨으며 오로지 당신께 복종하도록 왕으로 임명하셨다."[22] 이 땅에 권력을 가진 자들의 힘이 우려할 정도로 커진다면 자신들이 하나님과 백성의 종이며 봉사자임을 명심해야 한다.[23] 하나님은 그들을 세상의 바른 질서를 유지하기 위해 임명하셨다.[24] 국가란 관료에게 주어진 권한이 마음껏 행사되는 장이 아니라, 하나님의 섭리와 계획이 펼쳐지는 장이다. 하나님은 모든 민족의 살아계신 주인이시다. 이처럼 "칼빈의 정치윤리는 기본적으로 신정정치(Theokratie)로 나타나는데 시민들의 자유와 해방을 옹호하는 하나님의 주권성을 강조하는 점에서 그러하다."[25]

루터의 입장과 유사하게 칼빈은 시대적 상황과 여건에 따라 시시각각 변화를 거듭하는 국가적 삶과 마주해서, 하나님께서 이 세상을 다스리는 도구로 사용하기 위해 높은 자리에 임명한 권력 앞에 오로지 순종할 것을 우리에게 요구하며, 심지어 명령을 따르기 위해 때때로 우리의 자유가 제한당할 수 있음을 인정해야 한다고 주장한다. 그러나 이를 통해 두 가지 종류의 위험에 빠질 수 있는데, 하나는 국가법에 자율적 독립성을 부과하는 위험이며, 하나는 민족과 국가를 성스럽지 않는 영역으로 치부하는 신앙적 열광주의에 빠질 수 있는 위험이다. 왜냐하면 국가적 질서나 법의 고유한 권위를 인정하게 되면 하나님의 통치하심을 부인할 위험성이 높아지며, 결국 하나님의 권위가 무너지는 결과를 초래할 수 있기 때문이다. 반면 국가나 민족 자체를 본질적으로 거룩하지 않는 것으로 간주하게 되면 역사 속에서 행하는 하나님의 다스리심과 인도하심을 부인하는 또 다른 결과를 초래할 수 있기 때문이다.

하나님은 세상의 통치자들을 높이 세우셨지만 그들의 권력과 국가를 절대화시키려는 노력에는 일정한 한계를 설정해 주셨다. 가령, 그들은 백성의 보편적인 행복을 염려해야 하며, 최대한의 겸손과 의로 다스려야 할 책임성을 가지며, 그들의 권력을 남용해서는 안 되는 것 등이다. 그들에게 주어진 권리는 자신의 명예와 유익을 위한 것이 아니라 국민 모두의 복지와 유익을 위해 주어졌다. 그리고 지위가 높은 자들은 낮은 자들에게 사랑과 겸손으로 대해야 한다. 자신에게 주어진 직위는 하나님께로 왔음을 깨달아야하며 당신께 순종하는 마음으로 그 직을 감당해야 한다. 그들이 지켜야 할 의무는 하나님의 영광을 위해 섬기는 일이다. "왕에게 주어진 최고의 권위는 자신이 하나님의 종이라는 사실을 인정하는데 있다."[26] 왕의 권위는 아래로부터가 아니라 위로부터 온 것이다. 공적인 직을 위임받은 자는 소박한 백성보다 더 많은 것들을 행해야 한다는 것과 더 높은 책임감과 의무가 요구된다는 것을 알아야 한다.[27]

따라서 정부 관료들은 하나님의 통치를 위해 섬기며 봉사하는 자리이며, 그러한 직무를 잘 수행해 갈 때 진정한 권위가 세워지며 가치를 갖는다. 칼빈은 자신의 대표적 작품인 『기독교 강요』를 프란츠 I세에게 헌납하는 글에서 다음과 같은 말을 기록한다. "하나님의 영광을 위해 다스리지 않는 자는 도적이지 왕이 아닙니다."[28] 또한 그는 나바라(Navarra)의 여왕에게 보낸 편지에서 다음의 사실을 명시한다. "그리스도 앞에 모든 무릎을 꿇어야 한다. 그 중에서도 왕에게 당부하고 싶은 것은 자신이 다른 어떤 자들보다 겸손하다는 사실과 경외심의 증거로서 고개를 숙여야 한다는 것이다."[29]

3. 재판관의 직과 공의

칼빈은 정치적 영역에 있어서 세상 법정의 재판관에 관한 언급도 빠뜨리지 않는다. 그는 정부 관료들 중 재판관 역시 하나님께서 임명한 것으로 간주한다. 하나님의 통치영역은 교회의 영적인 영역뿐 아니라, 세상 영역에까지 미치기 때문이다. 따라서 그는 재판관의 직업을 "명예롭고 존경할 만한 직"으로 지칭했다.[30] "하나님은 재판관을 당신의 의자에 앉게 하셔서 당신의 뜻을 세상에서 펼치게 하셨다. 때문에 그들은 무엇보다 겸손과 어느 한 쪽에 손들지 않는 공정성을 유지해야 하며, 모든 인간적인 두려움 앞에 굴하지 않고 의연하게 저항할 수 있어야 한다."[31] 그들이 법과 의를 행하는 동안 하나님의 형상이 그들에게서 반영된다.32 세상의 재판관들과 관료들이 법을 떠나 자신들의 권력을 힘없는 백성에게 행사하지 않도록 하기 위해 하나님께서 직접 이 땅의 재판의 직을 제공하셨다. 따라서 하나님께서 이 땅의 재판에 직·간접적으로 간섭하신다는 논리적 귀결이 나온다. 바로 이런 사상이 국가적 질서를 세우는 초석이 되어야 한다. 관료들과 재판관들이 자신들은 하나님의 조력자에 불과하다는 사실을 인정한다면 자신들의 직을 바르게 수행하는 셈이다.33

관념론적 세계관을 가진 자들이 국가와 국가의 법 자체에 신적 권위를 덧입히는 반면, 칼빈은 그런 권위는 하나님으로부터 부여된다는 입장을 고수한다. 그러므로 그리스도인 역시 세상의 소송 건에 있어서 법정의 판결에 내맡겨야 한다. 칼빈은 그리스도인 역시 재판관의 직을 맡아 백성을 위한 공공의 직을 수행할 수 있다고 주장한다. 그러나 사랑으로 그 일을 감당해야지, 증오와 사적인 감정으로 행해서는 안 된다고 말한다. 그들이 내린 벌이 법적으로 정당한 것이라면, 그것은 파렴치한 악들을 제거하는데 크게 기여할 수 있다. "우리에게 다스리는 자들이 존재한다는 것과 법을 추구할 수 있다는 것은 하나님의 은혜이다. 또한 형제로 인해 법정에 서게 된다면, 그것은 미움과 이웃을 해하기 위한 의도로 행해서는 안 된다."34

또한 법정에서 행한 서약 혹은 맹세가 우리에게 손해를 끼칠 수 있다 하더라도 의와 질서를 유지하기 위해 유익한 것으로 간주해야 한다. "어떤 위급한 상황이 닥쳐 서약을 하였을 경우, 하나님을 두려워하는 가운데 그 서약이 당신의 이름을 거룩히 유지하도록 해야 하며, 하나님의 영광과 우리 가운데 사랑을 보존하기 위해 유익한 것으로 받아들여야 한다."35

모든 법 규정이 개개 민족에게 다양한 모습으로 비춰지지만, 사랑의 원칙을 벗어나게 해서는 안 된다. 정부는 민족의 상태와 모습에 따라 사랑의 계명과 상응하는 법을 공포할 자유를 가진다. 복음은 국가의 법제정과 관련해 직접적으로 언급하지는 않지만, 위정자들에게 그 법을 사랑으로 행할 것과 하나님의 뜻을 지혜와 의로 행할 것을 권고한다. 백성들이 자신들의 가족을 의롭게 다스릴 수 있는 방법을 배워야 한다면, 정부의 관료들은 민족의 아버지와 같은 심정으로 그것에 맞는 합당한 훈령들을 제공해야 한다.[36] 그리고 다스리는 자들과 다스림을 받는 자들은 그런 훈령의 총체요 근원이 하나님임을 깨달아야 한다. "하나님께서 모든 공직을 제정하셨다. 당신께서 가족의 삶을 이끌어가고 다스린다면 가장으로서 남편은 아내와 가정에 대해 어떤 권위를 가지며, 그리고 아내와 자식들은 가장에게 어떻게 순종해야 하는지 당신께서 설명하신다. 이러한 원리는 정부에게도 해당된다. 하나님은 다스리는 자들에게 자신들이 어떤 임무를 가지며 자신들에게 부여된 권위를 어떻게 사용해야 하는지를 보여주신다. 따라서 우리는 하나님께 초점을 맞춰야 하며, 우리의 아둔한 판단에 따라 행하지 않도록 주의해야 한다."[37]

칼빈은 법과 그 법을 지키려는 공의 속에 담긴 권위를 유지하기 위해 불변의 원칙이 존재한다고 주장한다. "법이 수시로 변하게 된다면 공의가 위험에 빠질 수 있으며, 공의 대신에 임의성이 지배할 수 있다."[38] 물론, 인간이 만든 법은 변하지 않는 항구성을 지닌 것은 아니다. "고대법은 존중되어야 하며 쉽게 변경시켜서는 안 된다. 그러나 그 법을 바꾸어야 할 필연성이 대두된다면 우리의 주님께서 우리에게 보여주시고, 손에 건네주시는 수단을 사용하기 원하신다. 그리고 과거로부터 전해 내려오는 고대의 것에 너무 집착한 나머지, 현재를 놓쳐버린다면 그것은 어리석은 짓이다."[39] 공의는 본질적인 것이기 때문에 특정한 계층이나 소수의 지배층에만이 아니라, 모두에게 동일하게 적용되어야 할 윤리적 규범이자 원리이다. 법 자체가 때로 특정한 상황에 영향을 받는다 할지라도 동일한 목적, 즉, 공의를 위해 수행된다면 그 법의 규약이 다양한 모양과 색깔을 띤다 해도 방해받아서는 안 된다.[40]

4. 저항권

통치자가 자신의 의무를 망각하거나, 심지어 전제정치를 행한다면 어떻게 할 것인가? 이에 대해 다음과 같은 깨뜨릴 수 없는 원칙이 있다. "모든 통치자들과 관료들은 자신들의 직분이 하나님으로부터 임명받았음을 알아야 한다. 심지어 하나님을 모르는 자들이든, 폭행을 일삼는 자들이든 말이다."[41] 칼빈은 권력을 소유한 자들의 위험성을 알고 있었다. "왕은 자신을 도울 자들을 천거할 시 그들이 바로 서 있는 자인지, 의를 행할 자인지에 대해서는 별 관심을 보이지 않고, 자신이 원하는 것에 만족을 줄 수 있는 자인지에만 관심을 가질 뿐이다."[42] 그럼에도 우리가 원수를 위해서도 기도해야 하듯이, 그들이 우리에게 권력을 행사하는 형태가 독재라 할지라도 하나님의 마음에 흡족할 수 있도록 계속해서 기도해야 한다. 그들이 행하는 섬김과 봉사가 별 가치를 갖지 않는다 할지라도 하나님의 뜻에 따라 다스릴 수 있도록 기도해야 하며 인내로 기다려야 한다.[43]

불의한 자가 다스린다 할지라도 우리는 그에게 불순종해서는 안 되며, 우리에게 주어진 직에 최선을 다해야 한다. 그러나 우리는 보통 종들이 하는 것처럼 단순히 그들에게 박수갈채를 보내어서는 안 되며,

그들의 잘못에 함께 휘말려서도 안 된다.[44] 불의한 관료라 할지라도 그들의 명령에 순종해야 한다. 사악한 통치자라도 하나님에 의해 임명되었고, 심지어 백성의 잘못을 위한 징벌로서 그들을 임명할 수도 있으며, 우리의 죄로 인해 하나님의 축복하심이 저주로 바뀔 수도 있기 때문이다.[45] "우리가 잔인한 관료들을 만난다면 그들이 가진 직의 권위를 감하거나, 하나님께로 부여된 가치에 손상을 입힐 수 있는가? 결코 그럴 수 없다."[46] 물론, 그런 순종은 주어진 상황에 자신이 할 수 있는 일은 아무 것도 없다는 체념에서 나온 것이 아니라, 새로운 상황으로 변할 때까지 잠잠히 기다리는 인내에서 나온 것이다.

그리스도인은 하나님을 두려워하는 마음과 진정으로 아파하는 마음으로 하나님의 말씀을 붙들고서 불의한 관료들과 맞서 대항할 자유 또한 가진다. 그러나 칼빈은 권력을 탐하는 자들이 자신들의 안일과 욕심을 채우는 데 사용하지 말아야 한다는 점을 상기시키는 차원에 한정시켰다. 그는 세상권세를 가진 자를 하나님의 뜻을 증거하며 행하는 자로 이해했다. 하나님께서 우리에게 특별한 직을 맡긴다면, 이를 통해 우리 자신을 신격화시킨다든지 혹은 백성들이 우리를 위해 일하도록 하기 위해서가 아니라, 모든 백성의 공동의 행복을 위해 하나님께서 우리에게 그 일을 맡기셨다고 확신해야 한다.[47]

그럼에도 사악한 통치자들은 그들이 행한 대로 비난받아야 한다.[48] 그러나 "진리를 방해하는 적들이 있다 할지라도 그들과 맞서 싸워서는 안 된다. 불의하게 억압받는 자들을 위로하시는 하나님은 직접 손에 칼을 취하셔서 우리에게 숨겨진 방법으로 도우신다."[49] 힘에는 힘으로 불의에는 불의로 대하는 것은 어떤 경우에도 적용되어서는 안 된다.[50] 칼빈은 제네바와 스트라스부르크에서 불의한 정부와 교황청에 맞서 과격한 방법을 사용해 폭력이나 혁명을 일으키지 않았다. 루터와 칼빈은 그런 점에서 일치했다. 칼빈은 세상의 권세가들 앞에서 하나님의 의를 세우라고 용기 있게 말하기를 주저하지 않았으며, 하나님 앞에 겸손과 순전한 마음을 가질 것을 요구했다.[51] 그리고 그는 악한 정부와 관료들에게 폭력을 행사하거나 동요를 일으키는 것에 반대했다. 오히려 사악한 정부를 위해 기도할 것을 주문했다. 기도가 그리스도인의 무기이기 때문이다. "우리는 높은 지위에 있는 관료들을 위해 기도해야 할 뿐만 아니라, 악을 선으로 만들어 달라고 하나님께 간청해야 한다."[52]

또한 칼빈은 무정부(無政府)의 정치형태에 반대했지만, 그보다 더 강한 반대는 폭정을 일삼는 사악한 정부에 대해서이다. 왕이 소유한 권력은 자신을 위해서가 아니라, 오직 백성을 위해 사용해야 한다. "나는 자신들의 의무를 다하지 않고 자기 멋대로 행하는 다스리는 위치에 있는 자들에게 제재를 가하는 것을 금하지 않는다. 그들이 의무를 다하지 않는다면 백성의 자유를 손상시키는 결과를 초래할 뿐이다."[53]

칼빈은 특히 프랑스에 위치해 있는 교회에 가하는 박해에 저항했으며, 박해자들에게 다음과 같은 경고의 메시지를 보낸다. "나는 하나님께서 결코 축복할 수 없는 당신들의 그런 계획을 거두어들일 것을 간곡하게 간청한다." 이와 동시에 칼빈은 단순한 저항의 수준을 벗어나 과격한 행동으로 혁명을 일삼으려는 행위에 대해서도 단호하게 반대 의사를 표명한다. "나의 슬픔의 원인은 우리 동료 중 혁명을 통해 자유를 획득할 수 있으리라고 믿는 개념 없는 열정이었다. 그와는 다른 길이 유익하다. 나는 그들이 나의 답을 통해 합리적으로 행하리라 소망한다."[54] 혁명은 종종 통치자들의 잘못된 다스림에서 파생될 수 있지만, 그렇다고 혁명을 일으키는 행위는 결코 용납되어서는 안 된다.

그리스도인이 혁명이나 불복종과 같은 정부를 인정하지 않는 그런 행동을 자제해야 하는 것처럼, 관료들에게는 다음과 같은 경고가 유효할 것이다. "오로지 공포와 힘의 논리를 기반으로 하는 통치는 결코 지속될 수 없다."[55] 소박하고 온순한 백성들을 겸손과 의로 설득하거나 다스리는 대신에 강요하려 한다면, 그것은 야만적인 폭정에 해당된다. 한 나라의 흥망성쇠(興亡盛衰)는 신뢰와 의가 바탕이 되는 부드러운 정치에 달려있기 때문이다. 하나님은 나라를 다스리는 위정자들이 아버지와 같은 부성애로 백성을 염려하고 돌보며, 백성 위에 군림해서 혹독하게 대하거나 권위를 남용하지 않는 그런 선한 정부를 원하신다.[56]

그러나 예외적으로 교회가 정부에 저항할 수 있는 경우는 교회를 멸망의 길로 들어서게 할 때이다.[57] 이러할 때 양심이 불의한 통치에 순종하지 않도록 해야 한다. 가령, 일반 백성들에게 성경 읽는 것을 금한다면 그런 조치를 따라야 할 의무는 없다. 물론, 칼빈은 그럴 경우 어떻게 저항해야 할 것인지 구체적으로 언급하지 않았다. 그러나 분명한 것은 혁명이나 폭력을 동원한 저항은 인정하지 않았다는 사실이다.

칼빈에게 있어서 믿음은 사적인 일 뿐 아니라, 공적인 삶의 영역까지도 영향을 미친다. "우리는 이웃에게 사랑의 빚을 진 자들이다. 백성의 행복이 중하다면 우리의 활동범위를 더욱더 멀리, 그리고 넓게 뻗게 해야 한다."[58] 이를 통해 그리스도의 사랑이 세상의 법과 질서에 이르기까지 영향을 끼치게 된다. 칼빈은 권력 자체가 악하다고 생각지 않았다. 그가 싸웠던 것은 권력에 스며있는 사악성이다.

나라를 폭군이 다스리든, 신앙을 가진 의로운 자가 다스리든 세상의 주인이신 하나님의 섭리와 간섭하심 속에 그들의 통치가 행사된다. 칼빈은 국가를 비합리적인 형태나 역사의 단순한 생산물로 간주한 것이 아니라, 하나님께서 위정자를 세워 자신의 뜻을 펼쳐가는 현장으로 여겼다.[59] 백성과 정부는 상호 교환적인 섬김의 관계에서 존속해 나갈 수 있다. 다스리는 자와 다스림을 받는 자 위에는 하나님이 계시며, 세상 정부는 인간의 복지와 안녕을 위해 세움 받았다는 사실에서 그 존재가 드러난다.[60]

국가의 법 앞에서 행하는 우리의 순종은 종들이 하는 것처럼 무조건적으로 고개를 숙이는 것이 아니라, 모든 법의 근원으로서 하나님의 뜻을 지켜 행하라는 뜻을 담고 있다. 칼빈이 이해한 국가의 질서와 법은 하나님이 직접 이끄시는 역사의 진행과 더불어 다루어진다. 따라서 어떠한 경우에도 현존하는 질서에 반란을 일으키는 일이 있어서는 안 된다.[61] 또한 국가의 질서는 그리스도인을 위해서도 유용한 가치를 지니는데, 이는 불의를 막아주는 도움의 수단(subsidia)으로서 의미를 갖는다는 말이다.

따라서 칼빈은 신앙인에게 세상 검이나 법이 필요하지 않다는 견해에 동의하지 않았다. 오히려 그는 세상법을 고통 받는 자녀를 보호하기 위한 하나님의 선물로 간주한다. 그러나 국가나 국가가 세운 제도를 우상화하는 것에는 공동체를 무너뜨리는 행위로 간주해 반대했으며, 이와 반대로 이러한 것들을 무시하는 행위도 같은 이유로 배격했다.

5. 교회와 국가의 관계성

칼빈은 그리스도인이라 해서 세상을 등지거나, 국가나 국가의 법과 질서를 세속적인 것으로 치부해 무시하거나, 소극적인 태도를 보인 것이 아니라, 오히려 경의를 표하며 적극적으로 따르며 지킬 것을 권한다. "국가는 부패한 인간성을 억제(repression)하기 위한 힘을 가진 필요악이라고 이해했던 루터와는 달리 칼빈은 그것을 하나님이 주신 탁월하고 유익한 기관으로 보았다."[62]

칼빈 스스로 국가의 법과 그 법을 지키려는 자들에게 높은 경의를 표하면서도, 국가의 권력에 한계를 설정하는 일에는 분명한 입장을 취하기도 했다. 즉, 그는 왕관과 제단에 동일한 자격과 권위를 부여하는 일에는 적극적인 반대를 표명했다. 이렇듯, 그는 영적 정부와 세속적 정부를 엄격하게 구분 지었다. 세상법은 무절제한 삶을 만끽하려는 인간의 성향을 억제시키는 효과를 내기는 하지만, 그렇다고 해서 성경말씀 속의 윤리적 성격을 드러내는 계명과 동일한 권위를 부여할 수는 없다. 국가의 법을 집행하는 자들은 십계명을 강화시킬 수는 있어도 변경시킬 수는 없다.[63]

또한 종교를 보호해야 할 의무를 국가가 갖고 있다는 것은 루터나 칼빈에게 자명한 것이었다. 그러나 국가의 공적 일은 이 땅의 것에 제한되며, 시민적 질서와 영적 질서가 뒤섞여서는 안 된다. 이에 따라 교회는 한 국가의 조직에 부속되거나 종속되어서도 안 된다. 이렇게 칼빈은 국가의 한계를 제시하며, 그리스도인이라 할지라도 하나님의 계명과 일치하는 정도에서 국가가 정한 질서와 법에 복종할 것을 주장한다. 따라서 왕이 내린 명령이라도 하나님의 계명을 벗어나지 않는 범위 안에서의 복종이 가능할 뿐이다.[64] "사람들이 우리의 어깨에 불합리한 짐을 지운다면 참아낼 순 있지만, 그러나 그들이 우리의 양심에 종노릇하기를 강권한다면 죽음을 맞을 때까지 저항에 부딪치게 될 것이다."[65]

따라서 그리스도인은 민족과 국가에 밀접하게 연결되어 있지만,

절대적이 아니라 상대적이다. 절대적 복종은 주 안에서만 해당될 뿐이다. "그리스도께서 우리 가운데 통치하신다"는 사상이 민족을 이해하는 데 핵심이기 때문에, 시민적 질서는 정부에 대한 복종에서 지켜져야 한다.[66] 그러나 교회에서의 직은 세속정부의 직과는 다른 종류의 것이다. 하나님은 영혼에 대해서는 아무나 다스리게 내버려두지 않으신다. 칼빈은 인간존재의 뿌리에 해당되는 '민족'의 현실을 간과하지 않았으며, 개개 민족들이 가진 고유한 역사성에 대해서도 존경을 표했다. 때문에 교회는 국가의 목표에 부합하도록 노력하며 협력해야 한다.

칼빈은 검을 가지고서라도 하나님께 드리는 예배를 보호해야 할 의무와 책임이 국가에 있다는 입장이다. "왕은 교회를 지키고 보호해야 한다는 사실을 기억해야 한다."[67] "시당국은 평화와 명예와 마찬가지로 종교를 보호하기 위해 하나님으로부터 부름 받았다는 원칙을 가져야 한다."[68] 국가는 십계명에 기록된 두 돌판을 돌보아야 할 책임과 의무를 가지고 있다. 따라서 교회의 질서를 어지럽히는 자에게 제재를 가하며, 하나님의 공의를 세우기 위해 심지어 이단에게 벌을 가하는 역할 또한 국가의 몫이다.[69] 국가가 교회적 일의 가치와 중요성을 인정하지 않을 경우, 하나님께서 그들에게 부여한 의무와 책임을 다하지 못한 결과를 초래한 셈이다. "왕과 정부 관료들은 모든 우상 숭배를 뿌리 채 뽑아야 한다."[70] 교회가 직접 검을 손에 쥐어 벌을 가하거나 감방을 독자적으로 가질 권리가 없기 때문에, 국가가 이를 대신해야 하는 것이다.

칼빈은 하나님의 주권을 어느 누구보다 강하게 주장한 종교개혁자였지만, 로마 가톨릭이 그랬던 것처럼 삶의 모든 영역을 교회의 지배하에 두려하지 않았다. 이와 동시에 그는 삶의 모든 영역을 세속화시키려는 시도에도 강하게 저항했다. 정치, 경제, 사회, 학문, 예술 등 인간의 삶이 이루어지는 모든 영역은 하나님의 주권영역이기 때문이다. 우리의 신앙은 교회적 권력과 국가적 권력을 지향하는 모든 시도를 거부하며, 하나님의 주권과 관련하여 인간의 모든 삶의 영역에 변화를 꾀하려 한다. 교회는 하나님으로부터 역동적인 능력을 공급받아 세상을 변화시키는 전초기지로서의 역할을 감당해야 한다.

또한 교회는 성스럽지 못한 세상과는 동떨어진 거룩한 장소로서의 의미를 각인시키려는 노력보다, 하나님의 사랑과 은혜로 살아가는 공동체의 속성을 교회적 삶을 통해 체화(體化)시켜 나감으로써 세상 사람들에게 입증해 보이려는 노력이 더 중요하다. 이를 통해 교회는 하나님 나라와 동일시할 수는 없지만, 빛과 소금의 역할을 잘 감당함으로 하나님 나라를 이 땅에 건설하는 중심 무대로서의 의의를 가지게 된다. 그러면서 국가는 국가로서, 그리고 교회는 교회로서 해야 할 역할과 사명이 구분되어야 한다. 즉, 국가는 무엇보다 정치적 통치를 행사함으로 국민이 마음껏 누릴 자유를 보장해 주어야 한다.[71] 그런데 정부와 민족이 갖는 이러한 자유는 최고의 통치자인 하나님께로부터 흘러나온 자유이다. "그리스도께서 정치적 통치와 교회의 통치를 구분 지으려 하셨다."[72] 국가와 교회는 각각의 고유성을 지닌 하나님께서 허락하신 선물이다.

칼빈의 신학사상에 있어서 국가와 교회는 분리된 채 독립적 삶의 영역을 갖지 않는다. 교회와 국가 양자는 동일한 주인을 모신, 즉, 하나님의 말씀이 양 영역에 적용되기 때문이다. 그러므로 양자를 분리시킨다는 것은 근본적으로 가능하지 않다. 칼빈이 노력했던 점은 교회를 통한 국가의 통치가 아니라, 복음과 더불어 전 민족의 삶에 누룩처럼 조용히 영향을 미치는 겸허한 태도를 취함으로 세상에 보다 큰 영향력을 발휘하는 데 있었다.[73] 교회는 영원한 빛이 어느 한 공간 속으로 뚫고 들어가게 하는 창을 가지고 있다. 그러나 그 창을 통해 들어온 빛은 보다 확대된 인간의 삶의 전 영역에 다시 빛을 발하게 된다. 중세기 로마 가톨릭이 그랬던 것처럼 교회가 국가를 지배해서는 안 되며, 역으로 교회가 국가의 통제를 받는 국가의 부속물이 되어서도 안 된다. 그러나 교회에 부여된 역할과 사명을 잘 감당치 못한다면, 교회는 세속적 정부와 관계를 갖지 않을 수 없게 된다. 다시 말해, 교회가 국가의 법이나 질서를 무너뜨리는 결과를 초래할 경우, 국가는 공권력을 동원해 교회에 간섭하거나 통제를 가할 수 있다는 말이다.

환언하여 말한다면, 정부는 교회의 영적인 영역에 간섭할 수 없으며, 역으로 교회는 국가 안에 있는 또 다른 의미에서의 국가로서 독립적으로 존재할 수 없다. 왜냐하면 하나님께서 교회는 교회대로 정부는 정부대로 있어야 할 존재 목적과 역할과 사명을 명시한 고유성을 제공해 주셨기 때문이다. 정부의 위정자들은 백성들의 삶의 영역을 보장하고, 자유와 평화를 누리며, 행복한 삶을 꾸려갈 수 있도록 최선의 노력을 다해야 한다. 이와 같은 노력을 다할 때 백성들은 그들의 직에 머리를 숙여 경의를 표하며 섬길 수 있게 된다.

칼빈은 영적인 공직과 세상적 공직을 엄격하게 구분한다. 교회 공동체는 세속적 관료들이 교회나 목회자의 의견을 무시한 채 자신들에게 특별히 협조적이거나 마음에 드는 목회자의 의견에만 손들어주는 공정치 못한 처사에 항의할 수 있는 권리를 요청할 수 있다.[74] 그리고 목회자는 결코 국가의 하수인으로서 역할을 해서는 안 된다. 이렇듯, 칼빈은 교회와 국가 간의 밀접한 관계를 주장하면서도 엄격히 구분시킨다. 그는 교회에 대한 국가의 지배를 용납지 않았으며, 국가 스스로가 교회에 미치는 영향력에 한계를 설정해야 한다고 주장했다. 이와 마찬가지로 교회를 통한 국가의 지배 또한 기도하지 않았다.

칼빈은 교회와 국가 간에 존재하는 힘의 균형이 어떻게 이루어져야 하는지에 대해서는 별 관심을 갖지 않았다. 다만, 그는 교회와 국가에 부과된 고유한 의무와 책임에만 관심을 가졌을 뿐이다. 슈라터(Ad. Schlatter)에 의하면, 종교개혁자들이 생각하는 국가법은 예수께 대한 전반적 신앙이해에 정부의 간섭이 이루어져서는 안 된다는 입장이었다.[75] 칼빈 역시 이와 유사한 입장을 취했다고 볼 수 있지만, 실질적으로 이런 인식이 영향을 발휘하지는 않았다. 국가가 결코 최고의 목적으로 간주될 수 없다는 사실은 그가 싸움을 통해 획득한 커다란 수확에 속한다. 그러나 국가가 그리스도인에게 잘못된 신앙이나 미신을 강요하지 않는 이상, 그들은 자신의 민족과 국가를 버리고 떠나서는 안 된다. 사실 국가와 교회 간의 힘의 균형이라든지 절대적 공정성이란 현실 불가능한 것으로 이상에 지나지 않는다.

그러나 칼빈은 종교를 보호한다는 명분으로 법을 이용해 강제적으로 제재를 가하거나 압력을 행사한다면, 이에 따른 위험이 얼마나 큰지에 대해서도 언급한다. "법의 규정과 벌을 가함으로 종교를 보호할 수 있다는 믿음에 인간의 영리함이 무너가고 있음을 우리는 알 수 있다. 그래서 신앙심을 돌보는 행위를 게을리 한다면 모든 법 규정이 파괴될 것이라는 사실이 참일 수 있다."[76] 칼빈은 신앙을 가진 위정자들의 칙령을 통해 잘못을 범한 자들이 진리 되신 하나님께로 돌아오게 하며, 믿음의 일치를 위해 어느 정도의 강요를 허락하는 어거스틴의 견해에 동의한다. 왜냐하면 신앙이란 본래 자율성에 해당되지만 때로 (부드러운) 강요의 수단 앞에 순종하며, 이를 통해 악이 물러가는 사실을 보았기 때문이다.[77]

국가와 교회의 관계정립에 대해 칼빈은 다음과 같은 원칙을 내세운다. 우리 그리스도인은 국가와 교회 간에 맺은 관계성을 중히 여겨야 하며, 하나님께서 명하신 법에 어긋나지 않는 한도 내에서 국가가 하고자 하는 모든 일에 영적으로 뿐만 아니라, 물질적으로도 도움을 제공하고 참여해야 한다. 그러나 국가가 교회의 내부적인 일까지 간섭하려 든다면, 그것은 적그리스도의 영 혹은 악한 영이 하는 짓이다. 그 같은 짓은 교회의 머리되신 그리스도께 일종의 도전이며 간섭이기 때문이다.

한 국가의 백성으로서 지녀야 할 그리스도인의 입장과 태도에 대한 칼빈의 가르침은 무엇보다 성경에 기반을 두어야 한다는 것이다. 그러나 그 가르침이 역사적 경험 속에서 유지해 왔지만 고정된 채 지속된 것이 아니라, 시대적 상황에 따라 변화를 거듭해야 한다는 것이다. 이러한 칼빈의 사상 덕택에 그리스도인은 정치적 현실에 보다 세련미를 띠게 되었다. 그의 근본사상은 성경적 기반을 잃지 않은 채 끊임없이 변하는 시대적 상황에 유연하고 새로운 모습으로 단장하는 것이었다.

6. 전쟁

정치적 영역에 있어서 칼빈이 취한 특별한 태도에 우리가 주목해야 할 것은 '전쟁'의 정당성이다. "군사의 직은 존경받을 만한 직업이다. 그 직에서 순전한 마음으로 하나님을 섬길 수 있는 가능성이 있음을 부인할 수 없다."[78] 군사의 직업이 경시당하거나 저주받을 직업 중 하나라고 주장해서는 안 된다. 전쟁에 나가 싸우는 군사의 직은 그 자체로 신성한 직업에 해당되며 먹고 마시는 것처럼 세상을 위해 유익한 것이며, 심지어 세상을 향한 하나님의 통치를 위해 필요한 직으로 간주될 수 있다.[79] 전쟁과 관련하여 우리는 다음과 같은 소리를 들을 수 있다. 전쟁이 일어날 수밖에 없는 상황에 봉착하게 된다면 승리를 이끌어 낼 수 있는 수단을 다 동원해 전쟁을 수행할 수 있다. 그러나 하나님의 말씀을 깨뜨리거나 협약을 깨뜨려 적들을 기만해서는 안 된다.[80] "하나님은 전쟁 시 일반 백성의 삶에 견디기 어려울 수도 있는 책략과 계략을 허용하기도 하신다. 물론, 전쟁이 진행되는 동안 우리는 주어진 말씀을 상고하여 지켜야 하며, 말씀을 지키지 않는다면 하나님은 반드시 벌하시는 분이다. 따라서 모든 계략(simulatio)이 저주받을 만한 것은 아니다."[81] 또한 전쟁 시 잔인한 행위를 억제하기 위해 엄격한 긴급법령의 발동 역시 승인될 수 있다.[82]

우리가 경건한 세상에 살지 않기 때문에 칼빈은 전쟁 자체를 반대하는 평화 운동가들을 "이상을 추구하는 공상가"로 칭하기도 한다.[83] 이 세상에는 영원한 평화란 있을 수 없다. 전쟁은 평화의 유지와 회복을 위해 있을 수밖에 없다. 정당한 전쟁은 평화를 추구하는 것과 다른 무엇이 아니다.[84] 그러나 그런 정당한 전쟁은 하나님께 대한 신뢰에서 수행되어야 한다. "선한 양심을 가진 우리가 싸움을 유발한 것이 아니라, 적들이 방자한 태도로 우리를 공격해올 경우 하나님께 부르짖으면 적절한 시기에 우리를 반드시 도우신다는 확신을 가져야 한다."[85] 그러나 비난받아야 할 것은 너무나 쉽게 전쟁을 일으키는 것이다. 하나님께서 힘을 힘으로 막아야 할 것을 허락한다 할지라도 우리에게 불의가 일어난다면 먼저 무기를 손에 잡는 것이 아니라, 평화적으로 해결하려고 최선을 노력을 다해야 한다.[86] 공격을 위한 전쟁이 되어서는 안 된다는 말이다.

마르틴 루터 역시 군사의 직을 하나님의 공직이라 명하며 "터키인들에 대항하는 전쟁에 관하여(Vom Krieg wider die Türken)"라는 글에서 검을 가지고 전쟁에 나가 싸우는 것은 그리스도인에게 어울리는 것은 아니라고 말하면서도, 전쟁 자체를 반대하는 입장을 취하지 않았다. 이 세상에서 전쟁은 피할 수 없는 성질의 것이다. 왕과 백성들이 공적인 일을 수행하기 위해 무기를 취할 수 있으며, 그런 이유로 수행된 전쟁은 법과 일치하는 것으로 여겨야 한다. 백성들이 적으로부터 공격받는다면 전쟁의 방법으로 방어할 수 있는 것이 허락된다.[87] 따라서 전쟁은 백성의 보호를 위한 필연적인 방어수단으로 이해해야 한다.

칼빈은 헤겔처럼 전쟁을 영웅을 배출해 내는 무대나 국가정책의 수단으로서 긍정적으로 평가하거나 스트라우스(D.F. Strauss)처럼 동물적 야만성의 결과로서 부정적으로 평가하지 않았다.[88] 그러나 유의해야 할 점은 칼빈이 전쟁을 옹호하거나 찬양했다는 것을 그의 사상 어디에도 찾을 수 없다는 점이다. 그는 전쟁 시 사람들에게 치명적인 상처를 입힐 수 있는 수단들로 인해 불행을 초래할 수 있다는 사실을 잘 알고 있었다. 이에 그는 전쟁에서 너무 야만적인 방법과 수단을 동원해 사람들을 무참하게 살상하는 행위에 대해 강한 반대의사를 표명했다. "그리스도인으로서 영주들은 비록 엄청난 비용을 요한다 할지라도 오직 평화를 유지하기 위해 모든 방법과 수단을 강구할 수 있도록 최선의 노력을 다해야 한다. 그러나 모든 가능한 수단들을 동원해도 평화를 지킬 수 없다면, 하나님께서 쥐어주신 검을 사용하는 것이 최후의 수단으로 허락된다. 이 경우 그리스도인은 하나님을 욕되지 않게 하는 차원에서 거절할 수 없는 거룩한 부름(en vocation sainte) 앞에 서 있게 된다."[89]

신약성경 어디에도 전쟁의 정당성에 관해 언급하지 않았다고 주장하는 자들의 지적에 칼빈은 다음과 같은 해석을 내놓는다. 전쟁을 수

행할 수 있는 구약성경의 근거는 오늘날도 여전히 적용되어야 한다. 그리고 정부 관료들이 자신들의 신하와 백성들을 보호해야 할 의무를 피할 아무런 이유 또한 존재치 않는다. 특히 사도들이 기록한 성경 말씀에서 전쟁을 피해야 한다는 사실을 암시하는 어떤 구절도 발견할 수 없다. 그러므로 관료들이 자신들의 개인적 욕망을 채우기 위해 권력을 남용한다거나 사적인 감정으로 직을 수행해선 안 되지만, 나라의 질서를 어지럽히는 자들에게 벌을 가하려는 목적이나, 공동의 유익을 위해서는 자신들의 권력을 사용해야 한다. 그러나 무기를 손에 쥐기 전에 평화로운 방법으로 해결하기 위해 최선의 노력을 다해야 한다. 위정자들이 공공의 행복과 복지를 등한시하고 자신들의 유익만을 도모한다면 권력을 남용하는 셈이다. 그들은 권력을 개인적인 유익을 위해서가 아니라, 일반 백성을 비롯한 교회의 신앙과 유익을 위해 사용해야 한다.[90]

칼빈은 전쟁을 자연스런 현상이 아니라, 그리스도인에게 슬픔과 탄식을 동반한 피할 수 없는 현상으로 여겨야 한다는 입장을 취했다.[91] 말씀에 비추어 보면, 하나님께서는 전쟁을 구원을 위한 도구로 사용하는 동시에, 멸망과 벌을 내리는 도구로도 사용하신다. 따라서 그리스도인에게 전쟁은 피할 수 없는 성질의 것이다.

환언하면, 전쟁에 대한 칼빈의 근본적인 입장은 택한 자녀들을 구원하려는 목적을 향해 특정한 방법으로 행하시는 하나님의 섭리에 있다. 그러나 전쟁은 인간의 사악성과 야만성을 불러일으키기 때문에 칼빈은 근본적으로 전쟁을 싫어했다. 만약, 인간이 전쟁을 일으키려 한다면 사탄이 군림하면서 이끌려고 할 것이며 "전쟁 중에 의와 법이 무시당하고 인간은 야수처럼 변해버린다."[92] 사실 칼빈은 전쟁의 문제에서 해결의 실마리를 발견하는 데 많은 어려움을 겪었다. 하지만 그는 인간에 대한 환상을 갖지 않았다. 특히 그는 전쟁에 관한 윤리적 문제를 철저하게 하나님의 말씀에 입각해 신학적으로 이해하려 노력했다는 점을 그의 여러 책에서 발견할 수 있다. "전쟁은 우연히 일어나거나 인간의 선한 계획에 의해 발생한 것이 아니라, 하나님의 명령으로 감행된다."[93]

이에 따라 칼빈은 전쟁 시 무기를 사용하는 것은 정당하며, 필요하다는 입장을 보이면서도 "우리는 한 다른 차원, 즉, 하나님을 두려워하는 마음으로 시작해야 한다. 그러므로 우리는 능력과 겸손의 근원되신 하나님께 견고히 서 있어야 하며, 하나님으로부터 명령을 받아 수행해야 한다"[94]며 전쟁에 대한 조심스런 입장을 취한다. 따라서 전쟁을 해야 할 경우 평화 때보다 더 큰 두려움과 주의를 요한다. 전쟁에서 우리는 그리스도인임을 망각해서는 안 되며, 자신을 통제할 수 있는 자제력과 인간성을 잃지 않도록 유의해야 한다.[95] 또한 "전쟁에서 하나님의 이름으로 공격하는 무기들이 욕되지 않도록 우리는 당신께 기도드려야 한다."[96]

칼빈은 정당하든 그렇지 않든 전쟁을 통해 수많은 사람들이 죽어가며 엄청난 고통을 겪을 수밖에 없다는 사실을 의식하면서 다음과 같이 주장한다. "전쟁에서 적을 죽이는 것이 허락된다. 그러나 하나님은 그것을 범죄라 표현하지 않았지만, 무기를 손에 쥘 수밖에 없는 상황에 처한 자들은 죄에 대한 생각과 자연의 질서를 파괴시킨다는 생각에 탄식해야 하며, 우리 모두가 하나님 앞에서 한 가족임에도 불구하고 서로가 멸망의 길로 달려가고 있다는 사실에 탄식해야 한다. 심지어 전쟁에서 적을 물리쳐야 하는 자는 고통스러운 마음으로 그 일을 행해야 하며, 그런 엄청난 짓이 인간의 사악한 죄로 인해 생겨났다는 사실 또한 기억해야 한다."[97] 참회를 행한 자만이 전쟁을 수행할 수 있으며, 하나님의 은혜로운 도우심을 바랄 수 있다.

내외의 적들을 향한 국가의 방어적인 행위로서의 전쟁은 법을 집행하며 의를 세우려는 의도로부터 나와야 한다. 죄로 얼룩진 세상에서 힘을 행사하지 않고 질서를 세울 수 있다는 주장에 칼빈은 이상(utopie)에 불과하다고 반박한다. "검이 없는 법은 죽은 것이며, 검 없이 의를 세운다는 것 또한 무의미하다."[98] 칼빈은 법에서 인간의 창작물을 본 것이 아니라, 하나님에 의해 정해진 고유한 질서를 보았다. "하나님은 전 인류의 종족을 보존하시기 위해 특별한 배려와 염려를 가지고서 누구나 누려야 할 행복을 좌우하는 국가의 질서를 지켜 보호하신다."[99]

칼빈은 인간의 이성에는 숨겨져 있는 하나님의 섭리와 관련하여 법에 담겨 있는 당신의 뜻을 보았다. 그 뜻은 우리의 구원을 위한 것이며 당신의 이름을 드러내려는 특성을 갖는다. 이와 관련하여 슈라터는 다음과 같이 말한다. "법의 기초는 하나님의 법에 있음으로 당신의 법을 인정할 때만이 우리 인간의 법이 명확하게 인지되며 효력이 발생한다."[100]

그리스도인의 삶의 다양한 주제들

4장
그리스도인의 삶의 터인 '문화' 이해하기

'문화'라는 용어는 라틴어의 'cultura'에서 파생한 culture을 번역한 말로 본래의 뜻은 경작(耕作)이나 재배(栽培)였는데, 나중에 교양 예술 등의 뜻을 가지게 되었다. 보다 자세히 정의하면, 자연 상태에서 벗어나 삶을 풍요롭고 편리하고 아름답게 만들어 가고자 사회 구성원에 의해 습득, 공유, 전달되는 행동양식, 또는 생활양식의 과정 및 그 과정에서 이룩해 낸 물질적, 정신적 소산을 통틀어 이르는 말이며, 또 의식주를 비롯한 언어, 풍습, 도덕, 종교, 학문, 예술 및 각종 제도 따위를 일컫는 용어이다.

이러한 뜻을 가진 문화는 기독교의 전 역사를 통해 발견되는데, 무엇보다 종교개혁운동에서 보다 진일보한 면모를 보게 된다. 즉, 하나님의 말씀으로 돌아가려는 종교개혁 운동은 일종의 '문화회복' 운동이라 할 수 있다. 종교개혁의 이런 의미를 루터를 비롯한 칼빈의 신학에서 보다 명확하게 알 수 있다. 종종 신학자들이 종교개혁자들은 반

문화적 성향과 사상을 띠고 있다고 주장하지만, 그런 주장은 설득력이 부족하다. 특히 칼빈주의자들이 내세우는 종교개혁의 정신에는 문화를 적대시하는 경향이 있다고 주장하는 신학자들도 있다.[1] 인간의 삶에서 나타나는 미(美)에 다가가려는 노력에 종교개혁자들은 관심을 보이지 않았으며, 심지어 비판적 입장을 취했다는 것이다.

그러나 칼빈의 다음과 같은 목소리에 귀 기울일 필요가 있다. "우리 눈앞에서 펼쳐지는 세상의 미는 하나님의 영의 능력을 통해 그 존재 가치를 갖는다."[2] 하나님의 영, 즉, 성령이 영향을 끼치지 않는다면 어느 누구도 작은 일에서조차 어떤 특별한 것을 만들 수 없다. 그것은 영적 영역뿐만 아니라, 일상적인 삶과 관계된 모든 영역에 적용된다. 모든 예술과 학문은 하나님으로부터 나왔기 때문에 우리는 이 모든 것에 감사해야 한다.[3] "농사를 짓는 것과 건물을 세우는 것, 신발을 수선하는 것과 이발하는 것까지, 이 모든 것은 우리 인간에게 적합한 하나님의 질서이다."[4]

칼빈에 따르면 수공업자들과 예술가들은 인류의 보존을 위해 세우신 하나님의 봉사자들이다. 그리고 고상함과 우아함을 추구하는 모든 예술적인 것에 있어서와 마찬가지로 학문 또한 그 출처를 하나님으로부터 찾을 수 있다.[5] 십계명 중 두 번째 계명과 관련하여 모든 형상적인 묘사에 비난을 보낸 자들에게 다음의 말이 어울릴지 모른다. "성경은 하나님의 형상을 만드는 것을 금한다. 그러나 인간에 관한 묘사나 역사적 사건과 관계된 묘사, 즉 인간이 볼 수 있는 사물들은 형상으로 표현될 수 있다."[6]

세상에 존재하는 모든 것은 본래 참되고, 위대하며, 아름답고, 유익한 것으로 하나님의 선물이다. 문화적 삶의 참여에 관한 질문은 허락 유무에 관한 질문이 아니다. 의식하든, 의식하지 않든 인간은 문화적 삶에 이미 참여되어져 있다. 그리스도인이 마땅히 드려야 할 예배 역시 문화에 속한다. 달리 말해, 예배는 하나님의 문화적 명령에 속한다는 것이다.

이 땅의 영역과 은혜의 나라 사이의 관계는 믿음으로 맺어져 있는데, 이 땅의 영역은 보존하시고 질서를 세워 가시는 하나님의 은혜(특별은혜를 포함한 일반은혜)가 실현되는 영역이라는 인식이 각인되어야 한다.7 이에 따라 칼빈은 특별한 기독교적 문화를 알고 있었던 것이 아니라, 사라질 수도 있는 문화적 현상 속에 그리스도인과 비그리스도인이 공유하는 공통의 영역을 알고 있었다. "우리를 도우시기 위해 하나님께서 허락한 인간의 지혜를 경시해서는 안 된다. 인간이 가진 재능과 지혜는 우리 자신에게서 온 것이 아니라, 하나님께서 주신 선물이기 때문이다. 따라서 남다른 재능이 있는 자들로부터 배우기를 거부하는 교만을 보인다면, 그들로부터 나오는 지혜의 말과 선한 가르침을 배울 수 없게 된다. 만약, 그렇게 한다면 하나님께서 우리에게 보낸 불빛이 꺼지는 셈이다."8

칼빈은 문화적 영역 중 특히 일반 학문을 긍정적으로 평가한다. "우리의 연구가 올바른 의미를 얻기 위해 그 연구가 우리 자신을 형성시키며 개선시키는 데 도움을 줄 수 있는지 먼저 살펴야 하며, 나아가 타자에게도 도움을 줄 수 있도록 심혈을 기울여야 한다."9 우리가 다재다능(多才多能)한 재능을 가지고 있음에도 문화적 삶을 거부한다면, 그것은 하나님과 맞서는 행위이며 섬김에 대한 거절을 뜻한다. "참된 지식은 우리 안에 겸손을 낳게 하며 높으신 하나님 앞에 우리의 무릎을 꿇게 한다."10

칼빈은 세상의 다양한 학문 중 '철학'을 높이 평가했으며, 그리스도인의 삶을 위해 그 학문의 유용성을 지적했다. "철학은 뛰어난 하나님의 선물이다. 모든 시대의 학식 있는 자들은 세상에 만연한 진리를 인식할 수 있는 빛을 밝히기 위해 하나님으로부터 세움 받은 자들이다."[11] 그러나 칼빈은 철학의 유용성뿐만 아니라, 무익성 혹은 한계성에 대해서도 빠뜨리지 않고 언급한다. "철학자들의 기록물과 하나님께서 자신의 위엄을 나타내기 위해 우리에게 주셨던 가르침 사이에는 큰 차이가 존재한다. 거기(철학)서 우리는 진리의 작은 파편만 가질 수 있을 뿐이다. 그것은 진리에 관한 현실적 인식이 얼마나 사랑스럽고 달콤한지를 약간 맛 볼 수 있을 정도의 지식에 불과하다."[12] "철학자들은 다만, 이성의 근거에서 논리를 펼쳐가기 때문에 실질적 권위를 가진다고 볼 수 없다."[13] 그럼에도 불구하고 "학문을 경시하는 자는 정신에 문제가 있는 자이다."[14] "어떤 학문도 하나님을 두려워하는 것과 모순되지 않으며, 우리를 영원한 생명으로 인도하기 위해 당신께서 우리에게 제공해 주는 가르침에도 상충되지 않는다."[15]

칼빈이 식자(識者)층들의 인격을 언제나 높이 평가하지 않았던 것은 그들의 말과 행동이 일치하지 않음을 알았기 때문이다. "그들의 가르침은 화려하지만 기초 없는 집이요 몸통 없는 육체에 불과하다."[16] 칼빈이 특별히 증오했던 것은 "상업성을 띤 학문이다."[17] 그럼에도 불구하고 칼빈은 인간의 인격과 능력을 과소평가하지 않았다. "인간 속에 있는 영은 항상 열매를 맺지 못한 것은 아니며, 아무것도 인간의 영을 통해서 나오지 않은 것은 없다. 특히 이 땅에 존재하는 것, 가령, 세상 정부와 사업, 수공업 혹은 자유로운 예술에 초점이 맞추어져 있을 때, 그러하다."[18] 이 같은 사실은 칼빈의 강의에서 고대의 시인들과 사상가들이 얼마나 자주 언급되었는지를 분석해 보면 알 수 있다. 하나님이 모든 진리의 원천이기 때문에 우리는 어디서 어떻게 진리와 마주치게 될지 알 수 없다. 그러므로 우리는 고대에 기록된 작품들을 감동 없이 읽을 수 없다. 그것을 부인하는 것은 하나님께 감사치 않는 행동에 속한다.

따라서 칼빈은 경건주의자들의 반지성주의에 동의하지 않았으며, 인간의 사고력을 과소평가하지 않았다. "모든 진리는 하나님으로부터 나오며 그 진리를 불신자들의 입에도 넣으셨다. 하나님으로부터 나온 것을 도처에서 우리가 취할 수 있다."[19] 그러므로 "플라톤과 키케로, 그리고 그 밖의 사람들의 글을 읽어 보라. 그들은 당신들에게 매력을 발산시킬 것이다. 기쁨을 주며 움직이게 할 것이다. 그들의 기록물과 더불어 웅변가와 철학자에서 나온 모든 힘은 감탄을 자아내게 한다. 세상의 일반 작가로부터 아무것도 배우려 하지 않는 자는 어리석은 자이다."[20]

칼빈은 일반 '역사(historia)'에 관해서도 높은 관심을 보였다. 다음과 같은 그의 진술에서 그런 관심이 얼마나 컸는지 알 수 있다. "과거 지나간 시대는 경외심을 가지고 관찰해야 하기 때문에 비판의식 없이 모든 것을 선조들과 관계시키려는 노력은 어쩌면 비인간적이거나 야만적일 수 있다."[21] "우리가 역사에 관심을 가질 경우, 그 속에서 하나님의 일하심을 볼 수 있으며, 이로 인해 당신께 경의를 표하게 될 것이다."[22] 왜냐하면 이 세상에는 하나님의 영으로부터 나오지 않는 선이란 존재치 않으며, 하늘의 능력을 통해 그런 선의 존재가 가능해지기 때문이다.

그리스도인 역시 자신의 아름답고 매혹적인 열린 두 눈으로 자연을 바라보게 된다. 하지만 칼빈은 자연이라는 개념을 세상과 동일시하지 않는다. 자연, 그 중에서도 '천체'는 그의 마음에 경외심을 불러일으키기에 충분했다. "우리의 눈은 창궁(蒼穹) 속에서 하나님의 살아있는 그림을 보게 된다."[23] 그는 천문학에 관해 다음과 같이 말한다. "천문학은 유익하고 경의를 표할 정도로 가치 있는 학문이다. 그러나 천문학이 단순히 호기심의 만족을 위해 사용된다면 점성술처럼 악영향을 끼칠 수 있는 위험한 학문일 수 있다. 점성술은 미신이며 하나님께 대한 신뢰와 이웃을 향한 의무에서 우리를 벗어나게 만들기 때문이다."[24] 칼빈에 의하면 학문이 자연을 관찰함으로 하나님의 섭리와 전지와 전능성이 아니라, 우연성과 고정 불변하는 원리만을 발견하는 데 힘을 쏟는다면 그런 학문은 사탄적 학문이다.

호로스코프(Horoskop)에 자신의 운명을 맡기려는 그 당시 관례에 대해서도 칼빈은 신랄한 비판을 가한다. 자신의 길흉화복(吉凶禍福)을 우연성이나 운명에 내맡기는 것은 하나님의 절대 권위에 도전하는 것이며, 믿음에 반하는 것이기 때문이다. 별을 통해 자신의 운명을 맡기려는 어리석은 행위는 모든 천체를 지으신 하나님의 이름을 더럽히는 행위와 같은 짓이다. 칼빈에게 바르게 정립된 천문학은 신학의 알파벳으로 불려진다. "천문학은 별과 유성에 깃든 자연 질서에 관한 인식으로서 의심의 여지없이 참된 학문에 속한다."[25] 그는 태양과 별에서 측량할 수 없을 정도의 아름다움과 찬란함을 보았고, 그것을 지으신 하나님께 감사했다.[26] "그러나 군주의 통치가 얼마나 계속 갈지, 민족이나 개인에 닥칠 운명이 어떠한지를 별로부터 알아보려는 호기심으로 가득 찬 사람들을 우리는 비난한다. 그것에 의존하려는 자들은 범죄의 망상의 나락으로 떨어지려는 자들이다."[27]

그러나 우리가 주의해야 할 것은 학문의 유용성과 효율성을 인정하되, 너무 과대한 가치와 의미를 부여해서는 안 된다는 점이다. 그렇게 되면 인간의 지혜와 지식에 의존하게 되어 하나님을 잊어버릴 위험성이 점점 커질 수 있기 때문이다. 이처럼 문화와 학문은 하나님의 은혜로 인한 것이지, 인간의 능력과 지혜에서 나온 산물로 여겨서는 안 된다. 그리스도인의 삶의 풍성함과 유익을 위해 그것을 얼마든지 사용할 수 있을 뿐이다. 세상적인 지식에 열린 자세와 함께 잊지 말아야 할 것은, 어떤 경우든 하나님과의 관계가 결정적으로 작용해야 한다는 점이다. "우리는 작은 일이나 큰일에 있어서 오직 하나님께 찬양과 영광을 돌려야 하며, 수공업과 인문학, 의학, 법학, 천문학, 지질학과 철학을 통해 하나님의 선하심을 보아야 한다."[28]

인간의 사고와 지식을 높이 평가하기에 앞서 잊지 말아야 할 것은, 우리 모두는 죄를 지을 수밖에 없는 연약한 존재에 불과하며, 하나님께서 우리를 새롭게 하기까지 사탄이 우리를 지배한다는 사실이다. 칼빈은 에라스무스나 인문주의자들이 그랬던 것처럼, 도덕이나 윤리에 완전한 교훈과 가르침이 있다고 생각지 않았다. 따라서 우리 그리스도인은 자신의 지혜로 모든 것을 할 수 있다는 생각을 버려야 한다. 학문이 그리스도인의 열정을 무력화시키는 데 이용되거나, 하나님의 살아계심을 부정하거나 멀리하려는 데 기여할 경우, 그런 학문에서 벗어나야 한다.[29]

하나님은 예술의 근원이며 인간의 타락에도 문화를 보존하는 분이다. 문화의 보존자로서 하나님은 인간의 문화적 삶이 죄로 얼룩지지 않도록 성령을 통해 끊임없이 변혁해 가신다.[30] 칼빈은 예술 중 특히 조각품과 그림과 같은 미술품과 나란히 음악의 중요성을 강조했다. 그는 루터 못지않게 음악에 찬사를 아끼지 않았다. "인간의 마음을 움직일 만큼 음악에 얼마나 큰 힘이 있는지 우리는 알게 될 것이다. 음악을 나쁜 의도로 사용한다면 악을 위한 것이지만, 좋은 의도로 사용한다면 선을 드러내며, 심지어 도덕적인 것을 산출해 낸다는 플라톤의 말은 틀린 것이 아니다."[31]

이와 동시에, 그는 악기와 더불어 노래가 남용되어서는 안 된다는 주의의 말 역시 빠뜨리지 않는다.³² 칼빈이 특히 음악을 얼마나 좋아했는지 다음의 진술에서 구체적으로 드러난다. "하나님을 찬양하며 당신의 이름을 부르도록 우리의 가슴에 불을 붙일 정도로 큰 힘이 노래에 깃들어 있음을 경험을 통해서 안다. 우리를 기쁘게 하는 일 중 음악이 가장 탁월하며 빛나는 선물이다. 그러나 멜로디는 말씀과 일치해야 하며 무게와 위엄이 있어야 한다. 멜로디를 통해 말씀이 가슴 속 깊은 곳으로 스며들기 때문이다."³³

평상시 칼빈의 세련된 예술적 재능과 미학적 감수성은 하나님을 경외하는 마음과 접속되어 있었지만, 예배 시에는 예외적이었다. 다시 말해, 예배에서는 신령과 진정으로 우리를 온전히 하나님께 드려야 하기 때문에, 예술에서 드러나는 미적 요소는 제거되어야 할 대상으로 여겨졌다는 말이다. 그러나 칼빈은 교회의 장식품을 제거해야 할 대상으로 간주하지 않았다. 그는 다만, 다음과 같은 원칙을 내세울 뿐이었다. "장식품은 거룩한 것의 본질과 종류에 일치해야 한다."³⁴ 교회 공간에 설치할 장식품을 제거해야 할 경우는 미신적인 요소가 있을 경우이다.³⁵

교회가 문화나 학문을 지배하는 주인으로서의 역할을 해야 한다거나, 역으로 문화나 학문이 교회의 주인이 되어야 한다는 생각에 칼빈은 동의하지 않는다. 오히려 교회 자체의 본연의 모습을 잃지 않으면서 문화와 예술을 무한히 발전시키며 증진시키는 데 기여해야 한다는 입장이다. 그러나 교회와 학문을 다스리고 지배하는 주인이 동일하다 할지라도 교회에서 흘러나온 빛과 다양한 학문의 영역에서 우리를 비추는 빛은 다른 종류이다. 카이퍼에 따르면 "교회는 영원적인 것의 빛을 온 세상에 내보내는 활짝 열린 문을 갖고 있다."³⁶

이 외에도 칼빈은 설교에 능통한 자를 양성하는 것뿐만 아니라, 국가를 계몽시키고 잘 교육받은 시민을 길러내기를 간절히 소망했다. 문화적 영역 중 특히 학교는 칼빈에게 있어서 중요한 의미를 갖는다. 그는 학교교육에 있어서 특히 종교교육을 중요시했다. 때문에 종교교육을 등한시하거나 폐지한다면, 그것은 도덕적이며 영적인 교육을 없애버리는 결과를 초래하게 될 것이라 말할 정도로 그는 종교교육을 중요하게 여겼다.[37]

그리스도인에게 세상과의 소통은 멀리할 수도 없으며, 멀리해서도 안 되는 의무에 속한다. 그리스도인은 세상 속에서, 세상과 함께 행동하며 삶을 꾸려가는 사회적 동물이기 때문이다. 칼빈에 의하면 그리스도인이 아무리 문화를 적대시하거나 그것과 멀어지려 해도 문화와 떨어진 채 독립된 삶이란 가능치 않으며, 모든 인간은 문화와의 관계 속에 살아갈 수밖에 없는 문화적 존재이다. 전술한 바 있듯이, 세상에 존재하는 문화의 현장은 그리스도인에게 하나님의 위엄과 권위, 영광을 드러내기 위한 성화(聖化)의 장(場)이다.

미주

서론 '칼빈 새로 보기'를 통해 한국교회 갱신을 바라며

1   이만열 교수는 한국교회의 위기상황에 대한 원인분석에서 "이분법적인 신앙 형태"와 "왜곡된 축복관"을 대표적인 예로 든다. 즉, 신앙과 행위, 하나님의 일과 세상의 일, 그리고 정치와 종교의 분리 문제 등에 대한 극단적인 이분법적 사고로 인해 한국교회의 질적 성장 저해를 가져왔으며, 그리고 잘못된 축복관, 특히 요한삼서 2절 말씀 "사랑하는 자여 네 영혼이 잘됨같이 네가 범사에 잘되고 강건하기를 내가 간구하노라"를 강조하면서 예수 잘 믿으면 돈 많이 벌고 건강하게 된다는 소위 '3박자 축복'이 강조되었다. 이를 통해 예수님께서 직접 가르치신 참된 축복, 소위 '팔복'의 의미가 약화되었다. 믿음이 삶을 통해 증거 되어야 하는데, 삶과는 무관한 것으로 여겨진다. 참고. 이만열, "한국 기독교의 반성과 과제", *The Journal of Reformed Theological Studies*-개혁주의 신학 연구논문Ⅲ집(역사신학)-, Vol. 3 (광주: 광신대학교출판부, 2003), 132-136.

2   존 H. 리스/ 이용원 옮김, 『칼빈의 삶의 신학』(서울: 한국장로교출판사, 2002), 25. 32.

3   Ioannis Calvini, *Institutio religionis christianae* [...] triplici forma ediderunt Wilhelm Baum. Eduard Cunitz. Eduard Reuss, (Braunschweig, 1869.), Ⅲ.19.2. 이후 Inst.로 표기함.

4   특히 다음의 빌헬름 콜프하우스(Wilhelm Kolfhaus)의 책에 수록된 칼빈 원 텍스트의 인용을 대부분 재인용했음을 밝혀둔다. Wilhelm Kolfhaus, *Vom christlichen Leben nach Johannes Calvin* (Ansbach: Buchhandlung des Erziehungsvereins Neukirchen kreis Moers, 1949).

제 1 부 교리를 알면 삶이 보인다
1장 바른 믿음이 바른 삶을 이끈다

1   Inst. III.2.7.
2   칼빈은 생각과 앎을 높이 평가한다. 그는 무지보다 더 불손한 것은 없다고 말하며 반지성주의를 멀리한다. 그는 인식과 앎으로서의 믿음에 관한 규정을 성경적 근거, 특히 바울서신과 요한복음에서 찾는다. 참고. Heribert Schuetzeichel, *Die Glaubenstheologie Calvins*, (Muenchen: Max Hueber Verlag, 1972), 131-133.
3   참고. H. Strathmann, "Die Entstehung der Lehre Calvins von der Busse", in *Calvinstudien. Festschrift zum 400. Geburtstage Johann Calvins*, hrsg. vom Reformierten Gemeinde Elberfeld, (Leipzig, 1909), 199.
4   Ioannis Calvini, *opera qua supersunt omnia*. hrsg. von Wilhelm Baum, Edward Cunitz et Edward Reuss. 59 Bd. (Bruanschweig-Berlin, 1863-1900.), 41.257. 이후 C.O.로 표기함.
5   C.O. 48.223.
6   Inst. IV.14.8.
7   칼빈은 특히 경험에 큰 의미를 부여했지만 믿음보다 더 우월한 위치를 부여하지 않았다. 참고. H. Obendiek, *Die Erfaharung in ihrem Verhaeltnis zum Worte Gottes bei Calvin. Aus Theologie und Geschichte der Reformierten Kirche*, (Neukirchen: Buchhandlung ders Erziehungsvereins, 1933), 180. 장호광, "종교적 경험과 믿음의 관계성에 관한 연구: 존 칼빈과 마르틴 켈리를 중심으로",「한국개혁신학」 2014(44), 256-277. 칼빈의 믿음과 경험의 관계에 있어서 경험의 중요성을 존 H. 리스가 잘 지적해 준다. "칼빈은 자기가 신학적으로 쓴 것을 재심 재사 상식적인 경험세계의 지혜에 비추어 본다. 계시는 인간의 경험을 넘어설 것이다. 그러나 그것은 인간의 경험이나 상식이 보여주는 분명한 사실과는 상반될 수 없고 상반되지도 않는다. 칼빈의 신학은 기독교적 경험에 대한 해설이 아니다. 그러나 그것은 그런 경험과 구체적인 상황의 요구와 무관하게는 결코 형성되지 않는다. 칼빈은 하나님과 인간의 관계를 하나님의 말씀의 빛에 비추어서 설명해 보려고 했다. 그리고 항상 경험과 구체적인 상황에 관련시켜 그렇게 하였다." 존 H. 리스/ 이용원 역,『칼빈의 삶의 신학』, 24.
8   C.O. 49.78.
9   C.O. 45.585.
10 Inst. III.2.17.
11 C.O. 51.379.
12 C.O. 42.331. 에밀 두메르그(E. Doumerque)는 마음의 중요성을 강조한 칼빈의 사상을 다음과 같이 소개한다. "칼빈이 자신의 신학에서 마음을 얼마나 중요하게 여겼는지는 그의 대표적 작품인『기독교 강요』 초판을 비롯해 마지막 판 여러 곳에서 발견된다." E. Doumerque, *Jean Calvin: Les hommes et les choses de son temps*, IV,

(Lausanne: G. Bridel, 1899), 241.
13　Inst. III.6.4.
14　C.O. 46.797.
15　C.O. 50.327.
16　C.O. 30.113.
17　C.O. 38.350.
18　C.O. 30.167.
19　Inst. I.5.9.
20　C.O. 23.689.
21　C.O. 49.372.
22　오벤디크는 믿음과 하나님의 말씀의 관계를 다음과 같이 표현한다. "우리를 고정시켜 연약하게 만드는 단순히 글자 상태에 머물게 하는 것이 아니라, 말씀을 들음으로써 살아 움직여 역동적인 힘을 발휘하는 말씀이 칼빈에게 중요했다." H. Obendick, *Die Erfahrung in ihrem Verhaeltnis zum Wort Gottes bei Calvin*, 186.
23　C.O. 51.435. 칸트가 인간이 가진 윤리적인 인격성은 이성의 원리에 놓여있다고 주장한 반면, 칼빈은 하나님의 말씀에 매여 있고 말씀으로부터만 살아 숨 쉬는 믿음의 원리를 주장한다. 참고. J. Bohatec, "Autoritaet und Freiheti in der Gedankenwelt Calvins", in *Philosophia Reformata*. 5(1940).
24　C.O. 31.143.
25　Inst. III.1.3.5.
26　C.O. 45.401.
27　C.O. 27.175.
28　참고. P. Wernle, "Calvin", in *Der evangelische Glaube nach den Hauptschriften der Reformatoren*, Bd.3, (Tübingen, 1919), 254.
29　C.O. 49.695.
30　니젤은 칼빈을 '행동주의자'라고 평하는데, 이에 대한 근거는 자신의 그리스도인 됨을 참된 신앙에서 나온 선한 사역을 통해 입증하려는 열정에서 발견된다. W. Niesel, *Die Theologie Calvins*, (München: Chr. Kaiser Verlag, 1953), 93.
31　C.O. 48.591.
32　C.O. 45.382.
33　C.O. 44.207.
34　W. Kolfhaus, *Christusgemeinschaft bei johannes Calvin. Beitrag zur Geschichte und Lehre der Reformierten Kirche*, vol.3, (Neukirchen: Buchhandlung der Erziehungsvereins, 1938), 80.
35　C.O. 49.313.
36　C.O. 50.199.
37　C.O. 51.491.

38 C.O. 31.594.
39 C.O. 5.341.
40 이에 대해 칼빈 전문가인 로날드 윌레스는 성령을 통한 그리스도와의 연합을 다음과 같이 잘 묘사한다. "칼빈은 성령에 대하여 말함에 있어서 우리를 그리스도에게 결합시키는 고리로 보는가 하면 그리스도가 가지고 있는 모든 성품과 은사를 우리의 것이 되게 해주는 통로로 보고 있다." 로날드 S. 윌레스/ 나용화 역, 『칼빈의 기독교 생활원리』, (서울: 기독교문서선교회, 1996.), 35-36.
41 C.O. 48.183.
42 C.O. 6.345.
43 C.O. 49.108.
44 Inst. III.2.24.
45 정승훈 박사는 칼빈의 '칭의와 성화'에 대한 사상을 그리스도와의 연합의 관점에서 다음과 같이 잘 소개한다. "칼빈에게서 인의(법정론적인 개념)와 성화(다시 태어남)는 신비한 연합을 통해 구원의 역동성을 이루어가는 성령의 사역이다. 칼빈은 그리스도의 의로움을 입는 전가된 인의와 용서받은 자로서의 인간이 하나님 앞에서 그의 삶과 행동을 통해 얻는 성화의 의로움을 구별한다. 왜냐하면 인의는 하나님의 영광을 위해 살아가게 하며 그리스도를 위한 선한 행동을 요구한다. 그러므로 인의와 성화는 칼빈에게서 떨어질 수 없는 관계를 유지한다. 그리스도가 우리를 의롭게 할 때 우리는 성화를 향해 부름 받고 하나님과의 화해는 거룩한 삶이 없이는 무의미하기 때문이다. 하나님의 영광과 자비는 행동을 위한 동인이 되며 그리스도는 의롭게 할 뿐만 아니라 거룩하게 한다." 정승훈, 『종교개혁과 칼빈의 영성』, (서울: 대한기독교서회, 2000), 105-106.
46 C.O. 49.103.
47 J. 다우마/ 신원하 역, 『개혁주의 윤리학』, (서울: 기독교문서선교회, 2003), 53.

2장 내가 누군데?

1   Inst. III.14.6.
2   C.O. 22.37.
3   Inst. III.3.38.
4   C.O. 51.283.
5   Inst. III.24.10.
6   C.O. 38.660.
7   C.O. 29.639.
8   C.O. 27.180.
9   Inst. II.2.18.
10 C.O. 37.157.

11 C.O. 23.434.
12 C.O. 27.568.
13 C.O. 32.730.
14 C.O. 47.6.
15 Inst. I.15.6.
16 C.O. 40.245.
17 C.O. 31.51.
18 C.O. 32.552.
19 C.O. 36.244.
20 Inst. II.1.8.
21 C.O. 23.62.
22 C.O. 28.489.
23 C.O. 32.230

3장 예수를 알면 그리스도인의 삶이 보인다

1 Inst. III.11.6. 칼빈은 두 가지 사실을 염려했는데, 하나는 그리스도인들이 성화에 대해 잘못 이해하고 있어서 칭의를 그리스도 안에서만 구하려는 것이고, 다른 또 하나는 그들의 잘못된 확신으로 인해 거룩한 삶에 대한 하나님의 요구를 간과시켜 버리는 것이다. 참고. Alfr. Goehler, "Das christliche Leben nach Calvin", in *Evangelische Theologie* 4(1937), 320.
2 Inst. II.6.4.
3 Inst. II.16.19.
4 이에 대해 보다 자세히 알려면 다음의 책을 참고하라. Merwyn S. Johnson, "Calvins Ethical Legacy", in *The Legacy of John Calvin,* ed. Calvin Studies Society, (Grand Rapids: CRC Product Services, 2000), 63-83.
5 C.O. 5.335.
6 Inst. IV.18.20.
7 C.O. 49.472.
8 C.O. 49.194.
9 C.O. 37.441.
10 Inst. I.7.1.
11 C.O. 46.862.
12 C.O. 30.57.
13 C.O. 30.329.
14 정승훈 박사는 칼빈의 성령이해를 그리스도인의 윤리적 삶과 연관시킨다. "칼빈의 성령론은 도덕적, 종교적 삶의 경험에서 드러나는 경건과 헌신의 태도와 함께 윤리적 책

임과 의무를 포괄한다. 하나님과의 성령론적 관계(하나님의 주권성)는 인간의 윤리적 행동과 삶에 대한 궁극적 가능성으로 나타나며 이 차원은 개인적, 사회적, 역사적 차원과 자연을 통전하는 포괄적인 삶의 영성으로 드러난다. 이러한 영성의 이해 없이 하나님에 대한 교의학적 진술은 추상적인 것으로 머무를 수밖에 없으며, 또한 기독교적 삶을 위한 윤리적 원리들은 무차별한 율법주의나 상대주의로 흐를 수밖에 없다." 정승훈, 『종교개혁과 칼빈의 영성』, 22.

15 Inst. III.21.3.
16 C.O. 41.444.
17 칼 홀은 제4계명에 대한 칼빈의 이해에 대해 다음과 같이 말한다. "그는 성경을 매순간 삶의 질서를 위해 적용해야 하는 결정론적 법으로써 간주하지 않았다." K. Holl, "Johannes Calvin", in *Calvinsreden aus dem Jubilaeumsjahr 1909*, (Tübingen, 1909), 50.
18 C.O. 36.508.
19 H. Obendick, *Die Erfahrung in ihrem Verhaeltnis zum Worte Gottes bei Calvin*, 186. 가르친다는 것은 강단에서 어떤 이론을 단순히 강연한다는 것이 아니라, 자신의 경험으로부터 그 가르침이 확인되어야 함을 뜻한다. 하나님의 말씀을 우리가 명확히 이해하기 위해서는 경험과 실천이 뒤따라야 한다는 것이다.
20 Inst. III.6.2.

4장 율법을 알면 '하나님의 뜻'이 보인다

1 C.O. 48.40.
2 참고. Karlfried Froehlich, *Gottesreich, Welt und Kirche bei Calvin. Ein Beitrag zur Frage nach dem Reichsgottesgedanken Calvins*, (München: Chr. Kaiser Verlag, 1930), 39.
3 Inst. IV.10.7.
4 이에 대해 구체적으로 알려면 다음의 글을 참고하라. 문병호, "칼빈 율법관의 법학적 기원", 한국법사학회, 「법학사연구」vol. 31(2005), 345-349.
5 C.O. 32.485.
6 C.O. 32.279.
7 C.O. 42.198.
8 C.O. 31.39.
9 C.O. 26.284.
10 C.O. 26.207.
11 C.O. 32.246.
12 C.O. 38.40.
13 Inst. II.2.73.

14 C.O. 51.789.
15 C.O. 47.238.
16 *Comm., I Tim.*, 1,10. 이뿐 아니라, 볼프는 율법과 복음의 관계성에 대한 칼빈의 이해를 다음과 같이 잘 소개한다. "칼빈에게 있어서 율법에 대한 특별한 가치는 도덕적 의미, 즉, 어떤 율법성과의 관련에서가 아니라, 은혜로 인한 연합을 부각시키기 위해 율법을 자신의 삶과 관련시키는 것에 있다." Hans Heinrich Wolf, *Die Einheit des Bundes, das Verhaeltnis von Altem und Neuem Bund bei Calvin*, (Neukirchen: Neukirchener Verlag, 1958), 42.
17 이은선, 『칼빈의 신학적 정치윤리』, (서울: 기독교문서선교회, 1997), 166.
18 Inst. II.7.14.
19 C.O. 51.70.
20 C.O. 45.175.
21 C.O. 22.38.
22 C.O. 31.201.
23 C.O. 31.203.
24 참고. Paul Lobstein, *Die Ethik Calvins*, (Strassburg: C.F. Schmidt's Universitaet-Buchhandlung, 1877), 62, 78.
25 C.O. 39.42.
26 C.O. 51.420.
27 C.O. 50.49.
28 C.O. 28.599.
29 C.O. 37.145.
30 *Comm., I Petr.*, 2,14.
31 Inst. II.7.7.
32 C.O. 24.725.727.
33 참고. Adolf Schlatter, *Die christliche Ethik*, (Calw & Stuttgart: verlag der Vereinsbuchhandlung, 1914), 40.
34 C.O. 23.259.
35 Inst. II.7.1.
36 Inst. II.5.7.
37 C.O. 37.612.

5장 '이중예정론'이 그리스도인의 삶과 무슨 상관이 있단 말인가?

1 C.O. 45.31.
2 섭리와 예정이 창조자와 구속자인 하나님의 영광과 관련되어 있으면서도 양 개념이

안고 있는 문제점은 칼빈의 『기독교 강요』의 최종판에서 때때로 교차적으로 사용되기도 하였다는 점이다. H. Ottes, "Calvins theologische Anschauungen von der Praedestination", in *FGLP 9. R1*, (München: Chr. Kaiser Verlag, 1938), 108.

3 Inst. III.23.12. 이에 대해 보다 구체적으로 알려면 다음의 글을 참고하라. H. Strathmann, "Calvins Lehre von der Busse in ihrer spaeteren Gestalt", in *Theologische Studies und Kritiken III*(1909), 435.

4 C.O. 51.272.

5 C.O. 8.260.

6 C.O. 8.104.

7 칼빈의 이중예정론에 담겨 있는 윤리적 의의와 중요성이 잘못 이해되어 왔으며, 심지어 많은 오해를 불러일으키기도 하였다. 반면 할크니스는 칼빈의 선택사상이 예기치 않은 엄청난 열매를 거두었으며, 게으름이나 태만 대신 윤리적 의무를 초래했다는 사실에 경의를 표했다. Georgia, Harkness, *Calvin, The Man and His Ethics*, (New York: Henry Holt and Company, 1931), 78.

8 Inst. III.23.12.

9 C.O. 45.316.

10 C.O. 42.129.

11 Inst. I.16.4, 5.

12 C.O. 24.14.

13 J. Bohatec, "Calvins Vorsehungslehre", 367.

6장 종말에서 현재를 읽다

1 Inst. III.2.28.

2 H. Quistorp, *Die letzten Dinge im Zeugnis Calvins. Calvins Eschatologie*, (Gueterloh: Guetersloher Verlag, 1941), 15.

3 칼빈의 그와 같은 사상은 에밀 브룬너의 다음과 같은 진술에서 잘 드러난다. "우리 그리스도인의 존재는 우리가 이 땅의 것들을 역사의 저편에 있는 목적으로부터 바라보아야 한다는 사실에 주목해야 한다." E. Brunner, *Das Gebot und die Ordnungen*, (Zürich: Theolog. Verlag, 1978,), 243.

4 C.O. 8.409.

5 Inst. III.6.3.

6 C.O. 51.654.

7 C.O. 47.324.

8 H. Obendick, "Calvins Institutio als Bekenntnis des Evangeliums", in *Evangelische Theologie 3*(1936), 308.

9 Hans Ehrenberg, *Unheil und Heil im oeffentlichen Leben. Ueber Weltsuende*

und *Weltverantwortung*, (Gueterloh: Guetersloher Verlag, 1928), 21.
10 종말론의 그런 윤리적 관련성은 바울이 벨릭스의 심판대 앞에서 행한 연설(행 24:15-16)에 보다 잘 나타나 있다. "그러므로 그의 윤리학은 성경적 윤리학으로서 종말론적 관점 하에 세워졌다." Peter Barth, "Was ist reformierte Ethik?", in *Zwischen den Zeiten* 10(1932), 413.
11 C.O. 50.58.
12 C.O. 48.71.
13 C.O. 48.14.
14 C.O. 49.720.
15 헤르메링크는 이와 관련해 '하늘나라'에 초점을 맞춰 세상을 이기고 극복하는 칼빈의 윤리학의 특징을 잘 보여준다. 참고. Heinlich Hermelink, "Reformation und Gegenreformation", in *Die religioesen Reformbestrebungen des deutschen Humanismus*, (Tübingen, 1907), 166.
16 C.O. 50.65.
17 C.O. 50.65.
18 C.O. 36.597.
19 C.O. 33.658.
20 C.O. 49.256.
21 W. Niesel, *Die Theologie Calvins*, 144.
22 Inst. III.25.12.

2부 그리스도인의 삶의 원리
1장 오직 하나님의 영광을 위하여(Soli Deo Gloria)

1 Inst. 2.1.3.
2 C.O. 37.97. 에밀 브룬너는 칼빈의 선택신앙을 그리스도인의 윤리적 삶의 주된 동기로 간주한다. E. Brunner, *Der Mensch im Widerspruch*, (Zürich: Zwingli Verlag, 1965), 67.
3 존 리스는 칼빈의 신학적 사상과 실천을 이해하기 위한 결정적인 요소로 '하나님의 영광'을 제시한다. 존 S. 리스, 『칼빈의 삶의 신학』, 45.
4 Karlfried Froehlich, *Gottesreich, Welt und Kirche bei Calvin*, 40.
5 C.O. 33.188.
6 Inst. 3.20.44.
7 C.O. 51.262.
8 맥클린(D. Maclean) 역시 다음과 같이 잘 요약해서 소개한다. "우리의 믿음은 매일 지속되는 삶의 모든 영역에 깊이 배어 있어야 한다. 우리의 지적이며, 도덕적이고, 사회적

이며, 미학적인 삶에서 하나님의 영광이 드러나야 한다." D. Maclean, *The Revival of the Reformed Faith*. 17.
9   C.O. 51.147.
10 C.O. 49.471.
11 C.O. 37.161.
12 C.O. 37.415.
13 Inst. 1.16.3.
14 C.O. 6.177.

2장 최고의 제사인 '순종'

1   C.O. 51.651.
2   C.O. 45.135.
3   Peter Barth, "Was ist reformierte Ethik?", 413.
4   C.O. 45.700.
5   C.O. 37.58.
6   C.O. 39.93.
7   C.O. 38.222.
8   C.O. 49.259.
9   C.O. 25.160.
10 C.O. 44.244.
11 J. Bohatec, "Autoritaet und Freiheit in der Gedankenwelt Calvins", 137.
12 C.O. 28.283.
13 Inst. 4.18.16.
14 W. Kolfhaus, *Vom christlichen Leben nach Calvin*, (Ansbach: Buchhandlung des Erziehungsvereins Neukirchen Kreis Moers, 1949), 276.
15 C.O. 20. Nr. 3949.

3장 몸으로 드리는 '기도'

1   C.O. 31.501.
2   C.O. 30.139.
3   C.O. 30.139.
4   C.O. 43.322.
5   C.O. 45.194.
6   C.O. 46.626.
7   C.O. 37.331.

8   C.O. 34.607.
9   C.O. 32.8.
10 C.O. 47.257.
11 C.O. 34.345.

4장 회(悔)·개(改)

1   C.O. 45.112.
2   C.O. 42.319.
3   C.O. 38.531.
4   Inst. III.3.5.
5   C.O. 40.673
6   C.O. 44.88.
7   W. Niesel, *Die Theologie Calvins*, 137.
8   Inst. III.7.4.
9   정승훈, 『종교개혁과 칼빈의 영성』 146.
10 Otto Ritschl, *Dogmengeschichte des Protestantismus*, Bd3: Orthodoxie und Synkretismus in der altprotestantischen Theologie(Fortsetzung). Die reformierte Theologie des 16. u. 17. Jahrhunderts in ihrer Entstehung und Entwicklung, (Göttingen, 1926), 198.
11 C.O. 45.647.
12 C.O. 42.233.
13 C.O. 42.463.
14 E. Doumerque, *Jean Calvin*, 317.
15 Inst. III.6.1.
16 Inst. III.3.2.
17 C.O. 38.532.
18 Inst. III.3.5.
19 C.O. 37.288.
20 C.O. 38.435.
21 C.O. 6.603.
22 C.O. 45.679. 로날드 월레스는 그리스도의 십자가와 부활 사건을 그리스도인들의 삶을 위해 본받아야 할 모형적 사건으로서 표현한다. "그리고 십자가를 향한 긴장 속에서 그는 살았있다. 그의 죽으심과 부활에 복종함으로써 그가 성취한 모형에서 주로 그리스도의 성화가 우리의 성화의 외형적 모형이 되도록 되어 있는 것이다." 로날드 S. 월레스/ 나용화 역, 『칼빈의 기독교생활 원리』, 64.
23 C.O. 32.586.

24 C.O. 49.91.
25 C.O. 37.47.
26 C.O. 39.518.
27 고통을 하나님의 섭리와 관련시켜 펼치는 칼빈의 사상에 대해 자세히 알려면 다음의 글을 참고하라. 헤르만 셀더르하위스/ 장호광 역, 『중심에 계신 하나님』, (대한기독교서회, 2009), 127-70.
28 C.O. 34.361.
29 C.O. 39.52.
30 C.O. 39.412.
31 C.O. 20. Nr. 4003.
32 C.O. 34.253.
33 C.O. 37.155.
34 C.O. 34.473.
35 C.O. 21. Nr.44.
36 C.O. 16. Nr. 2454.
37 Inst. III.20.52.
38 C.O. 33.404. 존 리스에 의하면, 칼빈은 십자가의 의미를 훈련, 징계, 박해라는 세 가지 개념으로 구별한다. 참고. 존 S. 리스, 『칼빈의 삶의 신학』, 86-87.
39 C.O. 33.359.
40 C.O. 36.441.

5장 '겸손' 바로 이해하기

1   C.O. 46.415.
2   C.O. 30.283.
3   C.O. 40.348.
4   칼빈은 '교만'을 모든 죄의 뿌리로 본다. "'교만은 모든 불의의 어머니이다.' 왜냐하면 교만이 사람을 이웃 위에 서게 만들어 이웃을 업신여기도록 하기 때문이다. 교만은 하나님과 이웃을 무시하고, 죄는 이런 태도에서 생겨난다. 그렇다면 불신자의 본명은 곧 교만한 자이기도 하다." 헤르만 셀더르하위스, 『중심에 계신 하나님』, 227.
5   C.O. 42.429.
6   Cf. M. Kähler, *Die Wissenschaft der christlichen Lehre*, (Erlangen, 1883), 527.
7   C.O. 45.500.
8   Inst. II.2.11.
9   C.O. 51.453.
10 C.O. 35.476.
11 C.O. 38.297.

12 C.O. 49.648.
13 C.O. 29.583.
14 C.O. 44.427.
15 Inst. III.2.4.
16 C.O. 39.586.
17 C.O. 14. Nr. 1853.
18 C.O. 34.292. 참고. 헤르만 쉘더르하위스, 『중심에 계신 하나님』, 230-232.
19 C.O. 50.136.
20 C.O. 29.295.
21 C.O. 26.646.
22 C.O. 30.198.
23 Inst. II.12.5.
24 C.O. 47.307.
25 C.O. 49.512.
26 Inst. III.21.1, 3.
27 Inst. III.25.6.
28 C.O. 32.185.
29 C.O. 34.520.
30 C.O. 32.185.
31 C.O. 34.234.
32 C.O. 30.701.
33 C.O. 25.170.

6장 잊혀져가는 '경외' 살리기

1 Inst. III.2.27.
2 C.O. 1.78.
3 Inst. II.16.2.
4 Inst. III.2.23.
5 Inst. I.7.2.
6 C.O. 42.514.
7 C.O. 14. Nr. 1438.
8 C.O. 47.95.
9 C.O. 30.429.
10 C.O. 33.187.
11 C.O. 36.564.
12 C.O. 38.531.

13 C.O. 29.319.
14 C.O. 48.502.
15 C.O. 39.43.
16 Inst. III.2.26.
17 C.O. 30.437.
18 C.O. 30.437.
19 C.O. 45.598.
20 Inst. I.2.1 (Reverentia est principium verae et solidae intelligentiae).
21 C.O. 31.406.
22 C.O. 43.339.
23 C.O. 35.477.
24 C.O. 34.532.
25 C.O. 36.542.
26 C.O. 23.292.
27 C.O. 26.609.
28 C.O. 24.723 (mox subiicitur dilectio).

7장 공동체 의식

1 C.O. 37.340.
2 C.O. 36.108.
3 C.O. 33.30.
4 C.O. 48.303.
5 Inst. III.7.5.
6 W. Kolfhaus, *Vom christlichen Leben nach Calvin*, 330.
7 C.O. 34.31.
8 C.O. 29.730.
9 C.O. 33.309.
10 C.O. 37.328.
11 C.O. 28.16.
12 C.O. 27.204.
13 C.O. 27.329.
14 C.O. 27.564.
15 Inst. III.45.613.
16 C.O. 26.69.
17 C.O. 34.208.
18 C.O. 47.310.

19 C.O. 24.724.
20 E. Brunner, *Der Mensch im Widerspruch*, 465.
21 *Comm., Hebr.*, 10, 24.
22 C.O. 36.62.
23 C.O. 23.252.
24 C.O. 32.524.
25 C.O. 34.560.
26 C.O. 23.438.
27 C.O. 48.186.
28 C.O. 23.488.
29 C.O. 46.550.
30 C.O. 32.502.
31 C.O. 28.620.
32 C.O. 30.206.
33 C.O. 34.555.
34 *Comm. I Petr.*, 2, 12.
35 C.O. 30.143.
36 사랑을 '빛'으로 표현한 사상은 무엇보다 키에르케고어의 대표적 작품인 『사랑의 역사』에서 잘 소개되어 있다. 참고. 장호광, "키에르케고어의 『사랑의 역사』에서 드러난 상호주체성(intersubjcetivity)의 기독교 사회윤리학적 의미", 「기독교사회윤리」 제34집(2016), 193-198.
37 P. Jacobs, *Prädestination u. Verantwortlichkeit bei Calvin*, 91. 존 리스 역시 칼빈에게 있어서 교회 공동체의 중요성을 다음과 같이 잘 드러낸다. "칼빈의 주된 관심과 출발점은 인간의 자연적인 공동체가 아니라, 그들이 죄로 인하여 잃어버린 그것을 인간에게 회복시켜 주시는 하나님의 은혜로우신 역사하심에 따라 부름을 입고 나온 택함 받은 자들의 공동체이다. 이 공동체가 기독교적 삶의 실제적인 장이 된다. 그리고 이 공동체에 속한 구성원은 소위 칼빈주의의 윤리를 따르는 시민들이다. 기독교적 삶이 성령의 역사하심에 따라 유발되는 것과 꼭 같이 그것은 성령께서 만드신 공동체인 교회 안에서 이루어진다. 그럼에도 불구하고 교회 안에서의 기독인의 삶은 전체적으로 더 넓은 인간 공동체 안에서의 삶에서 분리될 수 없다." 존 S. 리스, 『칼빈의 삶의 신학』, 178.
38 C.O. 31.540.
39 Karlfried Fröhlich, *Gottesreich, Welt und kirche bei Calvin*, 12.
40 Inst. IV.1.3.
41 C.O. 49.501.
42 C.O. 51.311.
43 W. Kolfhaus, *Vom christlichen Leben nach Calvin*, 344.

44 C.O. 50.414.
45 C.O. 31.342.
46 Inst. IV.1.17.
47 Inst. IV.1.2.
48 Inst. IV.2. 2.
49 C.O. 49.505.
50 W. Kolfhaus, *Vom christlichen Leben nach Calvin*, 351.
51 C.O. 49.17, 269.
52 C.O. 51.843, 535.
53 W. Kolfhaus, *Vom christlichen Leben nach Calvin*, 351.
54 Inst. IV,1,9.
55 참고. 장호광, "키에르케고어의 『사랑의 역사』에서 드러난 상호주체성(intersubjectivity)의 기독교 사회윤리학적 의미", 「기독교사회윤리」 제34집(2016), 193-98.
56 P. Jacobs, *Prädestination u. Verantwortung bei Calvin*, 91.
57 W. Kolfhaus, *Vom christlichen Leben nach Calvin*, 354.
58 W. Niesel, *Die Theologie Calvins*, 187.
59 Inst. IV.17.11.
60 C.O. 14. Nr. 1724.
61 C.O. 20. Nr. 4169.
62 W. Niesel, "Wesen und Gestalt der Kirche nach Calvin", 310.
63 C.O. 44.61.
64 C.O. 40.281.
65 C.O. 31.529.
66 Inst. IV.12.5.
67 Inst. IV.1.5.
68 Inst. IV.12.9.
69 W. Kolfhaus, *Vom christlichen Leben nach Calvin*, 363.
70 Inst. IV.18.16.
71 *Comm., II Thess.*, 1, 3.

제 3 부 그리스도인의 삶의 규범
1장 사랑

1 C.O. 42.221.
2 C.O. 24.379.
3 *Comm., I Thess.*, 38, 388.

4   C.O. 31.144.
5   C.O. 51.314.
6   C.O. 30.114.
7   Herman J. Selderhuis, *Gott in der Mitte -Calvins Theologie der Psalmen-* (Leipzig: Leipziger Verlag, 2004), 192.
8   C.O. 42.330.
9   C.O. 27.37.
10 C.O. 50.251.
11 C.O. 45.252.
12 C.O. 49.428.
13 C.O. 10b. Nr. 1129.
14 C.O. 10b. Nr. 188.
15 *Predigten, 2 Sam.*, 53.
16 Inst. IV.12.11.
17 Inst. III.19.13.
18 C.O. 28.32.
19 Inst. IV.17.44.

2장 자유

1   본장은 다음의 논문집에 수록되었던 글을 수정·보완해 실었음을 밝혀둔다. 장호광, "칼빈의 신학에 있어서 자유의 의미", 한국복음주의조직신학회 엮음,『조직신학연구』Vol.9(2007), (서울: 이컴비즈넷, 2007), 77-100.

2   정승훈 박사는 칼빈에게서 "자유는 윤리의 핵심문제이다"라고 말할 정도로 칼빈의 윤리적 사상에 있어서 자유의 중요성을 강조한다. 참고. 정승훈,『종교개혁과 칼빈의 영성』, 24.

3   G.W.F. Hegel, *Vorlesungen über die Geschichte der Philosophie*, Bd.19, hrsg. von H. Glockner (Frankfurt: Suhrkamp, 1959), 262. 헤겔은 정신의 본질을 자유로 규정하면서 변증법적으로 설명한다. 다시 말해, 유한자가 무한자로 회귀하는 과정을 자유로 표현한다.

4   참고. Friedrich Nietzsche, *Menschliches, Allzumenschliches. Ein Buch für freie Geister* (Leipzig: Naumann Verlag, 1906), 224.

5   Alexander Rüstow, *Ortsbestimmung der Gegenwart. Eine universalgeschichtliche Kulturkritik*, Bd.2 (Erlenbach-Zürich: E. Rentsch, 1952), 303.

6   Ibid.

7   *Ioannis Calvini Opera Selecta*, hrsg. von Peter Barth, Wihelm Niesel (München:

Chr. Kaiser Verlag, 1929-1936), I.38(quicunque ex Adam nascimur, omnes ignorantes Dei sumus, et expertes, perversi, corrupti, imnisque boni inopes).

8   Ibid., (non tamen desinimus id ipsum debere, quod praestare non possumus, quando enim Dei creaturae sumus, djus honori et gloriae servire debeamus, ac ejus mandatis morem gerere).
9   Roger Mehr, "Freiheit V", in *Theologische Realenzyklopädie*(TRE), hrsg. von Gerhard Krause, Bd.11. (Berlin: Verlagsbuchhandlung Georg Reimer, 1983), 516.
10 Inst. III.19.6.
11 Inst. III.19.8.
12 *Comm., II Petr.*, 2, 19.
13 Inst. I.14.4(Id vero non aliunde melius quam ex reparatione corruptae naturae cognosci potest).
14 Inst. I.15.4(Ergo, quum Dei imago sit integra naturae humanae praestantia, quae refulsit in Adam ante defectionem, postea sic vitiata et prope deleta, ut nihil ex ruina nisi confusum, mutilum, labeque infectum supersit, nunc aliqua ex parte conspicitur in electis, quatenus spiritu regeniti sunt; plenum vero fulgorem obtinebit in coelo).
15 참고. Wilhelm-Albert Hauck, *Vorsehung und Freiheit nach Calvin*, (Gütersloh: Bertelsmann Verlag, 1947), 123.
16 Inst. II.5.2(Subiiciunt, nisi ex libera arbitrii electione tum virtutes tum vitia procedunt, son esse consentaneum ut homini vel poena infligatur, vel praemium rependatur).
17 Inst. II.5.2(Vides ob id ipsum libero arbitrio adimere eum omnia, ne quem meritis locum relinquat).
18 W.-A. Hauck, *Vorsehung und Freiheit nach Calvin*, 13.
19 Inst. II.3.14(Specialiter gratuitoque electis dari, in hunc modem ad Bonifaciumscribit: scimus non omnibus hominibus dari Dei gratiam; et quibus datur, neque secundem merita operum dari, neque secundem merita voluntatis, sed gratuita gratia).
20 Inst. II.3.14(Sed breviore summa comprehendi res non potest quam ex octavo capite libri ad Valentinum, de corruptione et gratia: ubi primum docet, quod humana voluntas non libertate gratiam, sed gratia consequatur libertatem; quod per eandem gratiam impresso delectationis affectu, ad perpetuitatem conformetur; quod insuperabile fortitudine roboretur; quod illa gubernante nunquam excitat, deserente protinus corruat).
21 Inst. II.3.14(quod voluntatis humanae directio in bonum, et post directionem

constantia, ex sola Dei voluntate pendeat non ullo suo merito).
22 W. Niesel, *Die Theologie Calvins*, 135.
23 Inst. III.15.9.
24 Inst. III.15.1.
25 C.O. 50.250.

3장 양심

1   Inst. III.19.15.
2   Inst. IV.10.4.
3   C.O. 48.524.
4   M. Kähler, Artikel "Gewissen" in A. Hauck, Realenzyklop die, 238.
5   Inst. III.19.16.
6   C.O. 47.67.
7   E. Wolf, "Vom Problem des Gewissens in reformatorischer Sicht", in *Evangelische Theologie* 8(1954) (München: Kaiser Verlag, 1954), 56.
8   문병호, "칼빈의 계시론", 개혁주의학술원, 『칼빈과 성경』, (부산: 고신대학교 출판부, 2008), 82-83.
9   Inst. IV.10.5.
10 C.O. 49.435.
11 C.O. 51,653.
12 C.O. 7.192.
13 C.O. 34.76.
14 H. Heppe, *Die Dogmatik der evangelisch-reformierten Kirche*, Editio E. Bizer, (Neukirchen: Neukirchener Verlag, 1958), 230.
15 C.O. 49.251.
16 W. Niesel, *Die Theologie Calvins*, 97. 독일 신학자 귄터 글뢰데는 양심이란 "하나님에 대한 인간의 의식"이라고 규정하면서 칼빈은 양심을 세 가지 종류로 구분했다고 말한다. 즉, 자연법을 지각하도록 인간 모두에게 주어진 '도덕적 양심(das moralische Gewissen)'과 인간의 타락으로 말미암아 하나님을 바르게 인식할 수 없게 된 '악한 양심(das boese Gewissen)', 그리고 이 땅에서 참된 자유를 누리며 살게 하며 종국적으로 구원에 이르게 하는 '선한 양심(das gute Gewissen)이 있다. Cf. Günter Glöde, *Theologia Naturalis bei Calvin*, (Stuttgart: Verlag von W. Kohlhammer, 1935), 102-109.
17 *Predigten, II Sam.*, 265.
18 C.O. 24.675.

19 Inst. III.13.4.
20 Inst. III.4.2.
21 C.O. 49.58.
22 C.O. 49.88.
23 C.O. 36.534.
24 C.O. 7.513.

4 부 그리스도인의 삶의 다양한 주제들
1장 가화만사성(家和萬事成)

1 C.O. 45.532.
2 하지만 칼빈에 의하면, 일부다처제의 연분은 옛 언약인 구약에 나타나 있다 할지라도 근본적으로 자연의 질서에 어긋나는 부부의 형태에 속한다.
3 C.O. 23.112.
4 Inst. II.8.43.
5 C.O. 51.777.
6 C.O. 23.225.
7 C.O. 49.727.
8 C.O. 51.727.
9 C.O. 45.529.
10 C.O. 49.477.
11 C.O. 14. Nr. 1853.
12 C.O. 23.433.
13 C.O. 14. Nr. 145.
14 C.O. 17. Nr. 3064.
15 C.O. 49.407.
16 C.O. 49.404.
17 C.O. 10a.228.
18 C.O. 44.452.
19 C.O. 23.402.
20 C.O. 10b. Nr. 172.
21 C.O. 27.656.
22 C.O. 23.252.
23 유창형, 『존 칼빈의 성화론』, (경기도 용인: 도서출판 목양, 2009), 178.
24 C.O. 23.258.
25 C.O. 26.584.

26 C.O. 6.541.
27 C.O. 36.663.
28 C.O. 27.667.
29 C.O. 33.148.
30 C.O. 23.508.
31 C.O. 28.54.
32 W. Kolfhaus, *Vom christlichen Leben nach Calvin*, 420. 가정윤리에 직접적으로 해당되는 내용은 아니지만, 칼빈은 자신이 살았던 당시 팽배해 있던 종 내지는 노예에 대한 인격적인 모독과 무시에 대해 강한 비판을 가했다. 그는 노예제도를 야만적 제도라 칭했으며 자연의 질서를 깨뜨리는 중대한 범죄행위로 간주했다. 그리고 노예제도가 자신의 조국에서 사라진 것에 대해 하나님께 감사했다. 그 제도가 폐지되지 않고 계속해서 존재한다면 그곳을 정의와 선이 사라지는 곳이라 칭했다. 만약, 노예제도가 시행된다면 그것은 인간의 자유와 권리를 힘으로 누르는 권력의 남용으로 생각할 수밖에 없다. 왜냐하면 모든 권력은 하나님으로부터 나오기 때문이다. 참고. C.O. 23.179.
33 *Predigten, 2 Sam.*, 337.
34 C.O. 42.403.
35 C.O. 24.452.
36 C.O. 48.378.
37 C.O. 30.331.
38 C.O. 33.263.
39 C.O. 29.280.
40 *Predigten, 2 Sam.*, 372.
41 *Predigten, 2 Sam.*, 250.
42 C.O. 46.60.
43 *Predigten, 2 Sam.*, 250.
44 C.O. 32.325.
45 *Comm., Col.*, 3. 20.
46 C.O. 28.230.
47 C.O. 23.306.
48 C.O. 25.529.
49 C.O. 24.603.
50 Inst. IV.16.32.
51 A. Kuyper, *De Christus en de sociale nooden*, (Amsterdam: J.A. Wormser, 1895), 64.
52 Inst. IV.19.13.

2장 '경제적 영역'에서 펼치는 그리스도인의 삶

1 C.O. 46.331.
2 C.O. 23.190.
3 C.O. 10a. 210.
4 C.O. 43.208.
5 R. Seeberg, *Lehrbuch der Dogmengeschichte I*, (Leipzig: Deichertsche Verlagsvuchhandlung, 1895), 266.
6 K. Thieme, *Die sittliche Triebkraft des Glaubens bei Luther. Eine Untersuchung zu Luthers Theologie*, (Leipzig: Leipziger Verlag, 1895), 142.
7 C.O. 51.805.
8 Inst. III.10.6.
9 C.O. 43.208.
10 C.O. 47.397.
11 Cf. W. Kolfhaus, *Vom christlichen Leben nach Johannes Calvin*, 242.
12 C.O. 49.415.
13 P. Lobstein, *Die Ethik Calvins*. 143.
14 C.O. 41.378.
15 C.O. 51.641.
16 C.O. 44.317.
17 C.O. 36.73.
18 C.O. 46.556.
19 C.O. 23.360.
20 Ernst Luthardt, *Geschichte der Ethik II*, (Leipzig: Leipziger Verlag, 1893), 79.
21 C.O. 23.83.
22 *Comm., II Thess.*, 3, 6.
23 C.O. 33.311.
24 참고. Lecerf, "Calvinismus und Kapitalismus", in *Reformierte Kirchenzeitung* 31(1931), 339.
25 A. Bieler, *The Social Humanism of Calvin*, trans. P.T. Fuhman. Richmonds, (Virginia: John Knox Press, 1964), 45.
26 한상화, "칼빈의 경제윤리", 한국칼빈학회 엮음, 『칼빈 신학 해설』, (서울: 대한기독교서회, 1998), 398-399.
27 W. Kolfhaus, *Vom christlichen Leben nach Calvin*, 425.
28 K. Holl, *Gesammelte Aufsaetze zur Kirchengeschicht I*, (Tübingen, 1928), 506. 칼빈과 자본주의의 관련성에 대해 보다 자세히 알려면 다음의 글을 참고하라. 정승훈, 『종교개혁과 칼빈의 영성』, 192-200. 한상화, "칼빈의 경제윤리", 420-426.
29 C.O. 30.508.

30　C.O. 45.166.
31　C.O. 24.173.
32　로날드 S. 월레스/ 박성민 역,『칼빈의 사회 개혁 사상』, (서울: 기독교문서선교회, 1995), 130-131.
33　C.O. 46.632.
34　C.O. 48.96.
35　C.O. 51.637.
36　C.O. 7.212.
37　C.O. 48.99.
38　강성두,『전환시대의 그리스도교』, (서울: 도서출판 한들, 1996), 233.
39　C.O. 27.566.
40　C.O. 45.120.
41　C.O. 24.171.
42　C.O. 49.474.
43　C.O. 27.337. 한상화, "칼빈의 경제윤리", 405-406에서 재인용.
44　특히 중세 스콜라주의자들은 이자를 붙여 돈을 빌려 주는 것을 다음의 세 가지 이유로 정죄했다. "(1) 성경에 의해 금지되었다고 믿기 때문에(출 22:25; 레 25:31; 신 23:18-20; 잠 28:8; 시 15:5; 렘 10:10; 겔 18:8; 눅 6:35). (2) 아리스토텔레스의 돈에 대한 견해 때문에. 돈은 무익한 것으로 돈은 돈을 낳지 못한다는 견해이다. 그 반대를 행하는 것은 부자연스럽고 자연법에 어긋난다고 생각했다. (3) 돈은 소비물에 해당하여 한번 쓰면 돌려받을 수 없는, 소비권만 행사할 수 있는 그러한 물질로 보았기 때문이다. 아리스토텔레스의 소비 물질(res consumptible)과 비소비 물질(res non-consumptible)의 구분에 의거하여 돈은 소비물에 해당하여 한번 소비하면 그만인 물질로 보고, 후자는 집과 같이 소유권과 그것의 사용이 구분되어 있어, 그것을 빌려주어 사용에 대한 세를 받고도 후에 다시 돌려받을 수 있는 물건으로 보았다." 한상화, "칼빈의 경제윤리", 416-417.
45　C.O. 40.432.
46　Ibid.
47　W. Kolfhaus, *Vom christlichen Leben nach Calvin*, 431.
48　C.O. 10a.245.
49　C.O. 31.148.
50　C.O. 24.680.
51　참고. Wallace, *Calvin, Geneva and the Reformation: A Study of Calvin as Social Worker, Churchman, Pastor and Theologian*, (Edinburgh: Scottish Academic Press, 1990), 88.
52　C.O. 19. Nr. 3692.
53　Lecerf, "Calvinismus und Kapitalismus", 339.

54 신원하, "칼빈, 가난의 신학과 윤리", 전광식 외 3인 공저, 『가난과 부요의 저편』, (서울: SFC 출판부, 2002), 72.

3장 '정치적 영역'에서 펼치는 그리스도인의 삶

1 지면상 정치에 대해 간단하게 소개했는데, 자세히 알려면 다음의 책을 참고하라. 아리스토텔레스/ 천병희 역, 『정치학』, (출판사 숲, 2009).
2 Ad. Schlatter, *Die christliche Ethik*, 115.
3 C.O. 45.540.
4 W. Kolfhaus, *Vom christlichen Leben nach Calvin*, 385.
5 C.O. 28.321.
6 이은선, "국가관", 『칼빈신학 해설』, 한국칼빈학회 엮음, (서울: 대한기독교서회, 1998), 377.
7 H. St. Chamberlain, *Die Grundlagen des neunzehnten Jahrhunderts*, hrsg. von F. Bruckmann A.-G. (München: Chr. Kaiser Verlag, 1912), 243.
8 W. Kolfhaus, *Vom christlichen Leben nach Calvin*, 367.
9 이은선, "국가관", 377.
10 C.O. 46.347.
11 C.O. 25.630.
12 Inst. IV.20.9.
13 정승훈, 『종교개혁과 칼빈의 영성』, 169.
14 손봉호, "개혁주의 교회와 정치참여", 개혁주의학술원, 『칼빈과 사회』, (부산: 고신대학교 출판부, 2009), 261-262.
15 Inst. IV.20.29.
16 Inst. IV.20.22.
17 Inst. IV.20.4.
18 C.O. 27.447.
19 Inst. IV.20.23.
20 Inst. III.20.6.
21 A. Anema, *The Sovereignty of God and ethical Relations*. Bericht vom 2. (internationalen Calvinistenkongress 1934), 63.
22 C.O. 24.368.
23 C.O. 29.555.
24 C.O. 49.249. 이에 대해 정승훈 박사는 교회와 정부와의 관계를 다음과 같이 설명한다. "시민 정부의 책임과 과제를 다룰 때 칼빈은 수직적인 측면과 수평적인 측면을 다룬다. 즉, 국가는 하나님에 대한 공적 예배를 보호하고 바른 가르침을 수호한다. 그리고 시민

의 공익에 따라 사회적 규범을 형성하며 평화와 안녕을 증진해야 한다(IV.20.2). 국가는 사회경제적 삶뿐만 아니라, 영적인 면에서 우상과 신성모독을 방지하고 올바른 기독교를 보호하며 장려해야 한다. 이것은 국가의 교회에 대한 책임이다. 칼빈에게서 국가의 종교적 책임과 사회정치적 책임은 분리되지 않는다. 시민정부의 권력은 하나님의 창조의 질서에 위탁된 것이며, 국가는 종교를 보호하고 시민들의 삶을 위해 바른 교리와 예배를 수호해야 한다." 정승훈, 『종교개혁과 칼빈의 영성』, 169.

25 정승훈, 『종교개혁과 칼빈의 영성』, 171.
26 C.O. 32.56.
27 C.O. 45.150.
28 C.O. 19. Nr. 3904.
29 Inst. IV.20.10. 칼빈은 세상적 통치영역, 즉, 국가에 맡겨진 주요 임무로 '종교적 임무'와 '정치적 임무'로 구별시킨다. "국가 통치의 목적을 열거할 때 우상 숭배, 하나님의 이름에 대한 모독, 하나님의 진리에 대한 훼방 같은 종교에 대한 공공연한 방해가 발생하거나 만연하지 않도록 방지하는 소극적인 임무뿐만 아니라(Inst. IV.20.3), 하나님에 대한 예배의 존중과 보호, 건전한 교리와 교회의 지위의 수호 같은 적극적인 종교적 임무를 먼저 제시한 후에 공평과 정의를 행하여 사회 전체의 안전과 평화를 확보하고 증진시키는 정치적 임무를 열거한다(Inst., IV.20.2). 정치권력은 재판을 공정하게 진행하고 연약하고 의지할 것이 없는 고아와 과부를 보호하며 악인들을 억제하여 사회에 질서를 유지해야 한다." 이은선, "국가관", 378.
30 C.O. 25.641.
31 C.O. 30.331.
32 C.O. 34.565.
33 C.O. 24.187.
34 Inst. IV.20.17.
35 C.O. 45.384.
36 C.O. 38.522.
37 C.O. 48.592.
38 C.O. 41.8.
39 C.O. 27.568.
40 Inst. IV.20.16.
41 C.O. 36.381.
42 C.O. 40.666.
43 C.O. 41.248.
44 C.O. 32.288.
45 C.O. 49.250.
46 C.O. 46.772.
47 C.O. 25.639.

48 C.O. 35.161.
49 *Predigten, 2 Sam.*, 9.
50 Inst. IV.20.25.
51 C.O. 41.351.
52 *Comm., I Tim.*, 2, 2.
53 Inst. IV.20.31.
54 C.O. 18. Nr. 3196.
55 C.O. 36.200.
56 C.O. 31.450.
57 칼빈의 정부를 향한 '저항권'에 대해 좀 더 자세히 알려면 다음의 글을 참고하라. 정승훈, 『종교개혁과 칼빈의 영성』, 184-191. 이은선, "국가관", 387-389.
58 C.O. 30.444.
59 W. Kolfhaus, *Vom christlichen Leben nach Calvin*, 380.
60 W. Niesel, *Die Theologie Calvins*, 228.
61 W. Kolfhaus, *Vom christlichen Leben nach Calvin*, 381.
62 양낙흥, 『개혁주의 사회윤리와 한국교회』, (서울: 개혁주의신행협회, 2002), 22-23.
63 C.O. 28.140.
64 C.O. 22.74.
65 Inst. IV.20.32.
66 C.O. 46.362.
67 C.O. 43.135.
68 C.O. 36.365.
69 W. Kolfhaus, *Vom christlichen Leben nach Calvin*, 402.
70 C.O. 27.159.
71 손봉호 박사는 칼빈이 말하는 '국가와 정치'와의 관계를 다음과 같이 잘 요약해서 설명한다. "국가와 정치가 동일한 것은 아니다. 그러나 모든 국가는 그 구체적인 임무수행이 상당할 정도로 정치에 의하여 결정되기 때문에, 국가에 대한 관심은 정치에 대한 관심을 함축한다. 비록 칼빈은 정치에 대해서 거의 언급하지 않았으나, 국가에 대한 그의 의견에서 정치에 대한 그의 의견을 살필 수 있다. 그리고 그는 그의 국가관에 어긋나지 않게 간접적으로나마 제네바 시의 정치에 간여하였다." 손봉호, "개혁주의 교회와 정치참여", 260.
72 C.O. 45.384.
73 K. Holl, *Johann Calvin*, 25.
74 C.O. 20. Nr. 4230.
75 참고. Ad. Schlatter, *Die christljiche Ethik*, 117.
76 C.O. 24.355.
77 C.O. 45.401.

78　C.O. 48,229.
79　W. Kolfhaus, op. cit., 385.
80　C.O. 25,484.
81　C.O. 29,666.
82　Inst. IV.20.16.
83　C.O. 48,229.
84　C.O. 36,83.
85　C.O. 29,646.
86　C.O. 29,517.
87　Inst. IV.20.11.
88　W. Kolfhaus, *Vom christlichen Leben nach Calvin*, 387.
89　C.O. 36,220.
90　Inst. IV.20.12.
91　W. Kolfhaus, *Vom christlichen Leben nach Calvin*, 388.
92　C.O. 26,14.
93　C.O. 36,122.
94　C.O. 27,612.
95　C.O. 27,617.
96　*Predigten, 2 Sam.*, 42.
97　C.O. 27,543.
98　C.O. 32,410.
99　C.O. 45,120.
100　Ad. Schlatter, *Die christliche Ethik*, 90.

4장 그리스도인의 삶의 터인 '문화' 이해하기

1　심지어 루터 신학자인 한스 쇼메루스(Hans Schomerus)는 칼빈주의자들은 모든 문화에 대해 거리를 두며 비판적 입장을 취한다고 주장했다. H. Schomerus, "Konfessionalität und politische Haltung", in *Zwischen den Zeiten* 3(1933), 365.
2　Inst. I.13.14.
3　C.O. 25,58.
4　Inst. IV.19.34.
5　C.O. 36,483.
6　C.O. 26,156.
7　Otto Wolf, "Gesetz und Evangelium", in *Evangelische Theologie* 3(1936), 148.

8 C.O. 33.576.
9 C.O. 11. Nr. 223.
10 C.O. 49.429.
11 C.O. 32.145, 48.
12 C.O. 20. Nr. 4232.
13 C.O. 48.569.
14 C.O. 46.326.
15 C.O. 7.540.
16 C.O. 49.233.
17 C.O. 40.565.
18 Inst. II.2.13.
19 Inst. I.8.1.
20 *Comm., Tit.*, 1,12.
21 C.O. 40.491.
22 C.O. 28.68.
23 C.O. 6.169.
24 C.O. 48.24.
25 C.O. 7.516.
26 C.O. 40.49.
27 C.O. 37.123.
28 C.O. 36.483.
29 C.O. 6.601.
30 정승훈, 『종교개혁과 칼빈의 영성』, 23.
31 C.O. 49.520.
32 C.O. 34.226.
33 C.O. 6.169.
34 Inst. IV.5.18.
35 C.O. 24.546.
36 A. Kuyper, *Calvinismus*, 63. 다음의 책에서 재인용. W. Kolfhaus, *Vom christlichen Leben nach Calvin*, 231.
37 참고. Ibid. 233-234.

참고문헌

Ioannis Calvini opera qua supersunt imnia. hrsg. von Wilhelm Baum, Edward Cunitz et Edward Reuss. 59 Bd. Bruanschweig-Berlin, 1863-1900.

Ioannis Calvini Opera Selecta. hrsg. von Peter Barth, Wihelm Niesel. München: Chr. Kaiser Verlag, 1929-1936.

Ioannis Calvini Institutio religionis christianae [...] triplici forma ediderunt Wilhelm Baum. Eduard Cunitz. Eduard Reuss. Braunschweig, 1869.

Ioannis Calvini Predigten über das 2. Buch Samuelis (1562/63), hrsg. von hanns Rükkert (Supplementa Calviniana. Sermons inédits. Volumen I). Neukirchen, 1936-1961.

Anima, A. *The Sovereignty of God and ethical Relations*. Bericht vom 2. intren. Calvinistenkongress 1934.

Asmussen, H. "Die Rechtfertigung als Befreiung vom Gesetz", in *Zwischen den Zeiten*. 8(1928).

Barth, Peter. "Was ist reformierte Ethik?" in *Zwischen den Zeiten*. 10(1932).

Bieler, A. The Social Humanism of Calvin. trans. P.T. Fuhman. Richmonds. Virginia: John Knox Press, 1964.

Bohatec, J. "Autorität und Freiheit in der Gedandenwelt Calvins" in *Philosophia Refornata*. Heft 5(1940).

_____, "Calvins Vorlesungslehre" in *Calvinstudien. Festschrift zum 400. Geburtstage JohannCalvins*. hrsg. von der Reformierten Gemeinde Elberfeld. Leipzig: Leipziger Verlag, 1909.

Brunner, Emil. *Das Gebot und die Ordnungen*. Zürich: Theolog. Verlag, 1978.

_____, *Der Mensch im Widerspruch*. Zürich: Zwingli Verlag, 1965.

Carmody, Denise Larchner & Tully, John. *Christian Ethics: An Introduction Through History & Current Issues*. Englewood Cliffs. New Jersey: Prentic-Hall, 1993.

Chamberlain, H.St. *Die Grundlagen des neunzehnten Jahrhunderts*. hrsg. von F. Bruckmann A.-G., München: Chr. Kaiser Verlag, 1912.

Dooyeweerd, H. *Calvinsme en Natuurrecht. Amersfoort*, 1928.

Doumerque, E. *Jean Calvin: Les hommes et les choses de son temps*. IV., Lausanne: G. Bridel, 1899.

Ehrenberg, H. *Unheil und Heil im öffentlichen Leben: Über Weltsünde und Weltverantwortung*. Gütersloh: Gütersloher Verlag, 1928.

Fröhlich, Karlfried. Gottesreich, *Welt und Kirche bei Calvin. Ein Beitrag zur Frage nach dem Reichsgottesgedanken Calvins*. München: Chr. Kaiser Verlag, 1930.

Glöde, Günter. *Theologia Naturalis bei Calvin*. Stuttgart: Verlag von W. Kohlhammer, 1935.

Göhler, Alfr. "Das christliche Leben nach Calvin" in *Evangelische Theologie* 4(1937).

Harkness, Georgia. *John Calvin: The Man and His Ethics*. New York: Henry Holt and Company, 1931.

Hauck, Wilhelm-Albert. *Vorsehung und Freiheit nach Calvin*. Gütersloh: C. Bertelsmann Verlag, 1947.

Hegel, G.W.F. *Vorlesungen über die Geschichte der Philosophie*. sämtliche Werke 19. hrsg. von H. Glockner. Frankfurt: Suhrkamp Verlag, 1959.

Heppe, Heinrich. *Die Dogmatik der evangelisch-reformierten Kirche*, Editio E. Bizer. Neukirchen: Neukirchener Verlag, 1958.

Hermelink, Heinrich. "Reformation und Gegenreformation" in *Die religiösen Reformbestrebungen des deutschen Humanismus*. Tübingen, 1907.

Holl, Karl. "Johann Calvin" in *Calvinreden aus dem Jubiläumsjahr 1909. Tübingen*, 1909.

_____, Gesammelte Aufsätze zur Kirchengeschichte. Bd.I. Tübingen, 1928.

Jacobs, P. *Prädestination und Verantwortung bei Calvin*. Neukirchen: Neukichener Verlag, 1958.

Johnson, Merwyn S. "Calvin's Ethical Legacy" in *The Legacy of John Calvin*. ed. Calvin Studies Society. Grand Rapids: CRC Product Services, 2000.

Kähler, Martin. *Die Wissenschaft der christlichen Lehre*. Erlangen, 1883.

_____, Artikel "Gewissen" in A. Hauck. Realenzyklopädie.

Kolfhaus, Wilhelm. *Vom christlichen Leben nach Johannes Calvin*. Ansbach: Buchhandlung des Erziehungsvereins Neukirchen Kreis Moers, 1949.

_____, *Christusgemeinschaft bei Johannes Calvin. Beitrag zur Geschichte und Lehre der reformierten Kirche*. vol.3. Neukirchen: Buchhandlung der Erziehungsvereins, 1938.

Kuyper, Abraham. *Gomer voor den Sabbath*. Amsterdam: Höverker&Wormser, 1889.

_____, Calvinism. Stone lectures. Wm. B. Jerdmans Publishing company, 1931.

_____, *De vloek van het moderne leven*. Amsterdam: J.A. Wormser, 1894.

_____, *Encyclopaedie der heilige Godgeleerdheid*. III. Amsterdam: J.A. Wormser, 1894.

_____, *De Christus en de sociale nooden*. Amsterdam: J.A. Wormser, 1895.

Lecerf, Auguste. "Calvinismus und Kapitalismus" in *Reformierte Kirchenzeitung* 31(1931).

Lobstein, Paul. *Die Ethik Calvins*. Strassburg: C.F. Schmidt's Universität-Buchhandlung, 1877.

Luthardt, Ernst. *Geschichte der Ethik II*. Leipzig, 1893.

Maclean, D. *The revival of the Reformed Faith*. Inter-varsity Fellowship of Evangelical Unions, 1938.

Mehr, Roger. "Freiheit V" in Theologische Realenzyklopädie(TRE). hrsg. von Gerhard Krause. Bd.11. (Berlin: Verlagsbuchhandlung Georg Reimer, 1983.

Niesel, W. *Die Theologie Calvins*. München: Chr. Kaiser Verlag, 1953.

_____, "Wesen und Gestalt der Kirche nach Calvin" in *Evangelische Theologie* 3(1936).

Nietzsche, Friedrich. *Menschliches, Allzumenschliches*. Ein Buch für freie Geister. Leipzig: Naumann Verlag, 1906.

Obendiek, H. *Die Erfahrung in ihrem verhältnis zum Worte Gottes bei Calvin. Aus Theologie und Geschichte der Reformierten*

Kirche. Neukirchen: Buchhandlung ders Erziehungsvereins, 1933.

_____, "Calvins Institutio als Bekenntnis des Evangeliums" in *Evangelische Theologie* 3(1936).

Otten, H. "Calvins theologische Anschauungen von der Prädestination" in *FGLP* 9. R1. München: Chr. Kaiser Verlag, 1938.

Partee, Charles. *Calvin and Classical Philosophy*. Leiden: E.J. Brill, 1977.

Quistorp, H. *Die letzten Dinge im Zeugnis Calvins(Calvins Eschatologie)*. Gütersloh: Gütersloher Verlag, 1941.

Ritschl, A. Geschichte des Pietismus. Bonn: Marcus Verlag, 1886.

Ritschl, Otto. *Dogmengeschichte des Protestantismus*. Bd.3: Orthodoxie und Synkretismus in der altprotestantischen Theologie(Fortsetzung). Die reformierte Theologie des 16. und des 17. jahrhunderts in ihrer Entstehung und Entwicklung. Göttingen, 1926.

Rust, Hans. "Kant und Calvin" in *Glaube und Denken im Wandel der Zeiten*. München: Reinhardt, 1965.

Rüstow, Alexander. Ortsbestimmung der Gegenwart. Eine universalgeschichtliche Kulturkritik. Bd.2. Erlenbach-Zürich: E. Rentsch, 1952.

Schlatter, Adolf. *Die christliche Ethik*. Calw/Stuttgart: Verlag der Vereinsbuchhandlung, 1914.

Schomerus, H. "Konfessionalität und politische Haltung" in *Zwischen den Zeiten* 3. München: Chr. Kaiser Verlag, 1933.

Seeberg, Reinhold. *Lehrbuch der Dogmengeschichte I*. Leizig: Deichertsche Verlagsbuchhandlung, 1895.

_____, *Dogmengeschichte* Bd.IV., Erlangen/Leipzig, 1920.

Selderhuis, Herman J. *Gott in der Mitte: Calvins Theologie der Psalmen*. Leipzig: Leipziger Verlag, 2004.

Strathmann, H. "Die Entstehung der Lehre Calvins von der Busse" in *Calvinstudien. Festschrift zum 400. Geburtstage Johann Calvins*. hrsg. von Reformieten Gemeinde Elberfeld. Leipzig, 1909.

_____, "Calvins Lehre von der Busse in ihrer späteren Gestalt" in *Theologische Studien undKritiken III*. Berlin: Evang. Verl.-Anst. 1909.

Schützeichel, Heribert. *Die Glaubenstheologie Calvins*. München: Max Hueber Verlag, 1972.

Thieme, K. *Die sittliche Triebkraft des Glaubens bei Luther*. Leipzig, 1895.

Wallace. *Calvin, Geneva and the Reformation: A Study of Calvin as Social Worker, Churchman, Pastor and Theologian*. Edinburgh: Scottish Academic Press, 1990.

Wernle, P. *Der evangelische Glaube nach den Hauptschriften der Reformatoren*. Bd.3.: Calvin. Tübingen, 1919.

Wolf, Ernst. "Vom Problem des Gewissens in reformatorischen Sicht" in *Evangelische Theologie* 8(1954).

Wolf, Hans Heinrich. *Die Einheit des Bundes, das Verhältnis von Altem und Neuem Bund bei Calvin*. Neukirchen: Neukirchener Verlag, 1958.

Wyk, J.H. van. "Calvin on the Christian Life" in *Our Reformational Tradition*. ed. Institute for Reformational Studies. Potchefstroom: Potchefstroom University of CHE, 1985.

번역서

다우마 J. 신원하 역.『개혁주의 윤리학』. 서울: 기독교문서선교회, 2003.

로날드 S. 월레스. 박성민 역.『칼빈의 사회 개혁 사상』. 서울: 기독교문서선교회, 1995.

로날드 S. 월레스. 나용화 역.『칼빈의 기독교생활 원리』. 서울: 기독교문서선교회, 1996.

리스 존 S. 이용원 역.『칼빈의 삶의 신학』. 서울: 한국장로교출판사, 2002.

헤르만 셀더르하위스. 장호광 역,『중심에 계신 하나님』. 서울: 대한기독교서회, 2009.

국내도서

강성두.『전환시대의 그리스도교』. 서울: 도서출판 한들, 1996.

권호덕. "칼빈의 사회윤리학의 현대적 적용." 한국개혁신학회.「한국개혁신학논문집」Vol.5 No.1(1999).

김지호. "John Calvin의 윤리사상 연구." 칼빈대학교.「칼빈논단」Vol.2002 No.-〔2002〕.

문병호. "칼빈의 계시론." 개혁주의 학술원.『칼빈과 성경』. 부산: 고신대학교 출판부, 2008.

_____, "칼빈 율법관의 법학적 기원." 한국법사학회.「법사학연구」Vol.31(2005).

박충구. "믿음과 삶의 윤리학." 장로회신학대학교.「목회와 신학」Vol.27 No.-〔1995〕.

배경식/유태주 공저.『칼빈의 구원신학과 경건한 삶』. 서울: 한국장로교출판사, 2009.

손봉호. "개혁주의 교회와 정치참여." 개혁주의 학술원.「칼빈과 사회」. 부산: 고신대학교 출판부, 2009.

신복윤. "칼빈의 윤리관". 신학지남사.「신학지남」Vol.36 No.3(1969).

신원하. "칼빈, 가난의 신학과 윤리." 전광식 외 3인 공저. 「가난과 부요의 저편」. 서울: SFC 출판부, 2002.

안명준. "칼빈의 신학적 윤리학." 한국복음주의조직신학회. 「조직신학연구」 Vol.1(2002). 서울: 이컴비즈넷, 2002.

_____. "웨스트민스터 신앙고백서의 신학적 윤리학." 한국장로교신학회. 「장로교회와 신학」Vol.4(2007).

양낙홍. 『개혁주의 사회윤리와 한국교회』. 서울: 개혁주의신행협회, 2002.

유창형. 『존 칼빈의 성화론』. 경기도 용인: 도서출판 목양, 2009.

이만열. "한국 기독교의 반성과 과제." 「개혁주의 신학 연구논문」Vol.3. 광주: 광신대학교 출판부, 2003.

이은선. 『칼빈의 신학적 정치윤리』. 서울: 기독교문서선교회, 1997.

_____, "국가관". 한국칼빈학회 엮음. 「칼빈신학 해설」. 서울: 대한기독교서회, 1998.

장성민. "칼빈의 『기독교 강요』에 나타난 윤리관에 대한 소고." 총신대학교. 「총신대논집」Vol.25No.-(2005).

장호광. "종교적 경험과 믿음의 관계성에 관한 연구: 존 칼빈과 마르틴 켈러를 중심으로." 「한국개혁신학」2014(44).

_____. "키에르케고어의 『사랑의 역사』에서 드러난 상호주체성 (intersubjectivity)의 기독교 사회윤리학적 의미", 「기독교사회윤리」제34집(2016), 175-208.

정승훈. 『종교개혁과 칼빈의 영성』. 서울: 대한기독교서회, 2000.

한상화. "칼빈의 경제윤리." 한국칼빈학회 엮음. 『칼빈신학 해설』. 서울: 대한기독교서회, 1998.